가해자는 모두 피해자라 말한다

WRONGED

Copyright © 2024 Columbia University Press
This Korean edition is a complete translation of the U.S. edition, specially authorized
by the original publisher, Columbia University Press.
Korea translation copyright © 2025 by EunHaeng NaMu Publishing Co., Ltd.

이 책의 한국어판 저작권은 대니홍 에이전시를 통한 저작권사와의 독점 계약으로
㈜은행나무출판사에 있습니다.
저작권법에 의해 한국 내에서 보호를 받는 저작물이므로 무단전재와 무단복제를 금합니다.

가해자는 모두 피해자라 말한다

피해자성은 어떻게 권력자의 무기가 되었나

릴리 출리아라키 지음
성원 옮김

WRONGED

The Weaponization of Victimhood

은행나무

추천의 말

너만 힘드냐는 말엔 언뜻 솔깃함이 있다. 고통은 보편적이며, 누구나 느낄 수 있으니까. 책 안의 말을 빌리자면, 우리는 "고통의 민주주의" 속에서 산다. 극우도 억울함과 박탈감을 주장하며 피해자라고 호소한다. 가해 용의자는 눈물을 흘리며 피해자로 둔갑하고, 피해자는 가해자로 의심받고 되려 공격당한다. 게다가 소셜미디어 플랫폼은 어떤 고통이 더 많이 보여질지에 깊이 관여해 이미 인기 있는 고통의 말을 증폭한다. 특권을 가진 자들의 고충이 긴박한 고통으로 부풀려진다. 플랫폼 위에 피해자가 범람하고 자신의 고통이 더 중요하다고 치받는 사이, 사람들은 누구의 목소리를 들어야 할지 혼란스러워한다.

    이 책은 흔한 고통보다 이면의 특권을 파헤쳐 보는 데 집중한다. 혼돈 속 진실을 벼려내려면 누가 피해자인지보다, 무엇이, 왜,

불의인지 알려주는 구조적 고통에 집중하라고 권한다. 역사적으로 강자에게 포획되어온 고통의 언어가 잔인해지는 지점을 냉정히 분석하면서도, 공감과 분노를 건드리는 고통의 정치에 잠재력이 있다는 조심스러운 낙관을 놓지 않았다. 플랫폼마저 권력과 자본에 점령당한 시대, 혼돈과 피로 속에서 더 나은 세계로 가는 길을 보여 준다. 가장 취약한 사람들에게, 도둑맞은 피해자성을 되돌려줄 책이다.

— 김인정 저널리스트, 《고통 구경하는 사회》 저자

어떻게 피해자 담론은 가진 자들의 무기가 되었을까? '갈라치기'의 정치공학이 노골적으로 펼쳐지는 한국 사회에서 사람들은 타자를 손쉽게 '가해자'로 지목하고, 반면 자신은 억울한 '피해자'라고 주장하며 보상을 촉구한다. 이같은 경합의 장을 어떻게 읽어내면 좋을까. 이 책은 우리가 피해자성을 둘러싼 담론적 함정에 빠지지 않고, 그 이면에 놓인 구조와 권력을 들여다볼 수 있는 훌륭한 분석틀을 제공한다. 저자는 기득권이 피해자와 가해자를 새롭게 호명함으로써 불균등한 권력 관계를 재생산한다는 점을 설득력 있게 밝히고 있다. 결국 피해자성은 우리 시대의 강력한 무기이자 상징자본이다. 이런 현실 앞에서 저자는 변화를 촉구하며 질문을 던진다. 피해자의 자리가 특권이 된 시대, 우리는 고통의 언어를 취약한 이들의 것으로 되돌려놓을 수 있을까? 이 쉽지 않은 질문에 답하고자 하는 이들과 함께 읽고 싶은 책이다.

— 김정희원 애리조나주립대학교 커뮤니케이션학과 교수,
《공정 이후의 세계》 저자

인권과 평등이 보편화되는 과정에서 피해자들의 증언, 그리고 그들의 용기와 희생은 결정적이었지만, 오늘날 피해자라는 언명 자체는 더 이상 진보의 원동력이 되기 어려워졌다. 전통적인 지배 집단이 스스로 피해자라고 주장하고, 피해자 중에서도 특권층만이 피해자로서의 권리를 누리게 되면서, 진정한 소수자들의 권리는 더 이상 피해자로서 정치화되기 힘들게 되었다. 한국에서도 권력 집단이 오히려 역차별의 '피해'를 호소하고 다닌 지 오래다. 이 책은 '피해자성'이 어떻게 작동하는지 살펴보기 위해 역사를 돌아보고 현대사상의 통찰을 활용하며 맥락적 접근을 시도한다. 그리고 어떤 질문을 어떻게 던져야, 피해자성의 문제를 재구조화하고 정의를 지향할 수 있는지, 그리고 피해의 호소가 연대의 요청으로 승화될 수 있는지 탐구하고 있다.

— 홍성수 숙명여자대학교 법학부 교수, 《말이 칼이 될 때》 저자

차례

추천의 말 — 5

서문과 감사의 말 — 11

1장 어째서 피해자성인가? — 21

2장 과거에는 누가 피해자였나? — 79

3장 오늘날에는 누가 피해자인가? — 127

4장 피해자성을 어떻게 되찾을 수 있을까? — 165

참고문헌 — 222

미주 — 250

색인 — 302

일러두기

* 본문의 각주는 모두 옮긴이의 주석이다.
* 영어판에 이탤릭체로 강조한 부분은 고딕체로 표시했다.
* 국내에 소개된 작품은 번역된 제목을 따랐고, 국내에 소개되지 않은 작품은 제목을 우리말로 옮기고 원제목을 병기했다.
* 참고문헌 중 국내에 출간된 단행본의 서지 정보는 괄호 안에 표기했다.

서문과 감사의 말

평소와 다름없이 학교에 출근했던 2020년 2월 20일, 나는 런던정치경제대학교에서 수업을 마치고 연구실 근무시간에는 학생들을 만나 상담을 한 뒤, 연구실 문을 잠그고 동료와 공동 저술 작업에 관한 이야기를 나누며 늦은 점심을 먹고 귀가했다. 며칠 뒤 런던정치경제대학교를 비롯해 런던과 영국의 다른 많은 직장이 팬데믹 대응 체제에 돌입했고 대학은 온라인 수업으로 전환했다. 그 후 나는 강의실 대면 수업은 고사하고 내 연구실에 들어가지도 못했다. 2024년 1월인 지금도 나는 아직 대면 활동이 자유롭지 못하다. 장기이식 때문에 2020~2021년 봉쇄 기간에 대면 활동 자제 대상이었고, 이후 다른 건강상의 문제가 줄줄이 이어지면서—림프종 진단을 받고, 급성 용혈반응 때문에 여러 차례 치료와 입원을 되풀이하고, 면역체계가 제 기능을 하지 못하는 등— 지금까지도 전반적으로 격리된 생활을 할 수밖에 없기 때문이다. 내년에는 코로나19가 더 약해지고, 취약한 면역체계 때문에 백신을 맞을 수 없는 50만 명의 영국인들을 위해 특수한 코로나19 항체 혈청이 나와 이 격리 상태에서 해방되면 좋겠다. 살면서 건강이 좋았던 적은 한번도 없었지만, 지난 몇 년간 벌인 심신의 투쟁은 특히 버거웠다. 육체 기능의 정지, 실존적 두려움, 의학 치료에 대한 트라우마는 이런 투쟁 가운데 빙산의 일각일 뿐이다.

한 사람이 감당하기에는 버거운 일이지만 나뿐만 아니라 많은 사람이 경험한 적 없는 시련을 겪었다. 공식 통계에 따르면 전 세계에서 2022년 12월까지 코로나19로 671만 명이 목숨을 잃었지만, 세계보건기구는 2020년과 2021년에만 코로나19로 1,490만 명이 더 목숨을 잃었을 것으로 추정한다. 또한 〈네이처〉에 따르면 2022년 1월에 전 세계에서 코로나19 후유증을 겪는 사람은 최소 6,500만 명이었고— 대다수가 35~60세다— 일정 기간 코로나19 후유증으로 일을 쉬는 미국인은 약 110만 명이었다. 물론 수백만 명이 시련을 겪고 있다고 해서 한 개인의 고통을 폄하할 수는 없다. 하지만 한 개인의 고통은 우리 사이에서 매일 일어나는 시련의 바다와 늘 연결되어 있고 그 일부이므로 이런 맥락 속에서 바라봐야 한다. 이것이 자기연민에 빠지지 말라는 훈계일까? 아니다. 취약성과 특권의 관계적 역학을 들여다보자는 권유이다. 내가 지난 몇 년간 힘든 시간을 보내긴 했어도 아직은 모두에게 무료인 국가 보건 시스템에 의지할 수 있었다. 비록 이 시스템이 부족한 자원으로 많은 사람을 감당하려고 온갖 발버둥을 치다가 무너져내리는 모습을 지켜보고 있노라면 절망감이 들긴 하지만, 동시에 런던에 거주하는 백인 중간계급 종신 교수인 나는 가족과 함께 교외로 피신하는 등 목숨을 지킬 수 있는 생활을 선택하고 상대적으로 안락한 상태에서 이 모든 상황을 겪어낼 수 있었다.

취약성과 특권의 관계를 이 책의 핵심으로 삼은 것은 그 주제가 내 뇌리를 강렬하게 사로잡았기 때문이다. 과거에도 나는 유사한 문제를 다룬 바 있다. 특히 《고난의 구경The Spectatorship of Suffering》(2006)과 《아이러니한 구경꾼The Ironic Spectator》(2013)은 머나먼 남반구에서 힘겹게 살아가는 사람들을 특권을 누리며 살아가는 북반구 시민들이 행동에 나설 이유로 재현하는 유럽 중심적인 미디어를 다루고 있긴 하지만, 두 연구 모두 구경거리로서의 고난, 서구의 서사와 이미지가 조형한 구경꾼이라는 범주로서의 특권층에 의지했다. 그러나 이 책에서는 고난에 처한 자도, 고난의 서술자도 모두 서구인이다. 이러한 중심 이동은 취약성과 특권의 해묵은 관계를 새로운 방식으로 조명한다. 2019~2022년이라는 중요한 3년 동안 쓴 이 책은 북반구에서 불평등과 권력에 관한 시급한 도전 과제들을, 그중에서도 극우 포퓰리즘과 그 세력이 벌이는 문화 전쟁이 우려 속에 고개를 들고, 피해자성victimhood 서사가 체계적으로 무기화되고 지속적으로 활용되어 잔인함의 정치에 이바지하는 현상을 조명한다. 또한 미투Me Too와 흑인목숨도소중하다Black Lives Matter 같은 운동에서 나온 목소리, 권리, 자유, 정의를 둘러싼 다양한 논란들이 서구뿐만 아니라 서구와 남반구 사이에 존재하는 인종, 젠더, 계급의 역사적인 위계에 도전하는 과정에서 발생한 과거의 사회구조와 현재의 사회구조 사이의 균열과, 그럼에도 불구하고 변함없이 나타난 연속성 역시 조명한다.

    이런 것들이 이 책에서 중요하게 다룰 주제의 일부다. 나의 사적인 고난이 특권과 취약성을 동시에 고려하는 작업에서 개인적인 렌즈처럼 작용하지만, 이 책에서는 두 개념을 공적으로 거론할 때 사용하는 언어와 공적 담론의 레이더에 좀처럼 잡히지 않는 핵심적인 차이를 살피는 데 중점을 둘 것이다. 핵심적인 차이란 빈곤, 인종주의, 여성혐오, 동성애혐오, 신체장애와 질병처럼 폭력에 상대적으로 쉽게 노출되는 다양한 구조적 형태(가치의 구현 또는 사회적 모습)라고 정의할 수 있는 **사회구조적 조건**으로서의 고통 혹은 취약성과, 취약성과 특권의 연속체 안에서 서로 다른 정도로 폭력에 노출된 지위에서 발화되는 의사소통 행위라 할 수 있는 **언어적 주장**으로서의 고통 혹은 피해자성 사이의 차이를 말한다. 여기서 연속체는 폭력에 심하게 노출된 상태에서부터 대부분의 폭력에서 상대적으로 보호받는 상태까지 포괄한다. 이 조건과 주장은 분명 교차하지만 절대 일치하지 않으며, 이 두 가지가 어떻게 포개지는가는 우리 시대의 중요한 정치적 질문이다. 고통은 사실 모두가 느끼고 또 호소할 수 있지만, 서구 사회처럼 역사적으로 불평등이 똬리를 틀고 철저하게 디지털화된 사회에서 취약성의 극단에 있는 사람들은 발언권을 얻기 어렵다. 대신 최종적으로 가장 많은 관심이 쏠리는 곳은 힘있는 자들의 고통, 그중에서도 대체로 백인 남성의 고통이다. 이런 이유로 피해자성에 관한 소통에서 관건은 취약성이 아니라 특권이 된다. 따라서 피해자성을 둘러싼 공적 소통의 함정을 파악하는 방법을 배우지 않고서는, 다시 말해서 고통스럽다고 말하는 목소리에 주의를 기울이는 한편 이런 목소리가 등장하게 된 더 넓은 맥락의 교차점에 주목하지 않고서는 가장 절박한 사람들을 돌보지 못할 뿐만 아니라 사회적 고난의 구조적 정황을 이해하지도 바꾸지도 못할 것이다.

이러한 주장을 펼치기 위해 20세기의 큰 전쟁과 민권운동에서 가져온 역사적 사례들뿐만 아니라 주요 정치투쟁—'로 대 웨이드' 판례 번복에 맞선 투쟁이나 미투와 흑인목숨도소중하다 같은 강력한 운동—을 비롯한 영미권의 최근 사례를 활용할 것이다. 이에 대한 분석에서 우리가 세상을 바라보는 방식과 행동하는 방식에 영향을 미치고자 하는 지배적인 문화적 텍스트,

즉 신문 헤드라인과 인터뷰 인용문에서부터 트위터 스레드, 전쟁 기념물, 역사적 서사와 법원 판결 등에 초점을 맞춘다. 담론분석과 사회기호학을 연구하는 입장에서 이 다양한 언어적·시각적 텍스트들을 담론으로, 즉 누가 고통의 언어를 소유해야 하는지, 누가 피해자로 보호받고 가해자로 단죄되어야 하는지를 둘러싼 권력투쟁 속에서 만들어진 의미로 바라본다. 현재의 담론들은 피해자성을 이용해서 특권을 보호하고 구조적으로 취약한 사람들을 침묵시키며 기존의 사회질서를 정당화할 때가 많다.

이 여정에는 이론적 동반자가 많았다. 늘 그렇듯 나는 공적 영역에서 연민의 사용을 경계하는 한나 아렌트^{Hannah Arendt}의 규범적인 경고에서, 그리고 서구의 공적 삶에서 교차하는 다양한 정념들—공감과 규탄뿐만 아니라 거리가 먼 타자들의 고통에 대한 관조적 성찰— 사이에서 연민이 어떻게 정치적 소통을 조직하는가에 관한 뤼크 볼탕스키^{Luc Boltanski}의 독특한 분석에서 영감을 얻었다.[1] 볼탕스키는 공감, 규탄, 관조적 성찰이라는 소통의 정동적인^{affective} 세 가지 "화법^{tropes}"이 대체로 근대성의 구성 요소라고 접근한 반면, 감정자본주의에 관한 에바 일루즈^{Eva Illouz}의 주장은 20세기 자본주의에서 공감이 수행했던 정치적 역할을 역사적으로 유용하게 분석함으로써 이런 감정들이 어떻게 지배적인 "치유문화^{culture of therapy}"를 태동시키고, 고통의 개별적인 고유성들이 어떻게 이윤 창출에 도움을 주는 방향으로 이용되는지를 보여준다.² 일루즈는 치유문화를 대중문화의 전반적인 부정적 특징으로 다루지만, 나는 그보다는 낙관적인 입장이다. 일루즈뿐만 아니라 "고통의 논리logics of pain"를 사회 변화의 긍정적 비전을 가로막는 부정적인 힘이라고 비판하는 웬디 브라운Wendy Brown의 입장에 어느 정도 동의하지만,³ 그럼에도 불구하고 나는 고통의 언어에 여전히 급진적인 잠재력이 있다고 믿으며 정의의 정치 안에서 그 잠재력을 복원하고자 한다. 이런 점에서 사회적 힘으로서의 취약성이 연대와 정의를 위한 새로운 사회적 투쟁에 다시 각인될 수 있다고 말한 주디스 버틀러Judith Butler, 제이넵 감베티Zeynep Gambetti, 레티시아 삽세이Leticia Sabsay의 건설적인 에세이 모음집은 내게 많은 영감을 주었다.⁴ 이런 관점에서 나의 연구는 취약성의 담론적 잠재력을 분석적으로 깊이 탐구하는 것이라 할 수 있는데, 극우 세력을 "진정한 피해자성을 떠받드는 숭배 집단"으로 바라보는 앨리슨 콜Alyson Cole의 연구가 그 바탕이 되었다.⁵ 콜처럼 나 역시 고통이 중요한 정치적 힘으로서 높은 가치를 지니며, 피해자성의 어휘가 선험적으로 어떤 이데올로기에도 매여 있지 않아 권력자들이 쉽사리 무기화할 수 있다는 함정을 경계할 것을 주장한다.

내 고유한 고통의 경험이 아무리 내 이론적 주장에 속속들이 스며 있다 해도, 이 책의 서사에서는 전혀 드러나지 않는다.

나 자신의 상황에 대해 분석적인 글을 쓰는 것이 난감하기도 하고, 육화된 고통에는 늘 다양한 사회적 힘과 요구가 횡단하므로 비판적인 주장으로 바꿔내려면 구조적 설명과의 연결 고리가 있어야 한다고 믿기 때문이다. 하지만 개인적인 이야기에서 피해자성, 정치, 권력이라는 깊은 이론의 바다 속으로 들어가기 전에 건강을 되찾고 살아갈 수 있게 도와준 이들뿐만 아니라 이 모든 어려움 속에서도, 아렌트의 표현을 빌리면 사고와 독서와 논증과 저술의 즐거움으로 가득한 실천의 삶을 이어갈 수 있게 도와준 이들에게 감사의 마음을 전하고 싶다. 나는 헬레 레어만 마센Helle Lehrmann Madsen에게 이 두 가지 의미에서 어떤 말로도 형용할 수 없는 인생의 빚을 졌다. 10년 전 내게 신장을 기증해주고 30년 넘게 우정을 유지하며 변함없는 사랑과 애정을 보여준 그에게 심심한 고마움을 전한다. 그의 호랑이 같은 강인함과 보기 드문 관대함은 늘 놀라울 따름이고, 그가 친구라는 사실에 내가 엄청난 행운아라고 느낀다. 런던 해머스미스 병원에서 나를 담당했던 헌신적인 의료진의 세심한 돌봄에, 그리고 브리검 여성병원의 맨딥 메라Mandeep Mehra 박사에게도 고마움을 전한다. 그의 의학적 지혜와 인간적 따스함은 어두운 시기에 그 가치를 헤아릴 수 없을 정도로 귀중했다. 런던정치경제대학교의 동료 미리아 조지오Myria Georgiou와 소니아 리빙스턴Sonia Livingstone, 그리고 기오타 알레비주Giota Alevizou, 세라 배닛-와이저Sarah

Banet-Weiser, 케이트 내쉬Kate Nash, 지지 파파차리시Zizi Papacharissi, 시네 플람베크Sine Plambech, 로빈 바그너-파시피시Robin Wagner-Pacifici는 원고의 여러 단계에서 값진 피드백을 해주었다. 이들 모두에게 고마움을 전한다. 마리아, 소니아, 케이트, 지지와 함께 마리엄 아바스Maryam Abbas, 주디스 바렛Judith Barrett, 리 에드워즈Lee Edwards, 캐리 주윗Carey Jewitt, 미르카 마디아누Mirca Madianou, 샤니 오르가드Shani Orgad, 이아니스 새보리스Yiannis Thavoris 역시 전화, 줌zoom, 메시지, 선물, 꽃, 거리를 두고 함께한 산책을 통해 나에게 도움을 주었다. 이런 동료와 친구들은 각자 다양한 방식으로 내가 가장 절박할 때 힘과 낙천성을 선사했다. 그들이 내게 정말 소중했고 지금도 그렇다는 사실을 알아주면 좋겠다. 런던정치경제대학교 미디어커뮤니케이션과의 내 박사학위 과정 수업은 늘 지적 자극의 둘도 없는 보고일 뿐 아니라 설렘과 재미의 샘이기도 해서, 학문을 가르치는 사람이 되었을 때 가장 좋은 점은 자기 학생과 함께 배워나가는 기회를 얻는 것임을 곱씹게 한다. 전에는 내 학생이었고 이제는 동료이자 마음의 동반자인 캐스린 히긴스Kathryn Higgins, 앙겔로스 키사스Angelos Kissas, 리처드 스투파트Richard Stupart는 이 원고를 쓸 때 특히 많은 영감을 주었다. 이들의 관대함에 고마움을 전한다. 나의 박사학위 지도교수이자 공저자이며 일생의 친구인 랭카스터대학교 명예교수 노먼 페어클로Norman Fairclough는 내 사고에 근원적인 영향을 주었다.

그의 목소리는 내 연구 전반에서 드러나지만, 이 책에서 가장 두드러질지 모른다. 미디어커뮤니케이션과의 학과장인 바트 카매어츠Bart Cammaerts의 이해심과 지원에도, 완벽한 전문가 정신의 소유자인 믿음직한 편집자 주디스 바렛에게도, 또한 참고문헌 작업을 맡아준 아프로디티 쿨락시Afroditi Koulaxi에게도 고마움을 전한다. 콜롬비아대학교 편집부의 내 담당 편집자 필립 레벤탈Philip Leventhal은 감탄이 절로 나오는 인물이었다. 그의 인내심과 이해심 덕에 내가 개인적 격랑 속에서도 이 책을 완성하는 데 필요한 시간을 가질 수 있었다. 그의 지적 명민함 덕에 이 책의 주장은 훨씬 명료해졌다. 물론 말할 필요도 없지만 모든 실수와 누락은 전적으로 내 불찰이다. 마지막으로, 하지만 중요도에서는 절대 밀리지 않는 나의 가족들, 기오르고스, 다프네, 마르셀, 엘리아스는 지난 3년 동안 하루도 빠짐없이 내 곁을 지켜주었고 내가 그들에게 느끼는 고마움과 사랑을 형용할 방법이 떠오르지 않는다. 특히 나의 파트너 엘리아스에게 사랑과 고마움과 존경을 담아 이 책을 바친다. 그가 내 곁에 없었더라면 이 책의 단 한 쪽도 쓰지 못했으리라.

1장

어째서 피해자 성인가?

각 사회집단은 (동일한) 모국어로 발언하지만
그 용법은 천차만별이고, 강렬한 감정이나 중요한 개념이
관건일 때는 더더욱 그렇다. 어떤 언어적 기준으로 봐도 "틀린"
집단은 없다. 일시적으로 지배적인 집단이 자신의 용법이
"옳다"며 이를 강제하려고 애쓸 수는 있어도.

레이먼드 윌리엄스, 《키워드》

나는 억울한 피해자다!

2018년 9월 27일, 팔로알토대학교 교수 크리스틴 블래시 포드 Christine Blasey Ford가 미국 상원 법사위원회에 출석했다. 그는 당시 연방대법원 대법관 지명자였던 브렛 캐버노 Brett Kavanaugh가 30년 전 고등학생 시절 파티에서 자신을 성폭행했다고 증언했다. "제가 오늘 여기 나온 건 그러고 싶어서가 아닙니다. 전 무서워요." 이렇게 말문을 연 포드는 지난 30년 동안 수치심 때문에 폭행 사실을 비밀에 부쳤다고 털어놓았다. 그는 눈에 보일 정도로 떨면서 캐버노가 침대에서 자신을 어떻게 꼼짝 못하도록 짓누르고, 몸을 더듬고, 옷을 벗겼는지, 자신이 비명을 지르려 하자 자신의 입을 어떻게 막았는지 설명해나갔다. "나를 강간하려

한다고 생각했어요. 숨 쉬기가 힘들었습니다. 그리고 브렛이 우발적으로 날 죽일 수도 있다고 생각했어요." 포드가 증언을 마쳤을 때 해시태그 #나는그여자를믿는다, #왜나는신고하지않았나, #여자를믿어라가 강간 생존자를 비롯한 전 세계 여성들의 지지를 모으며 트위터와 인스타그램에 들불처럼 번졌다.[1] 나중에 변호사를 통해 법사위원회에 보낸 편지에서 블래시 포드는 그 사건을 기억에서 다시 끄집어내는 경험이 자신에게 "트라우마와 참담함"을 안겼다고 말했다. 증언 이후 "포드는 악랄한 괴롭힘과 살해 위협에까지 시달렸다."[2]

브렛 캐버노는 반격했다. 블래시 포드의 증언에 맞서 그의 증언이 "기괴하고 명백한 인격 암살"을 겨냥한 "뻔한 중상모략"일 뿐이라고 일축하는 서한을 법사위원회에 제출했다. 그는 눈물이 그렁그렁한 모습으로 "겁먹고 대법관 후보에서 사퇴하는 일은 없을 것"이라고 역설했고, #브렛을지지한다 트윗이 소셜미디어를 파도처럼 휩쓸며 브렛 구출 작전이 펼쳐졌다. 처음에는 공화당에서도 마뜩찮은 기색을 내비쳤지만 원로 보수 정치인 존 코닌John Cornyn 텍사스 상원의원이 결국 피해자로 변신한 캐버노에 대한 연민을 호소했다. 코닌은 "모든 여성에게는 아버지가, 누구에게는 남편이, 또 누구에게는 아들이 있다"며, "내가 생각하기에 우리가 포드 박사를 공정하게 대하고 싶어 하듯 모든 여성 역시 그들이 공정한 대우를 받길 원할 것이다"라고 말했다. 트럼프 대통령 역시 캐버노에게 연민을 표했다. 그는 "내 죄가 아닌 일의 죗값을 나에게 물을 수 있다니 미국의 젊은 남자들에게는 아주 무서운 시대"이며 "아주, 아주… 정말 아주 힘든 시대다"라고 덧붙였다.[3]

미디어는 캐버노의 지명을 둘러싼 전투를 미국 내 여성 증언의 역사에서 "전환점"(《타임》), "양극화된 인터넷 이야기"(《와이어드》), "눈물과 광분이 동반된 전투"(《뉴욕타임스》)라고 묘사했다. 각 헤드라인은 미투 시대에 의기양양해진 여성의 목소리, 정치적 소통을 단절시키고 각자를 밀실에 가두는 반향실echo chambers 현상에 대한 우려, 극우 포퓰리즘 시대 정치의 감정과잉화 등 이 법정 다툼이 폭로하는 미국 문화의 면면을 부각했다.[4] 하지만 어떤 매체도 이 사건의 가장 근원적인, 어쩌면 가장 은밀한 특징이 누가 피해자인가를 둘러싼 전투라는 점을 포착하지는 못했다. 크리스틴 블래시 포드는 처음에는 자신만만하게 자신은 모두에게 중요한 진실을 공유하기 위해 증언을 결심했고, 과거에 자신의 몸과 정신을 유린했고 지금 다시 자신을 취약한 상태에 놓이게 한 성폭력의 트라우마를 알리려 했다고 말했다. 자신이 피해자라는 포드의 주장은 포드 측 변호사의 서한에 나오는 표현을 빌리면 "입법자들이 브렛 캐버노의 성격과 이력을 더 온전하게 이해할 수 있도록" 공익의 이름으로 자신의 고통을 나누는 생존자로서 발언할 권리에 근거했다.[5] 브렛 캐버노는

"중상모략"에 맞서 자신의 "명성"을 방어하기 위해 목소리를 높였다. 그는 미국 사법체계에서 30년간 탁월한 경력을 쌓다가 정점에 도달하려는 시기에 불의의 공격을 받았다. 그는 위원회에 말했다. "내 가족과 내 이름은 악랄하고 거짓된 추가 혐의 주장들로 완전히, 돌이킬 수 없이 무너져내렸습니다." 또한 이렇게 덧붙였다. "최종 투표에서 내가 패배할지는 몰라도 나는 절대 단념하지 않을 것입니다. 절대로."[6]

팽팽한 줄다리기 같은 이 피해자성 논쟁은 복잡한 결말을 맞았다. 일단 블래시 포드의 강력한 증언 이후 다른 세 여성이 비슷한 증언을 했음에도[7] 브렛 캐버노는 결국 미국 연방대법원 대법관으로 선출되었다.[8] 그러나 블래시 포드의 진술은 전 세계 수많은 성폭력 생존 여성들에게 반향을 일으켰고, 새로운 연대의 네트워크를 낳아 미투 운동의 유산을 결집시켰다. 어느 쪽의 승리라고 단정하기 힘든 결말에도 불구하고 이 이야기는 오늘날 피해자성의 문화적 지위에 관한 핵심적인 두 가지 통찰을 제시한다.

첫 번째는 이 이야기가 전 세계로 퍼져 국제 헤드라인을 장식했다는 사실이 시사하듯[9] 피해자성 주장은 미국에 한정된 현상이 아니라 서구 문화권 전체의 관심을 사로잡는 포괄적인 사안이라는 통찰이다.[10] 이는 새로운 시각이 아니다. 25년 전에도 미국 비평가 로버트 휴즈Robert Hughes는 우리가 "모두가 부유하고 유명하지는 않지만 모두가 고난에 시달리는 고통의 민주주의" 속에서 살아간다고 말했다.11 10년 후 디디에 파생Didier Fassin과 리샤르 레스만Richard Rechtman의 "트라우마의 제국"에 관한 중대한 연구는 피해자성을 오늘날의 삶에서 핵심적인 도덕적·정치적 조건으로 보았다. 그들은 이렇게 말했다. "트라우마는 정신의학 어휘에 한정되지 않는다. 트라우마는 일상 용법으로 깊이 뿌리내렸다. 사실상 그것은 어떤 사건에 대한 새로운 언어를 창조했다."12 캐롤린 딘Carolyn Dean은 최근에 이 주장을 되풀이하며 "트라우마를 입은 피해자는 오늘날 서구 문화의 핵심에 자리한다"고 역설했다.13 이 언설들은 피해자성을 서구 문화 일반의 지배 담론으로 보고 있긴 하지만 블래시 포드와 캐버노의 이야기가 제기하는 핵심 문제를 건드리지는 않는다. 모두가 자신의 고난이 상대방의 고난보다 인정받아 마땅하다고 경쟁적으로 내세우는, 피해자가 범람하는 세상은 어떤 종류의 세상인가? 어떻게 세상이 지금처럼 변했을까? 그런 세상은 삶에 어떤 유익을 주는가? 더 중요하게는, 그 대가는 무엇일까? 이 책에서는 이런 질문들을 고심해보려고 한다.

이 이야기에서 얻을 수 있는 두 번째 통찰은 우리가 이런 질문들에 하루 빨리 관심을 기울여야 하는 이유인데, 바로 피해자성 주장이 곧 권력에 대한 주장이라는 것이다. 과거 숱한 다른 여성들이 그랬듯 수치심 때문에 30년 넘게 침묵을 지키다가 결국 공개적인 발언을 결심한, 고통받는 여성의 대변인[14]인 블래시 포드는, 비슷한 대다수의 남성이 그랬듯 역사적으로 (캐버노의 경우 세 차례) 고발로부터 보호받을 뿐 아니라 자신의 "적들"에게 공개적으로 의분을 표출한 행동으로 보상과 함께 제도의 호위까지 받는 남성의 대변인인 캐버노와 대적한 것이다.[15] 실제로 캐버노는 소셜미디어에서 무수한 지지를 받았고 종국에는 미국 연방대법원의 최고위직에 올랐다. 앞서 팽팽한 줄다리기 같은 피해자성 논쟁이라고 부른 것은 사실 권력의 관점에서는 고통받고 있다는 주장들 사이의 불평등한 투쟁이다. 여기서 사회구조 차원에서 가부장적 폭력에 취약한 여성이 입는 피해(파티에 참가한 16세 소녀로서, 그리고 상원 증언대에 선 여성 학자·성인 증인으로서)는 사회적·정치적으로 우월한 권력과 남자라면 당연히 주어지는 권리(젊은 남자로서 성관계에 대해, 중년이 된 후에는 대법관 후보로서, 이제는 한 명의 대법관으로서 주어진)를 가진 한 남자의 사적인 고충(고발에 맞서야 한다는)과 뒤섞여 혼전을 벌인다. 이런 관점에서 볼 때 휴즈의 표현처럼 "고통의 민주주의" 속에서 살아가는 것은 사회구조적 취약성과 사적인 고충이 피해자성이라는 하나의 어휘, 바로 **"나는 억울한 피해자다!"**라는 주장으로 뭉뚱그려진 세상에서 살아가는 것과 유사하다.

  가부장제뿐만 아니라 다른 모든 불의에 맞서는 온갖 정의의 정치에서 고통은 중요한 요소이지만, 정의를 위한 투쟁에서 고통에 특권을 부여할 경우 정치는 개인화되고 정의는 탈정치화되어 궁극적으로는 기존 권력자들에게만 이로울 뿐이다. 이는 한나 아렌트, 웬디 브라운, 앨리슨 콜에게서 영감을 얻은 주장이다.[16] 오늘날 피해자성을 둘러싼 논쟁은 진실 공방, 즉 고통을 받고 있다는 주장이 진실인지 아닌지 어떻게 알아낼 것인가라는 문제로 시작해서 그 문제로 끝나는 경우가 많지만, 그보다는 사회구조적 취약성을 특권을 가진 자의 고충과 어떻게 분리할 것인가, 고통의 용법을 어떻게 취약한 자들을 위한 것으로 되찾을 수 있을 것인가가 중요하다.[17] 진실과 정의는 당연히 항상 뒤얽혀 있고, 진실이 없으면 정의도 존재하지 않는다. 하지만 이 둘 사이에는 차이도 존재한다. 진실의 문제는 법정과 그 진위 검증 규칙, 또는 언론과 그 사실확인 의례 같은 제도적 승인이라는 인식론적 영역에 속한다. 정의의 문제는 누가 목소리voice라는 특권을 가지는가, 누가 자신의 고통을 지배적인 고통으로, 즉 "진실된true" 고통으로 확립할 수 있는가, 궁극적으로는 다른 사람의 고통보다 자신의 고통을 더 크게 발화했을 때—공적 담론에서든, 집단기억에서든, 정치적 수사에서든— 누가 이익을 얻는가를 둘러싼 사회적 경합이라는 정치적 영역에 속한다. 우리가 진위에만 관심을 쏟을 경우 권력과 거기에 연결된 특권을 무시하게 되고, 이는 구조적으로 폭력에 취약한 조건에서 살아가는 사람들에게 치명적인 결과를 초래한다. 그들은 고통을 받고 있다고 주장하고 싶어도 공적 발언권, 인정, 신뢰를 얻을 기회가 거의 없기 때문이다.

이처럼 심각하게 불평등한 지형에서 피해를 당했다는 주장들이 우후죽순 빗발치면 진실은 안개 속에 숨어버리기 때문에, 다시 말해서 고통받고 있다는 목소리가 넘쳐나는 공적 담론의 장에서 이미 권력을 쥔 사람들의 목소리가 특권을 지니지 못한 사람들의 목소리를 누르고 선택적으로 증폭되기 때문에 또 다른 피해자가 양산된다. 가짜뉴스의 확산으로 사실과 뜬소문의 경계가 흐려지듯, 고통받고 있다는 주장들 사이의 경쟁은 사회구조적 고난과 전략적 고난의 경계를 흐린다. 육체적 또는 상징적 폭력을 영속시키는 포괄적인 환경에서 개인 또는 집단을 옴쭉달싹 못하게 만드는 **조건**으로서의 고난과, 개인 또는 집단이 이득을 얻을 목적으로 선택적으로 채택하는 **주장**으로서의 고난 사이의 경계가 불분명해진다는 것이다. 자신들이 처한 고난의 조건에 대한 설명을 요구하는 "피해 입은 사람들을 위한 투쟁"과, 공적 담론에 고통받고 있다는 주장이 만발하게 할 뿐인 "피해자성 문화의 활성화"[18] 사이에서 길을 잃지 않으려면 둘의 차이에 주목해야 한다. 피해 입은 사람들을 위한 투쟁은 내 주장의 도덕적 원동력이지만, 피해자성 문화의 활성화는 분석의 대상이다.

21세기의 피해자성

피해자성에 관한 나의 관심은 곧 인간의 취약성이 우리 문화에서 맡고 있는 역할에 관한 관심이다. 여기서 우리 문화란 나머지 세계에 비해 상대적 풍요와 안전을 누리긴 하지만 계급, 젠더, 인종, 섹슈얼리티, 장애에 따른 자체적인 불평등으로 심각하게 분열된 서구 문화를 말한다. 또한 이 관심은 21세기에 도덕적 가치를 부여받은 공적 행위자를 형성하는 데 취약성이 하는 정치적 역할에 대한 것이기도 하다. 여기서는 모든 인간이 고통을 느낄 수 있다는 점에서 취약성을 인간의 존재론적 조건으로 전제한 뒤, 언제든 피해를 입을 수 있는 상태라는 육화된 사회적 조건인 취약성이 어떤 역사적·현재적 상황에서 피해자성이라고 하는 의사소통 행위로 전환되어 통상 취약한 사람에게 귀속되는 특수한 도덕적 가치를 자신이 피해자라고 주장하는 모든 사람에게 부여하는지를 탐구한다.

블래시 포드-캐버노의 사례는 블래시 포드의 경우 성폭행 때문에, 캐버노의 경우 치욕 때문에 고통받고 있다는 두 주장이 서로 다른 취약성의 서사를 불러내고 고유한 연대의 움직임을 불러일으켜 페미니스트 동맹과 보수적이고 여성혐오적인 동맹이 팽팽히 맞서게 만든다는 점에서 피해자성의 소통이 수행하는 정치적 역할을 단적으로 보여준다. 이렇게 실타래처럼 얽힌

난맥상은 **피해자성**을 하나의 특정한 의미를 가진 단어, 단일한 언어적 용어가 아니라, 뒤에서 자세히 설명하겠지만 그 자체로 완결된 의사소통의 정치라고 이해하는 것이 최선일 수 있음을 시사한다. 그리고 서로 경쟁하는 고통의 주장들과 인정의 공동체들이 지배권을 놓고 다투는 이 의사소통의 정치에서 고난의 진실성은 그 주장 이면에 있는 사회구조적 폭력의 조건들을 반영하기보다는 이 투쟁 내부의 권력 균형을 보여주는 것일 수 있다. 고통의 주장들이 난무하는 오늘날은 고통받는 존재가 집단의 대화 속에서 두드러지게 부각되었던 과거의 연장선인 **동시에**, 현재의 국면이 빚어내는 새롭고 고유한 순간**이기도** 하다.

21세기 피해자성의 고유한 특징은 취약성이 연속된 불황 속에 자리하고 있다는 점이다. 2008년 경제위기로 시작된 불황은 팬데믹 이후의 불황으로 이어지면서 기존의 빈곤층을 벼랑 끝에 몰았을 뿐만 아니라 전 세계 중간계급, 특히 국민총소득이 하위나 중위에 속하는 국가의 중간계급에게 상당한 영향을 미쳤다.[19] 팬데믹이 초래한 재난 수준의 영향과 그 후 서구 국가의 경제에 닥친 에너지 위기를 해소하기 위해 2020~2022년에 각종 조치가 단행되었지만, 그 결과 조지프 스티글리츠 Joseph Stiglitz에 따르면 "미국 내, 그리고 선진국과 개발도상국 사이의 불평등이 악화되어 전 세계 억만장자들의 부는 2020년과 2021년 사이에 4조 4,000억 달러가 늘어났지만, 같은 시기에 1억 명 이상이 빈곤선 아래로 추락했다."[20]

　이 복합적인 위기의 시기는 장기간 이어진 신자유주의 헤게모니가 이처럼 막대한 재난—글로벌 금융 제도들의 취약한 거버넌스, 복지 인프라의 가차 없는 사유화, 갈수록 벌어지는 빈부격차 등—을 초래할 정도로 허약하다는 사실이 드러났음에도 이 질서가 무너지지 않았을 뿐만 아니라 해묵은 불평등을 심화하고 새로운 불평등을 가속화하면서 기세를 올리고 있다는 역설을 보여준다. 파올로 제르바우도Paolo Gerbaudo는 팬데믹 시기에 관해 "사회적 긴장이 드러나는 동시에 강화되고 있는 이 시기에는 새로운 고충—가령 이동 제한에 대한 분노나 응급서비스 재정 부족에 대한 분개—이 등장했고 인종주의, 사회불평등, 공적 서비스 축소 같은 해묵은 고충도 더 혹독하게 체감되었다"[21]고 말했다. 서구 사회에서 취약계층뿐만 아니라 지금까지 상대적으로 안전했던 계층마저 희생해가면서 시장 주도의 이윤 논리를 완고하게 고집한 결과, 지난 10년 동안 모든 형태의 제도적 권위와 기술 관료 전문가 집단—은행에서부터 정치인, 미디어에 이르기까지—을 향한 대중의 불신이 팽배한 상태가 되었다.[22] 로런스 그로스버그Lawrence Grossberg에 따르면 시민들은 이제 "경제적·인종적 불안감 속에서 스스로를 자기 주변의 삶과 공동체 바깥에 위치한 개인 또는 세력에게 당하는 피해자라고 느끼고, 그로 인해 억울함, 격분, 심지어는 반동적인 복수의 욕망을 표출한다."[23] 이 지점에 대해서는 보리스 존슨과 도널드 트럼프의 극우 포퓰리즘이 주도하는 고통의 무기화weaponization of pain를 논하는 3장에서 자세히 이야기할 것이다.

하지만 그로스버그는 더 포괄적인 주장을 펼친다. 신자유주의가 부자와 빈자, 특권층과 취약층 사이의 간극을 물질적으로 지탱할 뿐만 아니라, 지금까지 상대적으로 안전했던 계층에게 심각한 감정적 피해를 입혀 자신은 피해자라는 인식을 고착화한다는 것이다. 니콜라스 디메르치스Nicolas Demertzis는 이러한 인식을 "생생한 불의의 경험"이라고 부르는데, 이는 한때 자신이 정당한 권리로서 소유했다고 생각하는 무언가를 박탈당했다는 감각을 말한다.[24] 웬디 브라운에 따르면[25] "다친 자를 밀어내는 복수의 현장(고난에 처한 사람이 다쳤을 때 다시 상처를 주는 장소)"으로 작동하는 이 억울함이라는 감각은 우파에서 좌파까지 모든 정치적 스펙트럼에서 등장할 수 있고 실제로 그랬다.[26] 하지만 나는 특히 극우 세력이 느끼는 억울함에 주목한다. 극우 세력은 지난 10년 동안 신자유주의가 초래한 위기들을 활용해서 국민을 피해자로 호명하며 선거에서 이기고 자유를 퇴색시키고 오래 이어져온 민주주의를 위협한 정치 공간이기 때문이다. 나아가 극우 세력은 선거 권력을 넘어서서 사회 전반에 은밀한 영향을 미치는 막강한 문화적 세력으로 진화하여 "우리" 대 "그들"이라는 대립 구도를 부채질하고, 인종, 젠더, 섹슈얼리티, 장애 때문에 사회구조적으로 취약한 소수자 집단에 대한 혐오를 정상화norelize하려 한다. 제이슨 스탠리Jason Stanley는 4장에서 다룰 극우 포퓰리즘과 파시즘 간의 친연성을 경고하면서 파시즘을 "민족적·종교적·인종적 차이에 호소하여 '우리'를 '그들'과 구분"하고 "충족되지 못한 기대에서 흘러나와… 소수자 집단을 향해 표출되는 억울함"을 통해 작동하는 분열의 정치라고 정확하게 정의한다.[27] 이윤을 위해 국내 산업 노동력(과 그 임금 및 복지)을 위축시키고 동시에 고숙련 노동자의 이주에 특혜를 제공함으로써 주로 남반구에서 유입된 저숙련 이주노동자들을 "토착native" 노동자들에게 피해를 안기는 "불법적인" 위협 요소라고 몰아세울 수 있는 글로벌 시장 조건을 만들어내는 신자유주의의 폐해는 극우 세력의 정상상태화normalizatiion에 기여한다. 리처드 솔Richard Saull은 극우 세력이 혐오의 서사, 즉 "코스모폴리탄 세계화의 상징인 이주자를 '토착민'의 상실감과 두려움의 희생양으로 만드는 서사"를 확산하여 줄곧 증폭시킨 이주의 "인종화된 도덕 경제"가 들어설 수 있는 토양을 신자유주의가 오랫동안 제공해왔다고 주장한다.[28] (인종을 초월한다고 주장하는) 글로벌 신자유주의의 구성 요소인 이주의 인종화된 경제는 대서양 동쪽과 서쪽에서 서로 다른 방식으로 변주되었다. 미국은 주로 흑인과 라틴계 같은 "부정하게 자격을 얻은 내부자들"을 희생양으로 삼고, 영국은 "이주민과 무슬림 같은 국가적 또는 문화적 외부자들"을 ("토착" 영국) 사람들의 고난에 책임이 있는, 부당한 특권을 누리는 소수자들이라며 희생양으로 삼는다.[29] 2016년 브렉시트Brexit와 트럼프의 승리에서 전 세계 권위주의 포퓰리즘의 꾸준한 득세와 그들이 펼치는 치명적인 국경의 정치에 이르기까지, 극우 세력의 수사법은 지금도 피해자성이라는 말과 억울함이라는 감정을 활용하여 이익을 취한다.[30]

신자유주의가 억울한 피해자성을 양산하는 또 다른 방식은 가부장적 폭력을 증언하는 여성을 향한 사악한 남성쇼비니스트male chauvinist*의 공격으로 드러난다. 단적인 예는 블래시 포드의 증언에 대해 트럼프가 남긴 "젊은 남자들에게" "요즘은 아주… 힘든 시대"라는 발언이다. 여성 피해자가 아니라 반대로 가해 용의자에게 공감하는 트럼프의 태도는 세라 배닛-와이저가 말한 "신자유주의 가부장제" 구조 안에서의 "간교한 적반하장"이다. 안 그래도 신자유주의 가부장제는 가부장제의 구조적 폭력을 일부 "썩은 사과bad apples"**의 일탈로 치부함으로써 가부장적 억압에 종속된 여성의 상황을 개별화하고 자신이 고통받

---

*   원래 '쇼비니즘chauvinism'은 맹목적·배타적 애국주의를 뜻하는 말인데, 여기서 파생된 '남성쇼비니즘'은 여성이 남성보다 근본적으로 덜 중요하고, 어리석고, 능력이 부족하기에 다르게 취급되어야 한다는 맹목적 믿음이다.

**   '썩은 사과 하나가 같은 상자 속 모든 사과를 썩게 할 수 있다'는 사실에서 온 비유로, 소속된 집단에 해로운 영향을 미치는 사람을 비유적으로 가리키는 표현이다. 여기서는 구조적 폭력을 개인의 일탈로 치환하려는 의도로 사용되었다.

고 있다는 개별 남성의 주장(가령 명예가 실추되었다며 눈물을 흘리는 캐버노)을 이용해 모든 남성을 향한 공격이 자행되고 있는 것처럼 호들갑을 떨고 있기 때문이다. 배닛-와이저는 "이렇게 방향이 달라진 피해자성은 힘없고 취약하고 짓밟힌다는 것이 무엇인지 그 의미를 재정의함으로서 가부장적 젠더 관계를 보강하는 역할을 한다"고 말한다.[31] 이 두 사례는 불황 이후 신자유주의와 이에 문화적·정치적으로 동반되는 모든 것과 연관된 맥락에서 피해자성을 바라보아야, 고통받고 있다는 주장이 어떻게 서구 담론에서 중심적인 위상을 점하게 되었고 이 중심성이 인종주의, 외국인혐오, 대중의 여성혐오 같은 집단적 대화에 영향을 미치는 기존의 권력 구조와 불평등에 어떻게 기대고 있는지를 이해할 수 있음을 시사한다.

하지만 오늘날의 피해자성을 이해하려면 과거를 돌아볼 필요도 있다. 다음 절("20세기의 피해자성")에서는 시간을 조금 거슬러 올라가서 20세기 고통의 언어들의 역사적 유산을 살피고 피해자성이 어떻게 감정자본주의의 소통의 중추로 기능하게 되었는지 알아본 ("고통의 정치로서의 피해자성" 절) 다음, 현재로 돌아와 소셜미디어 플랫폼이 우리 시대에 고통의 주장들을 유통하고 피해자성 서사를 확산하는 데 어떤 영향을 미치는지를 논할 것이다("고통의 플랫폼화" 절).

20세기의 피해자성

피해자성이라는 용어에는 유구한 역사가 있다. 17세기까지 이 말은 주로 종교적인 맥락에서 희생제물을 일컬을 때 등장했지만[32] 앵글로-로마의 용법은 점차 종교적 맥락에서 벗어나 '피해를 입거나 죽임을 당하는 상태'라는 세속적인 의미를 갖게 되었다.[33] 하지만 **피해자**victim라는 용어가 "억압당한 자", 상해나 불운에 시달리는 자 또는 단순히 이용당하는 자라는 일반적인 의미로 차차 변화한 것은 19세기에서 20세기 초였다.[34] 거의 같은 시기에 누군가에게 피해를 입히는 행위를 뜻하는 "피해를 주다to victimize"라는 표현과 그 과정을 주도하는 행위자를 지칭하는 "**가해자**victimizer"라는 파생명사도 등장했다.[35]

이 역사적인 전환은 공동의 대의를 위해 육체적 손상이 포함된 희생을 전가하는 의례를 중심으로 구성되었던 피해자성의 의미가, 특정 인간의 심신의 피해와 결부된 개별화된 의미로 전환된 것에 대응한다. 이 과정은 2장에서 살필 20세기에 군인의 고난이 조명되는 양상이 전환될 때에도 드러난다. 비록 피해자성의 의미 전환은 서구의 근대성이 종교적 집단주의(신앙 공동체를 중심으로 한 삶의 형태들)에서 세속적 개인주의(사적인 이익과 관련된 것들을 우선시하는 삶의 형태들)로 방향을 바꾼 더 넓은 맥락을 보여주는 것이지만, 오늘날의 피해자성은 "나의 고통"이라는 지배적인 개인주의적 담론과, 공동체 전체의 우려라는 이름으로 발언하는 집단주의적 담론 모두에 발을 담그고 있다. 모든 게르만어에 das Opfer*라는 표현이 존재하는 데서 알 수 있듯, "제물"과 "희생자"라는 두 가지 의미는 오늘날에도 공존하면서 고통받고 있다는 다양한 주장들에 선택적으로 힘을 실어주고, 이에 따라 서로 다른 시점에 상이한 정치적 제휴를 빚어낸다.[36] 이 지점에 대해서는 3장에서 극우 포퓰리즘이 이용하는 감정적 장치를 살피면서 다시 다룰 것이다. 지금은 후기 근대성에서 피해받은 존재를 뜻하는 어휘로서의 피해자성이 형성된 과정을 자세히 들여다보고자 한다. 이를 위해 "고통의 언어들의 원천으로서의 홀로코스트"와 "고통의 언어들"이라는 문제 아래 20세기의 핵심적인 고통의 언어인 트라우마와 권리의 언어들이 탄생하게 된 과정을 추적해보자. 권리의 언어는 트라우마의 언어에 부분적으로 영향을 받긴 했지만 전적으로 거기서 기원하는 것은 아니다.

고통의 언어들의 원천으로서의 홀로코스트

개별적이면서도 집단적인 정체성의 촉매라는 피해자성의

---

*   '희생', '제물', '희생양'을 뜻하는 말.

이중성을 "홀로코스트" 이상으로 잘 포착하는 것은 없으리라.[37] 여기서는 유대인, 집시, 그 외 주변화된 집단을 상대로 한 집단학살 사건의 대명사인 홀로코스트를 제2차 세계대전 이후 질서—아네트 위비오르카Annette Wieviorka가 "증언의 시대"라고 부른 시기—에서 고통의 언어 사용에 영향을 미친 중대한 상징적 원천으로 바라볼 것이다.[38] 이 고통의 언어들이 식민지 폭력이라는 훨씬 유구한 역사와 불가분의 관계라는 건 부정할 수 없지만, 그럼에도 홀로코스트가 20세기의 피해자성이 구축되는 과정의 토대가 되는 데에는 수용소 생존자들의 **적법한 시민**이라는 합법적 지위만큼이나 그들의 **트라우마 증명**이 큰 역할을 했다.

홀로코스트 이후의 피해자성은 **트라우마**로서, 극도의 고통 앞에서 말문이 막히는 언어적 문제와 위기 속의 자아라는 근대적 자아의 실존적 조건 모두를 일컫게 되었다. 애나 헌터Anna Hunter에 따르면 "홀로코스트는 서사의 형태를 한 역사적 트라우마로서만이 아니라" "의미와 재현의 위기로서 실행되는 서사 자체에 대한 트라우마로서" 트라우마적 서사를 구성한다. 이에 대해서는 참전 군인 트라우마의 궤적을 다루는 2장에서 다시 살펴볼 것이다.[39] 살아남은 피해자들의 고통이 사적인 대화의 장을 벗어나 공적인 장에서 처음으로 소통된 것은 1961년 아돌프 아이히만의 재판, 즉 일간 라디오 방송과 뉴스 보도를 통해 유대인의 트라우마가 전달된 그 중대한 순간이었다.[40] 산드라 리스톱스카Sandra Ristovska에 따르면 "이 재판은 억눌려 있던 개인의 트라우마를 번역해 공적인 인정의 장에 내놓았고" 이로써 "처음에는 자신의 엄청난 고난을 표출할 수단을 박탈당했던" 피해자의 고난을 승인했다.[41]

아이히만 재판은 트라우마를 공식적으로 인정했을 뿐만 아니라 홀로코스트 피해자성을 **법적 담론** 내부에 위치시키는 최초의 행위였다. 집단학살이라는 폭력에서 보호받을 권리는 이미 1948년에 도입되었음에도[42] 나치 잔혹행위 피해자에게 "법적 주체성"을, 다시 말해서 홀로코스트로 인한 고난을 들려줄 뿐만 아니라 이 이야기를 법정에 제출할 수 있는 증거로 진지하게 인정받을 권한을 부여한 것은 바로 이 재판이었다.[43] 쇼샤나 펠먼Shoshana Felman에 따르면 이 재판은 이제껏 "압제자의 언어로" 자신들의 경험이 규정되었던 피해자들에게 "언어를 회복할 공적인 장"을 열어주었다는 점에서 "그저 피해자의 이야기를 되풀이하기만 한 게 아니라 처음으로 이를 역사적으로 창조해낸 것이었다."[44] 나 역시 펠먼과 비슷한 관점에서 아이히만 재판을 트라우마와 권리의 언어를 우리 시대의 공식적인 고통의 언어로 승인하는 기폭제가 된 사건으로 바라본다.

그럼에도 불구하고 20세기 근대성에서 피해자성을 표출하는 더 다층적인 과정, 즉 홀로코스트와 함께 "수치스러운 어떤 것에서 우아함과 도덕적 올바름moral righteousness의 기호로의… 피해자성의 지위 변화"에 기여한 다른 고난·폭력·갈등의 역사까지 아우르는 맥락에서 홀로코스트에 접근할 필요도 있다.[45] 탈식민지주의적 증언에도 이와 유사하게 유럽 지배자들이 자행한 수탈과 억압과 잔혹행위에 오랜 세월 예속되었던 유색인종Black and Brown people 수백만 명을 신음하게 만든 대규모 수난에 대한 공포스러운 증언이 있다. 이 경험은 에메 세제르Aimé Césaire가 인정하듯 20세기 유럽의 전체주의(파시즘, 나치즘, 스탈린주의)와 강한 역사적 친연성이 있다. 전체주의하의 유럽에서는 "그때까지만 해도 알제리의 아랍인, 인도의 '쿨리coolies'*, 아프리카의 '검둥이'에게만 적용되던 유럽 식민주의적 절차들이… 백인에게도 적용되었다."[46]

도미닉 라카프라Dominic LaCapra 역시 주목하듯 식민주의와 홀로코스트는 "트라우마 초래, 심각한 억압, 분열된 유산, 시초 트라우마founding trauma**… 등의 문제"[47]를 공유한다는 점에서 역사적 친연성을 갖지만, 고통의 경험에는 차이가 있었다. 다양한 형태의 식민주의적 폭력은 단일한 사건을 뛰어넘어 시공을 가로질러 확장하고, 식민주의적 고난은 다양한 문화권에서 여러 목

---

*   영국 식민지에서 저임금으로 가혹한 노동을 강요받으며 착취당한, 주로 중국인과 인도인 이민자를 가리키는 말.
** 특정 집단, 국가의 정체성에 큰 영향을 미친 집단적·근원적 트라우마를 가리키는 말.

소리와 장르로 표출되기 때문이다.[48] 게다가 비평가들이 말했듯 식민주의적 피해자성 경험은 서구의 공적 담론에서 오랫동안 가시화되지 못했다. 서구 사회는 대체로 "인간의 고난과 도덕적 사악함의 일반화된 상징"[49]이라는 홀로코스트 서사 모형을 따라 후기식민주의 맥락에서 수척한 몸과 철조망 같은, 또는 홀로코스트의 언어로 표현하자면 파편화되고 단속적인 서사와 고통의 재현불가능성에 따른 불충분함 같은 친숙한 홀로코스트 이미지와 유사한 특정 경험을 모형으로 여겼기 때문이다.[50] 스테프 크랩스Stef Craps에 따르면 식민주의적 트라우마에 관한 서구 담론은 이런 맥락에서 "비서구 근대성의 트라우마적 경험을 주변화하거나 무시하고… 메트로폴리탄 트라우마와 비서구 혹은 소수자 트라우마 사이의 관계를 일반적으로 하찮게" 본다는 점에서 "비교문화적인 윤리적 참여에 실패했다."[51]

 서구의 피해자성 궤적을 중심으로 역사적 검토를 하는 데에는 후기식민주의적 고통의 침묵을 이 궤적 속에 위치시킴으로써 서구의 피해자가 늘 비서구·비백인 피해자를 삭제하는 행위와의 "계획된 대화" 속에서 만들어진다는 사실을 똑똑히 강조하려는 목적도 있다.[52] 식민주의적 고난의 증명이 오랫동안 서구의 재현 모형에 맞춰 찍혀 나왔듯, 2장의 내용처럼 근대 전쟁의 집단기억은 서구의 전쟁에서 유색인종 군인의 고통을, 나중에는 비서구 민간인의 고통을 의도적으로 인정하지 않는 방식의 기념 서사 및 의례를 차용했다. 그 과정에서 공간과 인간 삶에 대한 식민주의적 위계에 부합하는, 불균등한 피해자성의 서사가 탄생한 것이다.

고통의 언어

홀로코스트에서 사용된 고통의 언어는 어디에서 왔을까? 피해자성의 어휘에는 어떤 더 방대한 역사가 있을까? 그리고 그 용법의 현재적 맥락은 무엇일까?

리오타르Lyotard의 근대성의 "거대서사grand narratives"[53]를 본 딴 고통의 두 "거대언어grand languages"는, 주장하는 사람에게 도덕적 지위를 부여하고 정치 공동체를 집결하는 힘을 가진 개개의 취약성이라는 피해자성에 대한 오늘날의 정의를 빚어냈다. 이 거대언어가 바로 트라우마와 인권의 언어다. 두 언어는 홀로코스트를 비롯해 세계대전, 탈근대화, 냉전의 종말 같은 20세기의 중대한 사건들에서 탄생한 눈부신 사상의 파노라마(정신분석, 마르크스주의, 자유주의, 탈식민주의)에서 파생된 한 조각이다.

20세기 근대성을 "감정자본주의"로 설명한 에바 일루즈의 관점은 고통의 언어를 이해하는 기본적인 뼈대를 제공한다. 일루즈는 《감정 자본주의》(2007)라는 제목의 고전적인 연구에서 자기표현 능력이 있는 개인을 강조하는 자유주의적 자본주의의 사회경제 조직이 새로운 정서emotionality의 문화를 불러왔다고 주장한다. 이 문화에서는 자신의 사적인 고통을 주장하는 것이 결코 단순한 자기묘사 행위가 아니라 공적 영역에서 여러 사람 중 자신이 가치 있는 자아로 존재함을 내세우는 행위이다. "근대의 정체성은 점점 더 자아실현의 열망을 감정적 고난에 시달린다는 주장과 결합하는 서사를 통해 수행된다"고 일루즈는 말한다.[54] 감정자본주의에 관한 일루즈의 주장은 개인의 감정을 적극적으로 품어 안는 자본주의 경제에 두 가지 방식으로 주목한다. 하나는 미디어 산업이 감정이 지닌 이윤창출 잠재력을 활용하는 방식을 분석하는 것이다. '오프라 윈프리 쇼'처럼 자기고백이라는 감상적인 장르의 인기나, 낭만적 사랑을 데이터와 상품으로 변환하는 데이팅 플랫폼의 등장이 그 사례다. 다른 하나는 경제적 효율성과 기술적 효율성의 상승효과가 피고용인 또는 소비자의 감정을 활용하여 작업장의 이윤을 어떻게 증대하는지를 분석하는 것인데, 일루즈는 이를 위해 정동적인 조직 문화와 온라인 소비 및 욕구를 연구한다.[55]

이런 중요한 통찰 때문에 일루즈의 **감정자본주의**라는 용어를 사용하지만, 나의 목적은 다른 데 있기에 그 통찰 너머로 시야를 넓히려 한다. 내가 탐구하려는 것은 현재 서구의 정치와 문화에서 감정, 경제, 기술의 고유한 배치가 어떻게 피해자성이 헤게모니를 갖게 만들었는지다. 다시 말해서 감정자본주의가

"고통을 느낀다"라는 표현이 불러일으키는 보편적인 힘을 동원하여 공적 담론을 피해자들의 시장으로 전환하고, 고통을 주장하는 사람들이 이 시장에서 궁극적으로 우위를 차지하기 위해 경쟁을 벌이게 된 과정에 초점을 맞춘다. 이 시장에서는 시민의 의무라고 하는 페미니즘 정치와 남성 정체성을 반동적으로 내세우는 행위가 피해자의 눈물에 의지하는 비슷한 방식으로 공감의 공동체에 불을 지핀다. 극우 포퓰리즘 정부들의 담론에서 나타나듯 감정자본주의가 신자유주의적 자본주의의 "패배자들"을 자신의 피해자성을 유발한 가해자로 지목하는 데 성공한 비결은, 고통은 일체의 선험적인 정치적 귀속을 부정하고 인간 조건의 "진실"을 내세움으로써 전체 스펙트럼 가운데 다양한 위치에서 특권 혹은 취약성과 결탁할 수 있기 때문이다.

 이러한 배치는 어떻게 나타나게 되었을까? 고통이라는 정서는 어떻게 정치적 보편성을 지닌 언어로 자리매김하게 되었을까? 이 답을 찾기 위해서는 고통이 "우리의" 공통된 인간성에 호소하기 때문에 정치를 초월한다는 일반적인 가정을 뛰어넘어, 고통을 지위와 권력을 둘러싼 고유한 정치적 투쟁을 동반하는 것으로 바라볼 필요가 있다. 이 "고통의 정치politics of pain"에 대해서는 뒤에서 자세히 설명할 것이다. 고통의 정치는 고통의 언어를 근간으로 삼으면서도, 그 과정에서 자체적인 배제를 양산하면서 피해자로서의 자아를 빚어낸다. 일루즈는 심리치료의 언어에 관심을 두는데, 여기서 자아는 공감을 바탕으로 한 경청이라는 대화적 관계 속에서 사회화된 취약한 개인, "트라우마를 입은 자아the traumatized self"로 묘사된다. 나는 이 초점을 넓혀서 근대성의 또 다른 핵심 언어인 인권의 언어까지 아우르고자 한다. 이 언어는 심리치료의 언어와 유사하지만 동일하지는 않은 대화적 사회성dialogic sociality을 상정하면서도 자아를 법적 보호를 받을 권리가 있는 취약한 주체로 대하는데, 여기서는 이를 "상해를 입은 자아the injured self"라고 부를 것이다.

트라우마를 입은 자아

트라우마를 입은 자아는 대화 치료를 통해 드러나지 않는 마음의 취약성을 치료하고자 하는 정신분석의 전통에서 출발한다. "상처wound"를 의미하는 그리스어 트라우마에서 유래한 '트라우마를 입은 자아' 개념은 압도적인 폭력이나 상실의 경험, 합리적으로 해결할 수 없지만 존재의 일관성을 무너뜨리는 떨쳐낼 수 없는 감정으로 몇 번이고 다시 상기되는 경험 이후에 산산이 부서진 자아에 관심을 둔다. 이 무너진 자아 감각의 중심에는 그것을 언어화할 수 없는 불가능성이 자리한다. 트라우마는 자아에 피해를 입히지만 자아는 그 피해를 언어로 옮기지 못한다. 처음에는 자아를 산산이 부수고 그 후로 불시에 자아를 엄습하는 이중의 상처를 주기에 고통은 정신분석 전통의 중앙

에 자리한다.[56]

홀로코스트를 서구 근대성의 시초 트라우마로 바라보는 데서 알 수 있듯 자아의 상처에서 핵심은 폭력적인 사건이다. 하지만 지배적인 정신분석 사조들은 트라우마를 인간의 시간선을 따라 발생하는 역사적인 것이 아니라, 근본적으로 생명 그 자체와 함께 시작되는 실존적인 것으로 바라본다. 가령 라캉의 정신분석은 트라우마를 인간이 어머니의 자궁을 떠나 "태어남과 함께 언어 속으로" 던져지는 생애 초기에 일어나는 분리라는 최초의 폭력이라고 말한다.[57] 우리는 자신의 필요가 어머니와 통합되어 있고 어머니에 의해 제공되는 언어 이전의 존재상태에서 밀려나, 자신의 경험을 드러내는 동시에 억압하기 위해 언어에 의지하는 상징적인 존재상태로 전환되는 태어남의 순간부터 피해자라는 것이다. 그리고 언어는 끊임없이 우리에게 상처를 준다. 언어는 자기표현의 수단일 때 불통, 오해, 궁극적으로는 침묵을 낳고, 억압의 기제일 때는 가장 뿌리 깊은 상처로부터 결코 우리를 보호해주지 못한다. 삶은 늘 기어이 큰 사건을 일으키고 내면의 자아를 새삼 위협하기 때문이다.[58]

일루즈가 말한 감정의 "치유문화"가 등장하게 된 동력은 바로 우리 모두가 성인으로 성장하기 위해 겪어야 하는 사회화 과정의 피해자라는 정신분석의 전제이다. 제프리 알렉산더[Jeffrey Alexander]에 따르면 우리는 이 문화 속에서 결코 "완전히 성장하지 못하고 대신 자율성만큼이나 의존을 바라면서 성인 세계에서 어린아이로 머물러 있다."[59] 여기서 어머니와의 관계만이 아니라 다른 친밀하고 제도화된—교사, 파트너, 친구, 동료와의— 관계 역시 우리에게 피해를 안길 수 있고, 이 때문에 프랭크 푸레디Frank Furedi가 말했듯 "출생, 결혼, 양육부터 사별에 이르기까지 사람들의 경험은 늘 치유적 기풍 속에서 해석된다."[60]

유해한 마주침이 잠재해 있는 지뢰밭 같은 일상에서 치유문화는 언어 자체로 회귀함으로써 트라우마를 입은 자아에게 힘을 북돋겠다고 약속한다. 이때의 언어는 피해의 도구가 아니라 치유의 도구라고 속삭인다. 무의식을 "길들이고자" 하는 안전한 환경에서 자신의 취약성을 발설하는 행위인 심리치료의 상호작용은 이제 분석가의 긴 의자를 벗어나 공적 영역에 진입한다. 일루즈의 말처럼 치유발언therapy talk은 오늘날 서구의 화법에 완전히 자리를 잡아서 우리 모두에게 내면의 트라우마에 주목할 것을 촉구하고 우리가 소통할 때마다 자기고백과 공감을 바탕으로 한 경청이 필요하다는 의무감을 반복적으로 주입한다. 일루즈는 말한다. "공적인 장이 사적인 삶을, 감정과 친밀성을 전시하는 장으로 바뀐 것은 사적인 경험을 공적인 논의로 전환한 심리학의 역할을 인정하지 않고서는 이해할 수 없다."[61]

치유문화는 프로이트/라캉의 정신분석 패러다임과 함께 탄생한 20세기적인 현상이지만, 고통의 경험을 다른 사람과 나누고 공감을 바탕으로 그것을 인정하는 등의 치유적인 소통에는 정신분석보다 깊은 뿌리가 있다. 그것은 18세기의 "공감문화 culture of sympathy", 바로 프랑스와 스코틀랜드 계몽주의의 지배적인 정서에서 출발했다. 당시에는 정치 공동체의 규범이 가혹한 전제적 통치 체제가 아니라 사람들을 돌보는 목가적인 거버넌스에 의지했다.[62] 그러므로 근대적 자아는 중세의 충성 의무에서 벗어나 새롭게 등장한 자본주의와 그 시민적 명령에 귀속되어 다른 인간의 고난을 승인하며 여기에 반응하게 되었고, 이 과정에서 자애심과 연민은 시장 중심의 도덕적 경험 세계에서 한 자리를 차지했다.[63] 애덤 스미스는 근대성에서의 도덕적 경험에 관한 기본 텍스트인《도덕감정론》(1759)에서 사회를 설명하면서 고통받는 사람이라는 스펙터클을 공적인 삶의 중심에 위치시키고 시민의 상상력을 동류의식 혹은 다른 사람의 고통을 느끼는 감정의 촉매제로 승격한다. 그는 이렇게 말한다. "우리는 상상력을 통해 자신을 고통받는 사람의 상황에 놓고, 자신이 그와 똑같은 고난을 감내한다고 상상하고, 그 사람의 몸속에 들어가 어느 정도 그와 동일한 사람이 된 다음 그와 어느 정도 비슷한 감각을 형성하고, 심지어는 정도는 약할지언정 그와 완전히 다르지 않은 어떤 것을 느낀다."[64]

이런 역사적 관점에서 치유발언은 스미스가 말한 공감의 20세기적 변형이라고 할 수 있다. 여기서 고난은 정신적 트라우마라는 특수한 형태를 취하지만 그럼에도 고통의 공적인 전시를 시민교육의 실천으로 강조한다는 점에서 그보다 앞선 시기의 문화와 유사성을 갖는다. 미디어 형식, 셀러브리티 문화, 플랫폼 행동주의에 완전히 뿌리내린 오늘날의 시민성도 과거에 그랬듯 자유주의적 정치 형태를 빚어내는 데서 끝나지 않고 자아의 치유를 목적으로 하는 "감정과 성찰의 참된 교육장치" 역할까지 맡고 있다.[65] 하지만 이 교육장치는 유럽 식민지에는 적용되지 않는 완전히 서구적 개념의 정치적 교육장치였다. 유럽 식민지들은 "타인의 존재에 대한 체계적 부정"[66]의 대상이었기 때문이다. 뒤에서도 보겠지만 이 개념은 지금도 남반구에는 대단히 선택적으로, 또 도구적으로만 적용된다.[67]

이런 관점에서 #미투와 #나는그여자를믿는다 같은 해시태그들은 집단 차원에서 고통을 반복 재생함으로써 여성의 사적인 성적 피해 경험을 증폭하는 현대적인 시민교육의 실천이라고 볼 수 있다.[68] '오프라 윈프리 쇼' 같은 초기의 텔레비전 토크쇼들은 "곤경에 대해 **발화함으로써** 스스로 힘을 얻으려는" "**고난과 피해에 시달리는 자아**"를 수행하기 위한 대중적인 공간이었다.[69] 두 치유발언 사례 모두 페미니즘적인 연대를 장려하는 실천이 될 잠재력을 지녔지만, 각 플랫폼의 상업적인 성격 때문에 근원적으로 양가성을 띨 수밖에 없다. 일루즈는 미디어화된 치유는 이윤이라는 동기에 의해 고통의 이야기를 흥미 위주의 드라마로 전환하여 고난의 사회적 이유를 탐색하는 데는 소홀한 감상적인 장르로 축소한다고 말한다. 데이비드 크래스너^{David} ^{Krasner}는 미디어화된 치유가 흑인 가정의 드라마와 "억압을 극복하는 이들의 전략"을 "백인 여성의 자기만족 모델"로 전환해왔다고 덧붙인다.[70] 로절린드 길$^{Rosalind Gill}$과 샤니 오르가드는 이런 우려의 연장선에서 미투 운동에서 중요한 것이 여성의 자기표현인지 아니면 소비자의 관심인지 묻는다. "사람들에게 '팔리는' 건 성차별주의인가 아니면 섹스인가?"[71] 캐서린 로텐버그$^{Cather-}$ $^{ine Rottenberg}$는 이런 우려를 확장하여 인종과 계급에 관해서도 질문을 제기한다. 만일 나서서 발언하는 사람들이 "힘있고 부유하고 대체로 백인인 여성들뿐"이라면 "성적 괴롭힘과 성폭력 고발은… 언제 그리고 어디서 발언력을 얻고 누구의 목소리가 중요하게 여겨지는가?"[72]

요컨대 트라우마를 입은 자아는 고통받는 사람을 공감받아 마땅한 공적인 인물로 여기는 정신분석의 맥락에서 등장한다. 동류의식이라는 계몽주의 시대의 유산을 근거로 한 고통의 언어는 오늘날 치유문화라는 형태로 서구 사회 곳곳에 만연해 있다. 사고방식이자 발화방식인 고통의 언어는 정신건강과 안녕에 대해서는 정당한 이야기를 할지 몰라도, 인종화되고 상업화된 맥락에서 피해자성을 수행하여 고난의 구조적 조건을 탈정치화하고 미디어의 이익을 위해 고통을 구경거리로 만든다.

상해를 입은 자아

상해를 입은 자아는 정신분석의 자장에서 출발한 트라우마와는 달리, 사회 부정의와 관련된 상해에 대해 발언하고 자아를 치유만이 아니라 법적인 보호가 필요한 존재로 간주하는 인권의 언어에서 등장한다.[73] 이는 인권에서의 자아가 여전히 취약하긴 해도, 이 취약성은 이제 정신의 서사가 아니라 자아에게 해를 입히는 조건인 사회 불평등의 서사와 관련이 있다는 의미이다. 그 예로 상해를 집단적인 투쟁과 사회 변화의 동력으로 바라보는 혁명의 서사와, 상해를 개인을 보호하는 제도 개혁의 동기로 여기는 개혁의 서사가 있다.

혁명의 서사는 피지배 상태의 자아와 그 자아가 소속된 공동체를 빈곤과 권리 박탈의 상태에 예속시키는 지배적인 경제·정치 구조 때문에 사회적 상해가 발생한다고 이해한다. 피지배 상태의 자아는 자본주의하의 노동 계급일 수도, 가부장제하의 여성일 수도, 아니면 식민주의하의 흑인일 수도 있다. 가령 마르크스주의의 서사는 이런 권리의 언어에 비판적일 수도 있지만, 새뮤얼 모인Samuel Moyn의 지적처럼 마르크스주의는 확고하게 "인간의 권리" 담론 안에서 19세기 노동자의 투쟁을, 특히 "인간 존엄"의 "최저 핵심"으로서의 "노동할 권리"를 또렷하게 이야기했다.[74] 이런 좌익 관점의 영향을 받은 초기 페미니즘 역시 이와 유사하게 권리의 언어를 동원하여 남성우월적이고 계급중심적인 사회주의 운동의 수사를 시정하고 사회적 상해를 더 심도 있게 이해할 것을 요구하며 가부장제의 분업이 여성을 가정에 구속하는 현실을 비판했다.[75] 마지막으로 노예제 폐지운동은 남북전쟁 이후 노예 상태에서 막 해방된 흑인들이 어떤 법적 지위를 가질 것인가를 놓고 벌어진 투쟁을 시민권 투쟁으로 바라보았다.[76] 노예제 폐지운동은 흑인이 이등시민으로 전락하지 않도록 미국이라는 정치 공동체에서 동등한 구성원의 지위를 보장받을 권리를 쟁취하기 위해 투쟁했고, 이로써 W. E. B. 듀 보이스^{W. E. B. Du Bois}가 말했듯 온 세상이 "미국의 흑인은 유럽 출신의 백인과 아시아 출신의 황인과 동일한 의미에서 인간"임을 받아들일 것을 촉구했다.[77]

혁명의 서사가 사회 정의의 이름으로 현 사회질서를 바꾸려는 집단주의적인 사회 변혁의 관점에서 권리의 문제를 제기한다면, **개혁의 서사**는 권리 개념을 이용해서 사회질서를 바꾸는 것이 아니라 현 사회질서 내에서 취약한 사람들을 가장 큰 상해를 입힐 수 있는 영향으로부터 보호하는 데 주력한다. 이런 의미에서 개혁은 상해를 해결해야 할 폐해로 다루긴 하지만, 폐해를 만드는 구조에 맞서는 봉기를 일으키는 대신 그 폐해로부터 사람들을 보호하려는 제2차 세계대전 이후 특정한 역사적 순간의 정치를 반영한다. 케이트 내쉬^{Kate Nash}에 따르면 이 전후 질서에서 "인권운동은 꾸준히 성장하여 전 세계 자본주의의 구조적 불의가 아닌, 국가폭력과 박해에 대처했다."[78]

사회적 보호라는 의제가 전쟁 이전의 어떤 질서보다 "더 평등주의적인 종합 프로그램"을 국경을 넘나들며 수행할 수 있었던 핵심 동력은 세계대전 이후 일국 수준에서 국제적인 수준으로 격상된 인권의 위상이다.[79] 이러한 인권의 세계화에는 개혁의 관점에 내재된 "인간인격human person"이라는 보편적인 관점도 기여했다. 상해를 입은 자아에 대한 보수적·기독교적·자유민주주의적 관점이 복합적으로 결합한 "인간인격"은 더 이상 특정 계급·인종·젠더의 개인이 아니라 전부를 포괄하는 취약한 인간을 가리키며, 이는 오늘날까지 글로벌 정치에서 가장 많은 영향을 주는 효과적인 기표로서 널리 사용되고 있다. 모인의 표현처럼 "인권은 낡은 좌우 이데올로기 대결에서 에너지를 끌어온 새로운 인류정치의 핵심 언어가 되었다."[80]

권리의 언어는 치유발언과는 사뭇 달라 보이지만, 공감문화라는 동일한 역사적 기원에서 출발한 것이다. 마이클 머랜즈Michael Meranze에 따르면 이 둘은 "개인들이 고통받는 타인에게 열린 태도를 표현할 수 있는"[81] 근대성의 중요한 소통 자원을 이룬다. 이런 점에서 이 둘은 취약한 자아에게 공적 감정 및 실천의 근원이라는 위상을 부여한다. 하지만 동류의식에 기댄 치유발언과 달리 권리의 언어는 두 종류의 분개indignation의 서사에 의지한다. 하나는 비난 조의 분개이고 다른 하나는 화해 조의 분개이다. 동류의식과 마찬가지로 분개는 훌륭한 정치적 감정이지만, 고난을 트라우마라는 정신적 구조가 아니라 볼탕스키가 말한 "착취와 지배의 구조 내부에" 위치시킨다는 점에서 차이가 있다.[82] 분개의 소통에서는 여전히 고통받는 타자를 알아차리는 것이 관건이며, 이 알아차림에서 중요한 것은 분노를 애당초 고난을 유발한 구조적 원인에 대한 정당한 대응으로 승인하는 것이다. 메르비 판티^{Mervi Pantti}와 카린 왈-요르겐센^{Karin Wahl-Joergensen}에 따르면 "불의의 책임을 물을 대상이 존재할 때 고난에 처한 피해자를 대신해서 표출하는 분노와 도덕적 의분은 이의와 반대의 강력한 동기가 될 수 있다."[83]

일반적으로 좌익과 우익 양측의 사회운동에서 벌어지는 반체제 활동과 연계된 혁명의 서사에서는 분노가 두드러지지만, 개혁의 서사에서는 이보다 "더 잔잔한" 정서가 바탕을 이룬다. 고난에 대한 "보편적인 기억"과 세계전쟁 이후 "절대 다시 일어나서는 안 된다"라는 바람에 근거한 이 정서는 "의식적으로 합리성·합당함·실용주의·절제의 언어라는 틀 안에" 자리 잡는다.[84] 가령 유럽연합에서 시민들의 디지털 권리가 제도적으로 유의미하게 개선된 것은 사회운동가와 정책입안자, 기타 이해당사자들이 힘을 모아 소셜미디어 사용자들을 빅테크 기업의 착취적이고 수탈적인 관행으로부터 지키기 위해 애쓴 개혁적인 노고 덕분이다.[85] 하지만 개혁적 서사의 실용주의는 국제정치에서 헤게모니를 쥔 지정학적 의제에 맞춰 제도적 정책의 형태를 바꾸는 것이 그 목적이므로, 신식민주의적 권력 관계를 재생산하고 이주자, 난민, 분쟁 지역의 민간인, 소수인종처럼 인권이 가장 절실하게 필요한 사람들을 제대로 보호하지 못한다는 비난을 사왔다.[86] 게다가 치유발언이 그렇듯 개혁의 언어는 글로벌 거버넌스의 신자유주의적 시장화에 편승하여 입길에 오르기도 한다. 가령 인도주의 및 인권 관련 주요 비정부기구들이 브랜드화 전략을 활용해 권리를 사회 변화의 수단으로서 좋은 일을 한다는 자기만족의 방편으로 전환하는 사례들이 비난의 대상이 되고 있다. 내가 다른 곳에서 밝혔듯 인권에 대한 주장은 "미디어 문화의 디지털 기술뿐만 아니라 기업 세계의 시장 논리에 날로 치중함으로써, 혁명적 서사가 정치적으로 붕괴한 오늘날의 현실에 '자기만족적인' 이타주의라는 신자유주의적 생활양식을 예찬하는 방식으로 대응하게 되었다."[87]

요컨대 상해를 입은 자아는 감정자본주의에서 고통의 거대언어 중 두 번째 언어인 인권의 언어와 관련이 있다. 권리 담론은 계몽주의적 공감문화에 기대고 있다는 점에서는 정신분석과 동일선상에 있지만, 혁명의 서사처럼 불의에 대한 의문과 저항을 동원하거나 개혁의 서사처럼 취약한 사람들을 위해 실용적인 개입을 촉구한다는 점에서 정신분석과는 차이가 있다. 하지만 혁명의 서사에서든 개혁의 서사에서든 권리의 언어는 글로벌 권력의 신식민주의적 관계를 영속시키고, 상업화된 온라인 행동주의 체제 안에서 고통의 정치적 함의를 삭제한다는 이유로 비난받기도 한다.

고통의 정치로서의 피해자성

앞에서 역사적 고찰을 한 목적은 오늘날 우리가 사용하는 피해자성의 어휘가 어떻게 형성되었는가를 이해하고자 함이었다. 이를 위해 나는 고통의 언어—트라우마와 권리의 언어—를 감정자본주의라는 맥락에 위치시켰다. 그리고 일부 자아에게 피해자의 자격을 선택적으로 부여하는 식민주의적 권력의 역사와, 치유를 자극적인 이야기로 상업화하거나 인권 행동주의를 소비자주의적인 선택으로 전락시키는 신자유주의적 시장화라는 두 흐름이 어떻게 피해자성의 어휘의 범주를 설정하는지를 보여주었다. 두 가지 경우 모두에서 피해자성의 어휘는 고난을 개별화하고, 그 이면에 있는 구조적 원인을 공적 담론 바깥에 내버려둔다.

이러한 역사를 고려했을 때 피해자성은 인류의 보편적인 특징(우리는 모두 고통을 느낄 수 있다)이 아니라 내가 "고통의 정치"라고 부르는 어떤 종류의 정치에 참여하는 소통 행위로 이해해야 한다. 한나 아렌트의 연민에 관한 비평에서 영감을 얻은 고통의 정치는 고난의 스펙터클에 직면하여 어째서 이 고난이 발생하게 되었는가 생각해볼 새도 없이 즉각적으로 대응할 수밖에 없어 급박한 감정이 솟구치는 상황을 일컫는다. 이와 유사한 맥락에서 아렌트는 프랑스 혁명 당시 로베스피에르가 파리의 상퀼로트sans-culottes*를 대면한 순간을 고찰하면서, 그가 사람들에게 미칠 영향과 정치적 결과를 고려하지 않은 채 공포정치라는 무차별적인 폭력으로 대응하도록 이끈 것이 바로 처참한 궁핍함이라는 스펙터클의 순수한 힘이었다고 주장한다. "로베스피에르 주변에서 넘실대는 고난의 바다, 그리고 자기 내부에서 요동치는 감정의 바다는 모든 시시콜콜한 고려 사항들… 국정 운영과 원칙이라는 고려 사항뿐만 아니라 우정이라는 고려 사항들까지 수장시켰다."[88]

연민에 대한 아렌트의 관찰은 나의 논의에 녹아 있는 관점, 그러니까 고통을 소통하는 행위는 공적 담론의 시시한 부가물이 아니라는 입장과 같은 맥락에 있다. 고통에 관한 발언이 시민들에게 타인의 고난을 인정하라는 긴박한 요구를 담고 있다면, 그 발언은 정치적 문화와 그 내부에서 벌어지는 지배력 다툼을 구성하는 요소가 된다. 이 다툼의 중심에는 고통의 주장이

---

*   프랑스 혁명(1789년) 당시의 무산계급을 말한다.

나오게 된 맥락에 대한 질문을 사실상 봉쇄해버린 채 고통에 **즉각적으로** 대응하라는 압력이 있다. 볼탕스키는 "가령 기근에 초토화된 지역 주민을 두고 누가 감히 일어날 일이 일어났을 뿐이라고 말할 엄두를 내겠는가?"라고 질문하며 "고난을 종식시키기 위해 당장 조치를 취해야 한다는 긴박함은 늘 타당한 이유가 무엇인가라는 고민을 앞지른다"는 결론을 내림으로써 고통의 주장을 공개적으로 문제 삼는 것은 금기라고 설명한다.[89] 자아의 조건, 즉 자아가 점하고 있는 사회적 공간이 '위해에 어느 정도로 노출되어 있나'라는 비가시적인 지위에 대한 탐구를 봉쇄한 채 고난의 주장에 관심을 가질 것을 요구하는 긴박함과, 상해 또는 트라우마를 시각이나 청각으로 소통하는 행위는 피해자성을 계몽주의와 식민주의라는 앞선 근대성의 유산에 연결시킨다. 뿐만 아니라 그로 인해 피해자성이라는 용어는 자비에 대한 약속과 잔인함의 무기라는, 양날의 검과 같은 정치적 효능을 부여받는다.

고통의 정치라는 틀 안에서 우리는 어째서 피해자성이 자아에 본질적인 정체성을 객관적으로 부여하는 기표가 아니라, 반복해서 말하자면, 자유주의적 근대성에서 개발된 고통의 언어를 차용하여 취약한 자아를 위해 "나 상처 받았어" 또는 "나 억울해"라고 발언하고 가엾어하는 감정을 불러일으키는 소통 행위인지를 더 잘 이해할 수 있다. 달리 말해서 피해자는 고정된 특정 사람이 아니라, 자아가 고난에 처했다는 주장을 통해 바로 그 순간 취약한 존재로 생성되는 반복적인 발화행위자이다. 피해자성을 공적 담론에서 일종의 투쟁 현장으로 만드는 것은 트라우마 또는 상해의 주장들이 즐비한 가운데 새로운 자아를 드러냄으로써 그 주위에 있는 다양한 인정의 공동체를 불러내는 수행적인 역량이다. 그러므로 오늘날의 정치는 스튜어트 홀Stuart Hall이 말했듯 "늘 필연적이거나 확정적이거나 절대적이거나 본질적이지는 않"지만, 정치가 시간의 흐름 속에서 다양한 국면에 피해자의 정체성을 잠정적으로 결정하는 방식으로 고통과 자아를 연결시키는 언어적 "체결articulations"이라는 가변성 높은 행위에 크게 의지하는 한 대체로 고통의 정치이다.[90] 그러므로 누가, 어떤 고난의 주장을 가지고, 어느 공동체에 속한 채 피해자로 생성되는가는 당연하게 받아들일 일이 아니라 비판적인 공적 담론 분석을 요구하는 정치적 소통과 관련된 문제이다.

피해자성의 이 같은 수행성의 결과물인 고난의 감정들은 모호하고 복합적이다. 때문에 타인의 고통에 대한 반응이 늘 순수한 공감 또는 순수한 분개의 형태로 표출되는 것은 아니며 이 두 가지 감정이 공존하는 혼종의 주장들로 나타나곤 한다. 도입부에 제시한 사례로 돌아가서, 블래시 포드의 비통한 증언과 캐버노의 공격적인 자기방어 모두 상해(한쪽은 정보를 전달하고 다른 사람들이 추가 피해를 입지 않도록 보호하기 위해 발언하고, 다른 한쪽은 자신의 평판을 지키기 위해 발언한다)와 트라우마(각각 성폭력의 트라우마와 인격 살해의 트라우마)를 내세운다는 점에서 정서적 혼종성을 보여주는 사례다. 이들은 서로 다른 성격의 고난에 처한 자아를 동원하여 피해자성을 주장했다. 블래시 포드의 "강력한 취약성powerful vulnerability"은 훌륭한 시민으로서의 정체성을 강화했고, 이후 그는 "다분히 신뢰가 가고, 다분히 호감이 가며, 다분히 믿음직하다"라는 칭찬을 받았다.[91] 반면 브렛 캐버노의 눈물 어린 얼굴은 그의 정치적 정체성을 깎아내리고 그를 일개 취약한 남자—코닌 상원의원의 말을 빌리면 "모든 여성의 아버지, 남편, 아들"—로 내세웠다. 여기서 정서적 혼종성은 고통이 서로 다른 감정에 어떻게 귀착되는지—연민을 불러일으키거나(블래시 포드), 격분을 촉발하거나(캐버노)—뿐만 아니라 그 과정에서 취약성과 다양한 관계에 놓인 자아를 어떻게 드러내는지를 보여준다. 그러므로 두 인물 모두 상처받고 억울해한다는 점에서 고통받는 사람처럼 보이고, 서로에게 고통을 가했다는 점에서 가해자처럼 보인다. 게다가 생존자처럼 보이기도 하는데, 이때 블래시 포드의 취약성은 "사실상 초능력"[92]으로 칭송받고 캐버노의 눈물은 "나는 포기하지 않을 것"이라는 불굴의 태도와 결합한다. 홀의 표현을 되살리면, 이 사례에 나타난 피해자성은 필연적이지 않은 자아와 고통 사이의 체결에 의지함으로써 고통을 그 존재 조건과 단절하고 피해자와 가해자의 구분을 모호하게 흐린다. 이런 의미에서 눈물을 글썽이며 블래시 포드를 몰아세운 캐버노의 비난은 전략적 또는 역전된 피해자성이다. 백인 남성인 그의 눈물에는 자신을 고통받는 자로 연출하여 여성 피해자의 증언에 흠집을 내고 그 동기에 의심이 쏟아지게 만들려는 목적이 담겨 있기 때문이다.[93]

요컨대 피해자성은 자유주의적 자본주의―초기부터 "감정적인" 자본주의―와 그 고통의 언어라는 오래된 유산 속에서 등장한다. 취약성은 이 유산을 통해 반복적이며 따라서 변화할 수 있는 고통의 주장들로 이루어진 유구한 소통의 정치 안에 자리를 잡았는데, 오늘날 고통의 주장들은 신자유주의적 시장화와 상품화된 행동주의에 장악되었다. 피해자성이라는 반복적인 과정의 핵심에 자리한 '피해자'는 어떤 본질적인 정체성이 아니라 의미의 다양한 체결에 열린 의미론적 범주―그로스버그에 따르면 "그것을 껴안으려는 모두에게 귀속되는 무언가"[94]―로 존재하며, 따라서 상해의 감정과 트라우마의 감정을 뒤섞어 피해자와 가해자의 역할을 역전시키고 정치적 파장을 일으킬 수 있다.

고통의 플랫폼화

고통의 언어가 과거에 깊이 뿌리를 두고 있긴 하지만 오늘날 피해자성의 활용에는 완전히 새로운 측면도 있다. 고통의 플랫폼화—소셜미디어 플랫폼의 상업적인 논리 위에서, 그것을 관통하며 취약성이 수행되는 현상—는 오늘날 피해자성을 주장하는 전제를 탈바꿈했다. 이 변화는 고통의 의사소통 정치를 재조직하는 것과, 피해자성을 주장할 수 있는 고난의 영역을 확장하는 것으로 이루어졌다.

플랫폼화는 핸드폰과 소셜미디어 계정이 있는 사람이면 누구나 자신의 고통을 소셜미디어 플랫폼 이용자 4억 4,800만 명에게 전파할 수 있게 만들었다.[95] 이러한 인터넷 플랫폼의 개방성은 초기에 민주화의 역동적인 힘으로 칭송받았다. 플랫폼은 주변화된 집단들이 자신의 고난을 알리고 정치적 변화를 이끌어낼 사회적 힘을 응집할 수 있는 새로운 수단이 되었기 때문이다. 가령 멀리나 림$^{Merlyna\,Lim}$은 2011년 호스니 무바라크 체제에 맞선 대대적인 아랍의 봄$^{Arab\,Spring}$* 저항을 이해하려면 저항

---

* 2010년 12월 튀니지에서 시작되어 북아프리카 및 중동 국가로 퍼져나간 혁명적 시위를 일컫는 말로, 이 운동으로 인해 튀니지의 벤 알리, 이집트의 호스니 무바라크, 리비아의 무아마르 알 카다피, 예멘의 알리 압둘라 살레 등 여러 독재 정권이 막을 내렸다.

적인 이집트 청년들의 온라인 습성을 들여다봐야 한다고 저항의 초창기부터 줄곧 주장해왔다. 림에 따르면 이들은 페이스북과 트위터에서 활동함으로써 "논쟁의 레퍼토리를 구성하고, 사안을 바라보는 프레임을 잡고, 단결의 상징을 전파하고, 온라인 행동주의를 오프라인 저항으로 탈바꿈할 수 있는 수단"을 획득했다.[96]

하지만 지난 10년 동안 대부분의 학자들은 소셜미디어 플랫폼의 잠재력에 양가적인 입장을 갖게 되었다. 이들은 플랫폼을 통한 목소리의 확장이 무해한 기술적 연결성에 의해 이루어진 것이 아니라, 사용자의 관심과 참여에서 이윤을 얻으려는 디지털 플랫폼의 기업적 이익에 의해 주도되어왔다고 주장한다. 소셜미디어 플랫폼이 여성들이 당한 폭력과 학대의 경험을 전파하는 데 주도적인 역할을 한 #미투와 같은[97] 변화를 꾸준히 만들어낸다 해도, 그 이로움 이상의 피해를 끼칠 때가 많다는 것이다. 이를 보여주는 사악한 방증은 외려 피해자성을 내세워 여성을 향한 폭력을 정당화하는 여성혐오적 행동주의의 출현이다. 이런 맥락에서 앨리스 마윅^{Alice Marwick}과 로빈 캐플런^{Robyn Caplan}은 "페미니즘을 성인 남성과 소년들에게 피해를 입히는 남성혐오 운동으로 묘사함으로써 '여성혐오적 존재론^{misogynistic ontology}'을 확산하고 이런 묘사를 근거로 여성에게 공세를 퍼붓는 인셀닷컴^{incels.com} 같은 여러 남초 커뮤니티를 통칭하는 "마노스피어manosphere""를 논한다.[98] 이런 집단들은 고통의 소통을 수단으로 삼아 여성을 "취약하고 무고한 피해자들"을 성적인 방법으로 조종하는 가해자로 몰아간다.[99] 이러한 현상을 비판하는 사람들은 온라인에서 벌어지는 여성혐오의 증폭이 가부장적 이데올로기의 문제일 뿐 아니라 이윤에 눈이 멀어 이용자의 관심을 화폐화하기 위해서라면 어떤 고통의 주장이든 가시성을 극대화하는 플랫폼의 알고리즘 로직의 문제이기도 하다고 주장한다. 몰리 드라기에비치Molly Dragiewicz와 그의 동료들이 수행한 연구가 보여주듯 "여성혐오 성향의 마노스피어는 현대 디지털미디어 환경의 행동 유도성과 알고리즘적 특징을 이용하여 상당한 힘을 얻는다."[100]

요컨대 고통의 플랫폼화는 단순히 어떤 주장의 내용을 확산하는 수준을 넘어서, 고통의 주장이 어떻게, 누구에 의해 만들어지고, 누구의 주장이 가장 큰 가시성을 획득하며, 어떤 온라인 커뮤니티가 정당성과 힘을 얻거나 얻지 못하는지에 영향을 주어 고통의 의사소통 정치를 깊숙이 재조직한다.[101] 이 과정의 핵심에는 플랫폼의 기술사회적 구조, 구체적으로 말하면 자동화된 익명의 연결성을 가능케 하는 플랫폼의 능력이 있다. 이로 인해 고통의 주장들이 그 출현 조건과는 ― (익명성을 통해) 주장을 하는 사람의 정체성과, (자동화를 통해) 주장의 맥락과 ― 단절된 채 온라인에서 경쟁적으로 확산하고, 나아가 고통을 받는 사람과 가해자 사이의 구분이 더욱 교란되는 상황이 초래된다.[102] 동시에 바이럴리티virality*를 추구하는 플랫폼의 성향—응답수(리트윗, 좋아요)와 커뮤니티의 크기(팔로워)로 이용자의 참여를 정량화하는 것—은 그 주장을 펼치는 사람은 누구이고 그 주장들이 어떤 폭력의 맥락에서 제기되는지는 묻지 않은 채 이미 인기 있는 고난의 주장들을 계속 증폭할 뿐이다. 호세 반 다이크 José van Dijck가 말했듯 "이런 (앱의) 버튼에 맞춰 설계된 정성적인 평가 같은 건 없다. (따라서) 온라인상의 정량적인 계수 방식은 환호와 갈채를, 암묵적으로는 무시와 부인을 무차별적으로 축적한다."[103]

플랫폼화는 피해자성의 소통을 재구성할 뿐만 아니라 고통의 주장이 만들어질 수 있는 취약성의 영역을 확장했다. 오늘날 디지털 폭력은 주로 혐오발언hate speech의 형태를 띠는데, 온라인으로 이동한 혐오발언은 기존의 트라우마 또는 상해의 주장들을 소셜미디어 플랫폼으로 옮겼고, 이에 따라 고난의 영역은 확대되었다. 오프라인의 경우처럼 온라인 혐오발언은 인종, 종교, 젠더와 성적 지향, 장애나 외모를 근거로 개인이나 집단을 공격하지만, 가정처럼 이전에는 보호받던 공간에도 손을 뻗치고 과거의 폭력이 디지털 아카이브에 영원히 남아 시간이 지나

---

*   이미지, 동영상, 게시글 등이 급속하게 퍼지는 현상.

도 사라지지 않는다는 점에서 오프라인의 경우와 다르다.[104] 소니아 리빙스턴Sonia Livingstone은 디지털 영역이 현실의 폭력을 지탱하는 동시에 더욱 확장시키는 새로운 방법들에 초점을 맞추면서 사이버피해 연구가 "모바일과 온라인의 위험이 아동의 삶에서 이미 존재하던 (오프라인) 위험과 날로 관련도가 높아지는" 경우처럼 디지털 영역과 현실이 연결되는 지점들에 집중해야 한다고 지적한다.[105] 실제로 샤리 케셀 슈나이더Shari Kessel Schneider와 그의 동료들이 밝혔듯 사이버괴롭힘은 아이들이 학교 운동장에서 경험한 트라우마를 심화하고 악화한다. 연구에 따르면 "사이버괴롭힘만 당한 피해자들은 학내 괴롭힘만 당한 피해자보다 더 심한 고충을 토로"했는데, 그중에는 우울증과 자살 시도도 포함된다.[106] 트롤링trolling* 역시 사람들에게 정신적 피해를 끼침으로써 트라우마 주장을 유발한다. 두려움과 조롱은 취약한 사람들의 목소리를 지우고 기존의 사회적 위계질서를 공고히 한다는 점에서 트롤링은 사회적 상해까지 유발할 수 있다.[107] 니콜라 헨리Nicola Henry과 아나스타샤 파월Anastasia Powell이 보여준 바와 같이, 온라인에서 성폭력 경험을 고백하는 여성에게 망신을 주는 정형화된 행동은 "젠더화된 상해와 수치가 온라인에서 자행·경험·수행·정의되는" 핵심적인 수단이다.[108]

---

*   온라인에서 타인을 기분 나쁘게 하거나 도발하기 위한 행동.

온라인 폭력의 이 같은 확산에 따라 새로운 취약성들이 발언권을 얻고 인정받을 수 있는 디지털 인정의 영역 역시 온라인에서 확장되었으며, 이로써 디지털 폭력은 고통의 언어를 재고하게 만들었다. 이런 변화에 영향을 받는 당사자들에게 새로운 기술을 가르치기 위한 상담 서비스와 자기계발 도구를 개발해 정신분석 담론을 업데이트하려는 노력이나, 어린 이용자를 위해 새로 마련한 디지털 권리 담론과 개입 조치들에서도 이를 확인할 수 있다. 증거에 기반하여 정책을 결정하는 방식은 디지털 권리 담론과 개입 조치들을 정교하게 다듬고 세세한 선을 그어가면서 어린 이용자를 위한 기회와 피해를 구분한다.[109]

온라인상의 안녕과 안전을 위한 투쟁들은 더없이 중요하지만, 디지털 인정의 영역이 국가와 기업에 의해 감시와 상업화의 수단으로 이용당한다는 비판도 존재한다. 가령 학교의 행동 모니터링 앱들은 학생들의 행동을 개별적으로 맞춤 규제함으로써 가장 취약한 학생을 보호한다고 약속하지만, 상업적인 목적을 위해 학생의 사적 데이터를 저장하여 교실의 "데이터감시dataveillance"로도 작용한다.[110] 이와 비슷하게 '#마인드풀' 같은 정신건강용 모바일 앱은 사람들이 자신의 일상생활을 모니터함으로써 정신적 균형을 이루도록 독려하지만, 쇼샤나 주보프Shoshana Zuboff에 따르면 개별 데이터가 "새로운 유형의 상업화, 금전화, 통제를 양산"하는 데 이용되는 "일상성의 상업화 전략으로의 이

송" 역시 부채질한다.[111]

　결론적으로 고통의 플랫폼화는 현 시점의 감정자본주의에 자아가 시장, 기술과의 새로운 관계를 통해 구성되는 시대라는 특징을 부여한다. 이로 인해 고통의 언어—트라우마와 권리의 언어—는 공적 영역에서 더욱 분화·확산하였고, 동시에 그 사회적 파급력은 전면적이고 양가적인 것으로 변화하였다. 첫째로, 플랫폼화된 고통은 트라우마 또는 상해의 주장들이 만들어질 수 있는 영역을 확장함으로써 제도화된 개혁이 취약한 사람들을 시장으로부터 보호하도록 독려하지만, 한편으로는 공적 담론에서 이미 상업화된 피해자성의 언어들을 더욱 공고하게 만들 수 있다. 간단히 말해 사람들이 온라인에서 취약해질수록 이들을 보호하기 위해 피해자성의 언어도 더욱 정제되지만, 상업화를 통해 바로 그 언어가 이들의 고통을 관리하는 자원으로서 이들에게 다시 판매되기도 한다. 둘째로, 플랫폼화된 고통은 고난의 주장이 유통되는 소통의 네트워크를 재조직함으로써 그 가시성을 증폭하는데, 가시성은 산업의 이익에 맞춰 형성·조절된다. 사람들이 온라인에서 자신의 고통을 발화할수록 이들의 주장은 고통의 주장과 그 맥락의 관련성을 본질적으로 탈각시키는 익명성, 자동성, 인기라는 새로운 논리를 통해—이미 그 맥락에서 이탈한 채— 확산한다. 명시적으로는 열려 있지만 완전히 금전화되고 역사적인 위계가 존재하는 이와 같은 소통 환경에서 피해자성은 탈진실과 교차한다. 이러한 소통 환경이 항상 가짜뉴스를 퍼뜨리는 것은 아니다. 하지만 고통을 금전화하고 선택적으로 증폭함으로써 이미 지배력을 행사하고 있는 의제나 종종 반동적인 성향을 띠는 의제에 맞춰 사회구조적 고난과 전략적 고난의 경계를 흐리는 결과를 낳는다. 이 지점에 대해서는 이 장의 마지막 절에서 다시 살펴볼 것이다.

과거에는 누가 피해자였고, 지금은 누구이며, 누구를 피해자라고 불러야 하는가?

피해자성의 어휘의 과거와 현재를 재고함으로써 우리는 어떤 교훈을 얻을 수 있을까? 바로 피해자성에 대한 비판적 분석에서 공적 담론의 "표면에" 드러난 겉모습만으로는 누가 피해자이고 누가 가해자인지 파악하기가 어렵다는 것이다. 고난을 소통할 때 고통의 주장과 자아의 조건은 결코 선험적으로 통합되어 있지 않으므로, 피해자성 연구는 피해자 개념의 근본적인 우발성을 인정하는 데서 출발해야 할 것이다.

이러한 맥락에서 나는 주장과 조건(또는 맥락)을 재삼 구분하는데, 둘을 가르는 어떤 고정된 경계가 "저 바깥에" 존재하기 때문이 아니라 그 구분을 발견적 수단heuristic device으로 활용할 수 있기 때문이다. 이 발견적 수단은 특정한 시공간에서 주장과 조건 사이의 관계를 탐구하는 데 유용한 분석적 틀로 활용할 수 있다. 그러므로 "진짜^{real}" 피해자와 "가짜^{fake}" 피해자를 구분하는 질문 대신, 진실을 추구하는 과정에서 가장 중요한 질문들을 제기해야 한다. 어떤 조건에서 특정한 고통의 주장이 특정한 자아를 피해자로 여겨지게 하는가? 이런 자아는 어떤 권력의 입장에서 발언하는가? 이들의 주장은 이들에게, 이들이 호명한 공동체에 어떤 유익을 안기는가? 이런 주장은 어떤 종류의 배제를 전제하고 공고히 하는가?

    4장에서 다시 다룰 이런 질문들은 피해자성 분석에서 권력이 중요하다는 주제 의식을 담고 있으며, 고통의 주장이 진공 상태에서 출현하는 것이 아니라 늘 사회구조 내부의 권력 관계를 반영하고 재구성하는 어떤 입장에서 발화된다는 사실을 환기시킨다.[112] 따라서 우리가 공적 담론에서 접하는 고통의 주장이 세상에 존재하는 모든 고통의 주장을 포괄하는 것은 아니다. 세상에는 보이지 않고 발화되지 않은 고난이 존재하기 때문이다. 로이스 맥네이$^{Lois\ McNay}$가 말하듯 "침묵"은 "개인들이 수치심, 지긋지긋함, 참담함 등의 감정으로 생생하게 느껴지는 박탈의 경험을 말로 옮기기 어려울 때가 얼마나 많은가"를 드러낸다.[113] 이런 점에서 캐버노-블래시 포드의 사례는 역사적으로 신뢰성이 당연시되었던 백인 남성 특권층과, 오늘날에도 여전히 신뢰성이 쉽게 손상되는, 유능하지만 상대적으로 특권이 적은 여성 사이의 권력 관계를 예시하는 데 유용하기는 해도,[114] 두 사람의 불균형에만 초점을 둘 경우 두 행위자 모두 자신의 고난을 대중 앞에서 발화하고 정의할 충분한 상징권력symbolic power을 가지고 있다는 사실은 제대로 부각되지 않는다.[115]

발언 능력을 "자본의 형태form of capital"에 비유한 사라 아메드Sara Ahmed의 마르크스주의적 은유를 활용하여 말하자면, 고통의 주장은 지금까지 밝힌 바와 같이 피해자처럼 보이는 사람들에게 단순히 가치만 부여하는 것이 아니라 그 주장을 하는 사람들이 이미 그런 가치를 지녔으며 발언을 통해 자신의 자본을 훨씬 강화하고 있음을 보여준다. 되짚어 보면 공개석상에서 자제력을 잃은 캐버노는 사회적 특권과 정치적 특권을 모두 거머쥔 상태였다. 이 이중의 특권 덕에 캐버노는 공화당의 지지를 등에 업고 대법관의 자리에 올랐을 뿐만 아니라, 블래시 포드 외에도 많은 이의 고발이 있었지만 더 이상 공식적으로 추문에 휘말리지 않을 수 있었다.[116] 아메드가 마르크스를 참조하여 밝힌 바와 같이 "처음에 향상된 가치는 순환하는 동안 아무런 손실이 없을 뿐 아니라 그 몸집을 늘리고 그 자체에 잉여가치를 더하거나 스스로 가치화된다. **그리고 이 움직임은 그것을 자본으로 전환한다.**"[117] 피해자성을 개방된 의사소통의 "시장"이자 대단히 불평등한 현장으로 만드는 것은 그러지 못한 다른 목소리와 달리 어떤 목소리는 발언력을 갖고 이로써 훨씬 많은 인정을 획득하는 "자본축적capital accumulation" 과정이다. 태미 어맨다 저코비Tami Amanda Jacoby의 지적처럼 "피해자로 인정받는 것은 상해를 입은 모든 사람에게 동등하게 주어지는 일이 아니라 권리이고, 심지어는 특권이라고까지 말할 수 있다."[118]

발언을 하고 청중을 확보하는 차별화된 능력은 전략적 고난과 사회구조적 고난을 가르는 내 분석적 구분의 핵심이다. 고통의 정치가 힘없는 사람들을 희생시킨 채 힘있는 자들의 목소리에 특권을 부여하는 한, 들어줄 사람이 가장 절실한 사람들—사회구조적 고난에 시달리는 사람들—의 고난은 간과될 것이기 때문이다. 트레시 맥밀런 코텀Tressie McMillan Cottom은 청중을 확보하지 못하는 이런 구조적 무능력을 상징권력을 갖는 위치로부터의 거리 문제로, 즉 "누가 전문 지식을 가지고 있어야 하는가에 관한 사회의 지배적인 가정에서 동떨어져 있을 때" 발생하는 거리의 문제로 능란하게 포착한다. 특히 흑인 여성의 고난을 언급하며 그는 이렇게 말한다. "흑인 여성에게 이는 '누구의 지식이 가치 있는가'라는 문제에 관한 우리의 인종주의적 사고와 고정관념을 상대하고 있다는 의미이면서, 누가 발언하고 앞장서는 것을 허락받는가에 관한 젠더 고정관념을 상대한다는 의미이기도 하다⋯ 그리고 아프리카계 미국 여성들은 이미 많은 사람이 알고 있을 그 모든 이유 때문에 고소득 집단에서 과

소대표될 가능성이 높다는 점에서, 우리는 계급 문제 역시 상대하고 있다."[119] 이런 맥락에서 고통의 주장들과 그 존재 조건 사이의 잠재적인 관계를 재구성함으로써 고통의 의사소통 정치를 통제하는 권력 편차를 재조정하는 작업은 피해자성 비평의 중요한 측면이다. 이런 유형의 비평에는 에드워드 사이드Edward Said의 말처럼 "성찰적 이해를 목적으로 사람의 마음을 역사적·합리적으로 활용"하는 과정이 필요하다.[120] 나 역시 이 책 전반에서 개념을 분석할 때 이러한 성찰적 이해를 시도할 것이다.

이 책은 이 장에서 논한 피해자성의 여러 측면을 다루는 네 가지 핵심 질문을 중심으로 짜여 있다. 이 장의 질문인 "어째서 피해자성인가?"는 이 시기에 피해자성의 어휘를 연구하는 일이 어째서 시급한지를 설명한다. 다음 장의 질문인 "과거에는 누가 피해자였나?"는 과거로 거슬러 올라가 감정자본주의의 젠더 구분과 인종 구분을 따라 피해자성의 위계가 등장하게 된 과정을 고찰한다. 그다음으로 "오늘날에는 누가 피해자인가?"에서는 현재에 초점을 두고 최근 팬데믹 상황에서 피해자성을 무기화한 포퓰리즘의 사례를 살핀다. 마지막으로 "피해자성을 어떻게 되찾을 수 있을까?"에서는 피해자성을 어떻게 사용해야 구조적으로 취약한 사람들에게 이로운지에 관한 실용적인 제안에 무게를 둔다.

2장은 이 장의 역사적 감수성을 유지한 상태에서 "과거에는 누가 피해자였나"라는 질문을 제기하며 피해자성의 언어들에서 피해자의 역사, 특히 "파국의 시대the age of catastrophe" 전쟁 피해자들의 역사로 초점을 이동한다.[121] 여기서 자아는 "금세기에 반복적으로 등장하는 중요한 트라우마의 이미지"인 근대 전쟁 속 남성 군인이다.[122] 남성 군인의 궤적은 두 갈래로 갈라져 양분된 운명을 맞이하는데, 먼저 백인 남성은 국가적 영예라는 이름으로 막대한 고난을 감내하는 묵묵한 전사에서 자신(과 자신의 피해자)의 개인적 고통을 털어놓으라는 부추김을 받는 입심 좋고 자기성찰적인 전문가로 탈바꿈한다. 하지만 흑인 전투원, 나중에는 비서구(비백인) 민간인의 고난은 시간이 흘러도 공적인 기억에서 침묵당하거나 주변화된 상태로 남는다. 이 역사를 통해 감정자본주의는 집단기억을 놓고 벌어지는 태생적으로 남성주의적이고 인종화된 제로섬게임 같은 것이며, 그 감정적 책임 범위에서 비백인 남성성을 사회구조 차원에서 배제하고 백인 남성의 취약성을 후기 근대성에서 유일하게 가치 있는 피해자로 창조한다는 것을 알 수 있다.

    3장은 (2020년 2~9월로 넓게 정의되는) 코로나19 1차 유행기에 광범위하게 퍼진 영미권의 극우 포퓰리즘 담론에 주목하여, 국민을 코로나19의 피해자로서 보호하라고 선출된 보리스 존슨과 도널드 트럼프가 자기 나라의 코로나19 사망률 순위가 전 세계 상위권이던 시기에 팬데믹 고난의 소통을 어떻게 관리했는지를 살핀다. 나는 세 가지 포퓰리즘 소통 전략—**정상상태화, 군사작전화, 혼란초래**—을 규명한 뒤, 이 세 가지 전략이 결합하여 팬데믹으로 인한 인적 비용을 은폐하고 피해자를 향한 연민을 억압하는 동시에, 공중보건 조치로 일시적으로 자유가 억압된 이들을 노골적으로 새로운 피해자로 호명하거나 은연중에 가정하는 일종의 집단적인 가스라이팅 효과를 낳았다고 분석한다. 백인 인구와 비백인 인구의 감염률과 치사율이 크게 비대칭적이었다는 점에서 이 전략들은 인종주의와 성차별주의가 남긴 해묵은 생명과 죽음의 위계가 21세기 감정자본주의에서도 유지되고 있음을 보여준다.

    4장은 이 극우 정치에 대립각을 세우며 2022년 6월에 '로 대 웨이드' 판례가 번복된 사건을 사례로 사회구조 차원의 피해자성 비평을 두 가지 방향으로 개진한다. 첫 번째는 극우 세력이 미시파시즘적인microfascist* 잔인함의 정치를 수행하기 위해 고통의 주장을 전략적으로 무기화할 때 사용하는 화법에 관한 **경각심을 높이는 것이다.** 두 번째는 고통의 주장이 어떤 맥락과 행위자에게 연결되어 있는지를 분석하는 **피해자성 탐문법**Heuristics of victimhood**을 개발하여** 사회구조적 고난과 전략적 고난 사이에서

---

*   미시파시즘microfascism은 프랑스 철학자 질 들뢰즈와 펠릭스 가타리의 저작에서 제시된 개념으로, 사회 구성원에게 내재된 파시즘적 억압과 통제에 대한 갈망을 의미한다.

길을 헤매지 않도록 돕는 것이다. "피해자성을 어떻게 되찾을 수 있을까?"라는 제목에 녹아 있는 규범적인 요청이 보여주듯 이 장은 공적 담론이 고통의 정치와, 고난에 대한 정서적 반응인 공감과 분노를 넘어 이런 감정을 집단주의적 정의의 서사들과 결합할 것을 권하며 마무리할 것이다. 여기서 말하는 집단주의적 서사란 오늘날에는 비록 주변으로 밀려났지만 20세기 사회 변화의 주된 동력이었던 것을 가리킨다. 나아가 변화를 위한 투쟁에서 이런 서사를 차용해야만 우리는 궁극적으로 취약한 자들의 고난을 정확히 알아볼 수 있으며, 중요한 것은 피해자성이 아니라 불의라고 결론 내릴 수 있을 것이다.

2장

과거에는 누가 피해자였나?

(제1차) 세계대전과 함께 어떤 변화의 과정이
분명해지기 시작했고, 그 후로 다시는 중단되지 않았다⋯.
말이 끄는 전차를 타고 학교에 다니던 세대가 이제는 구름
말고는 모든 것이 변해버린 농촌에서 탁 트인 하늘 아래
우뚝 서 있었고, 이 구름 아래, 빗발치는 총알과 포화의
파괴적인 힘으로 가득한 전쟁터에서 그 세대는
연약하고 왜소한 인간의 육신일 뿐이었다.

발터 벤야민, 〈이야기꾼〉

20세기의 대규모 고난:
산업화 시대의 전쟁과 그 이후의 전쟁

피터 잭슨의 호평받은 제1차 세계대전 다큐멘터리 〈그들은 나이 먹지 않으리니They Shall Not Grow Old〉(2018)는 참호전의 참상에 대해 읊조리는 영국인 서부전선Western Front 참전 군인들의 절제된 목소리로 시작한다. "해야 할 일"이었다고 말하는 군인도 있고, "약간의 살육이 벌어진 것은 유감스럽다"라고 말하는 군인도 있다.[1] 반면 21세기 서구의 분쟁에 참여한 사람들은 전쟁 폭력에 노출된 전투원들이 겪는 정신적 영향인 외상후스트레스장애PTSD(post-traumatic stress disorder)뿐 아니라 타인에게 옳지 못한 일을 한다는 감각이 군인에게 남기는 내적인 흉터인 도덕적 상해moral injury의 측면에서 군인의 감정적 고난에 관해 공개적으로 말한다. 토머스 기번스-네프Thomas Gibbons-Neff는 아프가니스탄 전쟁과 이라크전쟁에 참전한 미국 군인에 관해 이렇게 설명한다. "공포 상황에 대한 반응의 결과인 외상후스트레스장애와는 달리 도덕적 상해는 강렬한 죄책감으로 표출되는 실존적 방향 상실의 감정이다."[2] 이라크전쟁에 참전했던 타일러 부드로Tyler Boudreau는 이라크 점령지에서 미군이 벌인 소규모 전투와 제1차 세계대전 당시 무인지대no man's land*에서 벌어진 대학살의 차이를 강조하며 이렇게 말한다. "점령 상황에서는 참호에 피범벅된 시신들이 쌓이거나 널브러져 있지 않을 것이다…. 도덕적 상해는 단순히 그런 모습이 아닐 것이다. 그것은 극적이지 않을 것이다. 삽을 든 남자 또는 농가 수색의 모습일 것이다. 그것은 포옹의 기억일 것이다."[3]

고통받는 자아의 소통이 낮은 목소리로 "약간의 살육"을 읊조리는 데서 포옹을 상해라고 말하는 역설로 전환된 과정에는, 근대 전쟁의 경험이 고통의 언어에 녹아들면서 대의를 위한 군인의 불굴의 헌신에서 개인의 삶에 영원한 상흔을 남긴 심리사회적 사건으로 변화한 이야기가 포함되어 있다. 하지만 그 과

---

*   원래는 여러 이유로 점유되지 않은 땅을 일컫는 말이지만, 여기서는 양차 세계대전 중의 참호전에서 양측 참호 전선 사이의 아무것도 없는(따라서 총과 포화에 그대로 노출되는) 지역을 일컫는 말이다.

정에는 개인화된 고통으로의 중심 이동이 누구에게는 고통을 호소해 마땅한 사람이라는 특권을 부여하고, 어떤 이는 그 특권에서 배제하는지에 관한 이야기도 담겨 있다. 피터 잭슨이 〈그들은 나이 먹지 않으리니〉에서 군인의 목소리에 의지한 것은 은연중에 그들에게 이런 특권을 부여한 것이다. 이 다큐멘터리는 런던 임페리얼 전쟁박물관의 기록 자료에 의지하다 보니 영국의 백인 참전 군인들만을 조명한다. 이 때문에 산타누 다스Santanu Das가 상기시키듯 "백인 서양 군대 옆에서 함께 싸운 비백인 군인들의 삶과 식민지 전쟁 경험이라는 거대한 세상"은 목소리를 잃어버렸다. 그러나 "유럽 군대에는 군인이나 일꾼으로 400만 명의 비백인이 징집되었을 것이다."[4] 금세기로 거슬러 올라오면 서구의 전쟁기념비에는 "비백인 군인들"이 포함되어 있지만, 잭슨의 선택은 다스에 따르면 지나간 전쟁에 대한 기억에서만이 아니라, 나중에 살펴보겠지만 비서구 민간인들을 폭력 또는 압제로부터 보호한다는 미명하에 서구의 군대가 벌인 "인도주의적humanitarian" 전쟁—아이러니하게도 이런 전쟁에서 역사상 비서구 민간인 사상자가 가장 많이 발생했다—에서 역시 장소와 인간 생명의 "뿌리 깊은 위계"가 여전히 작동하고 있음을 "드러낸다."[5]

이런 양면적 행보는 피해자성의 유동적인 성질, 그러니까 고통의 의사소통 정치에 내재한 취약성과 자아 사이의 개방된 연결성이 장기적으로 어떻게 작동하는지를 보여준다. 이는 트라우마와 권리의 언어라는 고통의 언어의 등장만으로 20세기 감정자본주의를 모두 설명할 수는 없음을 드러낸다. 감정자본주의는 발화시키기voicing와 침묵시키기silencing의 이야기로도, 서구의 자아와 비서구의 자아에게 고통의 언어를 불평등하게 배분하는 권력의 역동적인 과정으로도 설명되어야 한다. 이러한 권력의 역학 관계야말로 역사적으로 유럽-아메리카의 공적 영역에서 비서구인·비백인 "타자others"의 고통보다 서구인·백인의 고통에 더 큰 가시성을 부여하고, 이를 통해 글로벌 지정학에서 인류의 위계를 지탱해온 것이다.

    그러므로 앞장과는 달리 이 장에서 취약한 자아는 더 이상 두 고통의 언어와 연결된 이상적인 유형으로 제시되지 않는다. 그보다 자아는 20세기의 대규모 폭력이라는 변화하는 경험에 늘 속박된 육화된 인물이다. 그러므로 상해를 입은 자아나 트라우마를 입은 자아가 고난의 육화된 경험들과 당시에 사용할 수 있었던 고통의 언어의 교차점에서 등장한다. 이 둘이 손을 잡고 시간의 경과 속에서 우리가 피해자에 관해 말하고 생각하는 방식을 결정해왔기 때문이다. 다시 말해서 산업화된 살상industrialized killing*이라는, 나중에는 게릴라전이라는 유례없는 경험들이

---

*   산업화로 만들어진 기술과 인프라를 활용하여 효율적이고 기계적으로 행하는 살상 행위를 뜻한다. 아우슈비츠 수용소의 가스실이 대표적인 사례다.

누가 피해자인지 규명하는 데 영향을 미쳤고, 정신분석과 권리의 언어들은 차례차례 이 경험을 담론으로 바꿨다. 그 결과 군인들이 겪는 고통은 제1차 세계대전에서는 "셸 쇼크^{shell shock}"**, 베트남전쟁에서는 "외상후스트레스장애", 이라크전쟁과 아프가니스탄전쟁에서는 "도덕적 상해"라는 의미를 갖게 된 것이다.

따라서 이 장에서 트라우마나 상해를 입은 고통받는 개인으로서 서구적 자아가 출현한 현상을 논할 때, 자신의 신체적 고난을 묘사하는 서사 외부에 존재하는 자아를 말하는 것이 아니다.[6] 오히려 역사적인 고통의 정치를 관통하면서 이 자아가 형성된 과정을 추적할 것이다. 즉 신체에 따라 트라우마와 상해가 불균등하게 분배되는 과정과, 이 불균등함이 어떤 신체에게는 자신의 피해자성을 발화할 능력을 주면서 다른 신체는 침묵시키는 과정을 살핀다. 이때 사회 변화의 핵심을 살상 기술로 보는 기술결정론적 접근법보다는, 20세기 감정자본주의의 권력 관계에 깊숙이 침투한 고통의 언어가 피해자성 개념 못지않게 과거 전쟁의 기억을 빚어낼 때 수행하는 역할을 강조하는 접근법을 채택할 것이다.

** 제1차 세계대전 이후 많은 군인이 겪었던 공황, 실어증, 자살 생각 등의 스트레스 반응으로, 외상후스트레스장애라는 용어가 정립되기 전에 주로 쓰였다.

참전과 남성의 고난

전쟁터에서 고통받는 군인은 대부분 남성 자아이다. 20세기에 가장 큰 파국을 초래한 사건들에서 대규모 총알받이로 전락한 것은 최전선 부대에 징집당한 남성의 신체였다. 실제로 미국 남북전쟁American Civil War*에서는 전투 사상자의 99퍼센트 이상이, 그리고 나의 첫 번째 사례연구 대상인 제1차 세계대전에서는 97퍼센트가 남성이었다. 처음으로 과학적 연구와 제도화된 개입의 대상이 된 것 또한 바로 이 남성의 신체였다. 하지만 나의 두 번째 사례연구가 보여주듯 전투 사망자가 크게 감소하고 심리사회적 피해자성이 폭넓게 인정된 베트남전쟁 이후에도, 전쟁의 고난에 관한 논의의 중심은 여전히 남성의 고난이었다. 동시에 영미권 국가의 군대는 오늘날에도 여성의 참여가 상대적으로 적은 편이지만[7] 사망률이 가장 높은 것은 남반구 분쟁 지역의 민간인 여성과 어린이들이다.

그러므로 비록 이 장은 전쟁에서 남성의 고난을 중심으로 한 위계질서가 인종화된 고통의 정치를 통해 공적인 기억과 담론에서 피해자에 관한 서구의 이해를 공고히 한 과정을 추적하지만, 고통의 정치에서는 젠더 역시 중요하다. 남성의 고통에 초

---

* 노예제에 반대하던 링컨 대통령의 당선 후, 노예제를 지지하던 남부 연맹의 선제 공격으로 발발한 미국의 내전(1861~1865).

점을 맞춘다고 해서, 이제까지 근대성이라는 남성중심적인 합리성과 젠더이분법적 위계질서에서 늘 여성이 남성에 비해 완전히 비합리적인 것까지는 아니어도 감정적으로 연약한 존재로 그려졌다는 분명한 사실을 무시하는 것은 아니다. 그보다 합리성이 주로 남성 자아에 의해 구현되었기 때문에[8] 산업화된 전쟁 industrialized war**에서 남성의 정신적 붕괴는 경악스러운 사건으로 다뤄졌고, 따라서 전쟁이 긴박하게 "재남성화remasculinization"를 요구하는 사태였음을 강조한다.[9] 이와 대조적으로 1900년대 초의 참정권 운동가부터 1960년대 페미니스트에 이르기까지 여성의 고통을 공적으로 발화하는 행위는 대체로 집단적인 사회 투쟁으로 전개되었고, 이때 부상당한 남성의 고통을 진단하고 발화하기 위해 이미 자리를 잡고 있던 사회의학 담론이 종종 전략적으로 차용되었다.

가령 19세기 프로이트 정신분석을 비롯한 초창기 정신의학은 원래 "제어하기 힘든unruly" 여성의 신체를 규율하는 기술로서 이론적 기틀을 갖췄다.[10] 정신질환의 증상을 여성의 품위와 연결지었던 초기 정신분석의 패러다임들은 여성의 "히스테리"를 여러 치료법 중에서도 최면이나 "휴식요법"으로 치료하는 데

** 산업화된 전쟁은 산업혁명의 결과로 만들어진 새로운 이동 수단과 살상 무기들이 도입된 전쟁들을 일컫는 표현으로, 민간인 희생자가 급증하고 전쟁의 양상이 확연하게 달라졌다. 미국 남북전쟁과 양차 세계대전이 대표적인 예시다.

중점을 두었을 뿐, 히스테리 행동과 여성이 살아가는 억압적인 환경 사이의 연관성을 파악하는 데는 실패했다. 수지 그로건 Suzie Grogan은 "19세기 많은 정신질환은 사회가 행동, 야망, 독립적인 사고라는 측면에서 여성에게 가한 제약과 남성에 의한 착취에 맞선 여성들의 저항이었다"고 주장한다.[11] 하지만 이 장 뒷부분에서 알 수 있듯 인간의 정신이 억압적인 환경에 어떻게 반응하고 정신의 상처는 어떻게 치료할 수 있는가에 관한 검토는 제1차 세계대전 참전 군인들이 참호 생활의 제약으로 인해 이와 유사한 반발의 징후들을 보이기 시작했을 때에야 비로소 착수되었다. 이 검토는 주로 전쟁으로 인한 남성의 "여성화 feminization"를 막는 방법에 골몰했다. 실제로 루스 레이스 Ruth Leys에 따르면 "사기가 꺾인 군인에게 다시 남성성을 주입해야 한다는 요구 때문에" 전쟁 초기부터 셸 쇼크로 고생하는 군인들에게 사용되었던 치료법인 "최면 암시를 실시하는 데 제약이 있었다."[12]

제1차 세계대전 이후 여러 전쟁에서도 여성들은 전방에서 간호사와 돌봄제공자 역할을 맡았고, 자원한 간호사의 이미지는 "공적인 상상 속에서 여성성의 확장으로 이해"되었다.[13] 제1차 세계대전을 거치며 촉발된 초기 페미니즘 운동으로 여성이 부분적이나마 정치과정에 참여할 권리를 확보하는 데 성공했다 해도,[14] 돌봄제공자라는 여성의 일차적인 역할은 전쟁 이후에도 지속되었다. 전쟁이 끝나자 여성들은 귀국한 참전 군인들이 다시 경제활동에 참여할 수 있도록 전쟁 기간 동안 자신들의 힘으로 유지해온 경제 분야에서 밀려났을 뿐만 아니라, 무엇보다도 남성의 정신건강이 위기인 상황에서 "행복한 가정생활을 위해 가족의 마음을 보듬는 가장 막중한 책임"을 떠안아야 했다.[15]

제2차 세계대전 이후에도 여성의 고통이 공적으로 다뤄지는 일은 없었다. 그러나 홀로코스트를 공식적으로 승인하는 과정이 자신의 목소리를 내기 위한 여성들의 투쟁에 영향을 미쳤고, 그 결과 다이앤 엔스Diane Enns의 주장처럼 "1960년대와 1970년대 북미의 페미니즘 운동은 홀로코스트 생존자에 대한 관심의 증대에서 비롯된 피해자 담론의 수혜를 입었다." "여성 대상 성폭력에 대한 의식을 향상시키려던" 페미니스트들이 "그것을 나치의 죽음의 수용소에서 일어난 일에 비교"할 수 있게 된 것이다.[16] 이런 노력 속에서 제2물결 페미니스트들은 트라우마를 드러내는 서사의 틀을 자신들의 목적에 맞게 차용하여, 개인적인 것을 정치적인 것으로 전환하는 급진적인 실천의 일환으로 자신들의 고통을 공적으로 나눴고 이로써 당대에 "새롭게 등장한 치유적인 정체성 정치의 주요 수행자"라는 위상을 얻었다.[17] 베트남전쟁 이후 참전 군인에게 사용하던 외상후스트레스장애라는 용어가 공적으로 자리를 잡자 페미니스트들은 주디스 허먼Judith Herman의 선구적인 연구를 활용해서 가정폭력을 전쟁 트라우마와 유사한 고난의 근원으로 인정받기 위한 활동에 돌입했다. 캐시 험프리스Cathy Humhreys와 스티븐 조지프Stephen Joseph는 "참전 군인들이 경험한 트라우마 증상들은 가정에서 아동성폭력 생존자로서, 또는 가정폭력의 생존자로서 여성(과 소수의 남성)이 보이는 반응과 공통점이 많았다"고 설명한다.[18] 보다 최근에는 대부분 여성과 아이들인 민간인 보호가 21세기 전투 지역에서 핵심 우선순위가 되었다는 주장이 대세로 떠올랐지만, "도덕적 상해"로서의 전쟁 고통 개념은 보호받아야 하는 이들에게 가해진 도덕적 상해를 치유하는 데 관심을 쏟기보다는 여전히 서구의 군대와 "보호를 위한 살상"이라는 이들의 관행을 싸고도는 쪽에 치중한다. 로즈메리 켈리슨Rosemary Kellison에 따르면 "인도주의적" 전쟁 개념이 "버젓이 간과한 사실 중 하나는 전쟁의 윤리에 관한 학문에는 전쟁을 겪으며 살아가는 비전투원들의 목소리가 거의 누락되어 있다는 점이다." 이 때문에 전쟁이 어떻게 "비전투원들의 도덕적 자아와 인간됨에 대한 감각뿐만 아니라 가장 중요한 개인적 관계와 사회적 관계에 중대한 피해"를 가하는지를 도외시하게 된다.[19]

이 장에서 피해자의 역사를 참전 군인의 남성성이라는 관점에서 살펴보는 이유는 피해자라는 역사적 상像이 감정자본주의 내에서 어떻게 전쟁으로 고통받는 남성과 여러 제도에 걸쳐 장기적으로 뒤얽히며 출현하게 되었는가를 들여다보는 작업이 고유한 통찰을 제공하기 때문이다. 여기서는 참전 남성의 피해자성이 여러 세대의 젊은 남성과 그 가족, 그리고 그들의 공동체에 가슴 아픈 상실과 애도의 경험임이 분명함에도 불구하고 —군인들의 제1차 세계대전 참전 수기를 읽으면서 눈물을 참을 수 있는 사람이 있을까?— 참상과 슬픔에 대한 감정과 기억이 젠더 측면뿐만 아니라 인종 측면에서도 어떻게 불평등하게 분배되는지에 초점을 맞춘다.[20]

전쟁의 상처와 고통의 정치

캐런 할투넨Karen Halttunen은 유럽-아메리카 대중 속에서 공감문화를 공고화하는 데 있어 19세기 문학의 역할을 논할 때 피해자의 목소리와 가시성의 관계에서 드러나는 인종적 위계에 주목한다. 그는 피해자의 존재가 대중의 정서교육에서 핵심이었다고 주장한다. 그래서 특히 노예제 폐지 소설이라는 새로운 문학 장르에서 "다양한 피해자가… 끊임없이 채찍질을 당했다. 결박당하거나 쇠사슬이 채워지고 상의가 벗겨진 채로 피를 쏟고 살점이 날아다닐 때까지 채찍으로 맞았다. 그래서 피해자는 고통에 몸부림치고, 살려달라고 소리치고, 때로는 기절하거나 목숨을 잃었다."[21] 그 의도에도 불구하고 소설의 생생한 가시성은 문제로 취급되었다. 피해자의 고통이 허구인 양 그릇되게 재현된 탓에 연민의 감정들을 억누른다고 보았기 때문이다. "문명화된 사회"의 연민피로compassion fatigue라는 위협을 고찰하던 존 스튜어트 밀은 당시에 이런 글을 썼다. "문명의 영향 중 하나는 (그 구성 요소 중 하나라고까지는 할 수 없어도) 그 스펙터클은 물론, 심지어 고통이라는 개념 자체까지도 문명화의 혜택을 충만하게 누리는 계급의 **시야 밖으로** 점점 멀어진다는 것이다."[22] 이 장에서는 인간 고통의 묘사는 본질적으로 위계적인 가시성과 목소리라는 정치적 문제—다시 말해서 고통의 정치—라는 밀의 관찰을 출발점으로 삼아서, 서구에서 오늘날까지 이어지고 있는 인종화된 고난의 재현을 둘러싼 역사적 투쟁에 관한 할투넨의 해설을 현대적으로 갱신해보고자 한다.

이런 맥락에서 100년 전에 일어난 주요 전쟁들을 추적하여 백인 남성 자아가 '묵묵한 금욕주의자'에서 자신의 트라우마나 상해를 소리 높여 발언하는, '자기표현 능력을 갖춘 고난인'으로 전환하는 궤적을 재구성할 것이다. 트라우마를 발화하는 방향으로의 자아의 전환은 "더 부드럽고" 공감 능력을 갖춘 남성성으로 이어진다며 칭송받았고[23] 실제로 올바른 방향의 변화이지만, 나는 이 전환이 일어남과 동시에 유색인종 군인을, 나중에는 남반구의 비백인 민간인들을 침묵시킨 과정을 추적한다. 남반구에서든 인종에 따라 계층화된 유럽-아메리카 사회에서든, 서구적 번영과 안전의 구역 밖에서 살아가는 이들의 목소리는 전혀 들리지 않게 만든 변화의 과정 말이다. 이 나란한 평행선 같은 두 변화는 감정자본주의가 어떻게 백인 행위자들에게는 사회구조 차원에서 자신을 트라우마나 상해를 입은 존재로 제시할 수 있는 능력을 쥐여주고 인종화된 "타자"들은 고통의 언어 권역 밖에 남겨두는지를 보여주는데, 이는 무엇보다 교전 규범과 추모 의식의 선택적인 사용에서 확연히 드러난다. "우리의" 고통 발화하기와 "그들의" 고통 침묵시키기가 협공을 펼치듯 동시에 진행되면서, 피해자성은 "타자"의 고난은 시시한 것으로 치부하고 백인 남성 고난인만 관심을 기울일 가치가 있는 피해자라고 해석하는 제로섬게임이 되었다. 그러므로 1장의 이론적 주장—피해자성은 고통의 주장과 주장하는 이의 조건을 분리시키고, 이로써 이미 발언권을 지닌 사람의 고통만을 증폭시키는 소통의 정치라는—을 발판으로 삼아 이 장의 역사적 논의는 과거와 현재의 공적 담론 내에서 고통의 용법이 갖는 연속성을 강조한다.

그다음에는 전쟁 피해자의 기본값을 백인 남성 고난인으로 설정하는 관념을 두 가지 연대기적 전환점에 중점을 두고 고찰할 것이다. 첫 번째는 미국 남북전쟁에서 제1차 세계대전으로의 전환이다. 산업화된 전쟁의 전투 트라우마를 겪은 첫 인간상인 제1차 세계대전 참전 군인들이 셸 쇼크를 겪으며 묵묵한 고난인이라는 기존의 규범에 도전장을 내민 것이다. 두 번째는 베트남전쟁에서 2000년대 초 이라크와 아프가니스탄에서 벌어진 여러 분쟁들로의 전환이다. 이 전환은 백인 남성들이 표출한 고통의 주장들이 오늘날 고통받는 자아를 규정하는 권리기반형 고통의 언어들과 어떻게 정신분석학적으로 융화되는지를 예시한다. 또한 이 전환은 애국적 희생이라는 집단주의적 서사에서 치유와 자기성찰이라는 개인주의적 서사로의 변화를 보여주기도 한다. 이 역사 전반에서 군인의 고통이 갖는 발언력은 신체의 상처에서 감정적 고난으로의 단순한 전환으로 나타나는 것이 아니라, 언어와 고통의 관계에서 미묘하게 새로운 결합을 일으키는 것이다.[24]

이런 결합을 설명하기 위해 전쟁을 "상해를 입히려는 강박적인 행동과, 그 행동을 수행하는 명목으로 내세운 사안"의 관계로 바라보는 일레인 스캐리$^{Elaine\ Scarry}$의 정의를 끌어올 것이다.[25] 이 정의에 힘입어 서로를 살상하는 활동이 어떻게 군인의 부상당한 신체를 보다 광범위한 서사(가령 민족성, 자유, 수호의 책임 같은)와 연결하는지, 그리고 각각의 전쟁은 과거의 전쟁과는 다르다는 점에서 이런 연결이 어떻게 군인 자아라는 꾸준히 변화하는 모델—기사도적 용감함이나 애국적 의무나 인도주의적 선^{Goodness}의 모델—을 등장시키는지를 강조할 것이다. 가령 17세기 기사도 문화에서 부상당한 전사의 금욕적인 침묵은 그 군인이 고통을 전혀 또는 거의 느끼지 않는다는 의미가 아니라,

고통을 소통하는 행위는 남성성을 수행하는 방법이 아니므로 그러지 않는다는 의미였다. 유발 하라리Yuval Harari는 당시 군인들이 "용맹하게 싸우거나 도망치는 동안 내면에서 무엇을 느꼈는가를 너무 깊이 파고들지 않은" 것은 그들이 자신의 행실로만 평가를 받았으므로 "내면의 감정은 무관"했기 때문이라고 말한다.[26] 그런데 18세기 공감문화와 19세기 문학적 낭만주의 전통에서 변화가 일어났다. 자아는 처음으로 언어로 감정을 표현할 수 있게 되었다. 다시 하라리의 표현을 빌리면 "감정을 담은 내면의 목소리"는 더 이상 종교 규범에 귀착되지 않고 "왕의 폭정에서 해방되어" 그것이 "선함과 올바름에 항상 유익하다"는 믿음이 생겨났다.[27]

감정을 내밀한 자아의 진정한 표현으로 여기는 이런 근대적인 관점은 오늘날에도 감정자본주의의 핵심에 자리하는데, 19세기 후반과 20세기의 산업화된 전투가 점진적인 자기표현 과정에 강한 촉매가 되었다. 유례없는 폭력과 극심한 애통함을 유발한 이런 전쟁들은 20세기가 감정적 자기성찰의 분위기 속에서 시작되는 데 기여했을 뿐 아니라 전쟁 철학의 대대적인 변화, 특히 최근에 등장한 "인도주의적" 전쟁 개념을 낳았다.[28] 이제부터 변화하는 고통의 정치와 그 피해자성의 어휘를 들여다볼 수 있는 모범적인 사례로서 이 전쟁들을 살펴보고자 한다.

19세기와 20세기 초의 전쟁들

미국 남북전쟁

19세기 중반의 산업화된 전쟁들, 그중에서도 특히 미국 남북전쟁(1861~1865)은 인간의 신체를 새로운 살상 기법에 노출시켰다는 점에서 인간의 고통 경험에 중대한 영향을 미쳤다.[29] 크리스톤 아처Christon Archer에 따르면 느린 단발 대포가 연사가 가능한 소총으로 바뀐 것은 전투 수행에서 "아마도 최대의 혁명"이었을 것이다. "발포 범위, 정확성, 화력이 크게 늘었고" 그 결과 "기병과 보병이 정면공격을 감행하는 것은 자살행위와 다름없어졌다."[30] 이 처음 보는 전쟁 방식이 어떤 감정적 충격을 안겼는지는 어느 남북전쟁 목격자의 증언에 고스란히 표현되어 있다. 그 폭력의 수위에 경악한 목격자는 어떻게 군인들이 "불길과 연기, 총성과 탄피를 쏟아내며, 진군하는 군사들을 낙엽처럼 쓰러뜨리는 100발짜리 대포의 입을 향해 계속해서 진군하다가 포화 속으로 사라져갔는지" 회상했다.[31] 이 인용문이 생생하게 묘사하듯 살상의 자동화는 전쟁의 규모에서만이 아니라—최소한 62만 명이 사망한 남북전쟁은 미국 역사상 가장 유혈이 낭자한 전쟁이었다[32]— 살상 방식에도 큰 변화를 가져왔다. 이는 신체의 허약함에 관한 새로운 의식을 불러왔고, 금욕적인 고난인이라는 전통적인 자아의 서사가 도전받게 된다.

앞서 밝혔듯 기사도 정신의 일부[33]인 금욕주의는 강압에 맞서는 남성적인 저항의 규범을 일컫는다. 이 규범에 따라 눈 깜짝하지 않고 육체적 고통을 견딜 수 있는 자아는 "진정한 남자"로 간주된다. 제시카 메이어Jessica Meyer는 이 규범에 따르면 "최고로 남성적인 사람은 불평하지 않고 고통을 감내한 참전 군인이었다"고 지적한다.[34] 남북전쟁의 산업화된 전투에서 금욕적인 남성성이 위협받긴 했지만, 그래도 기사도 정신은 살아남아 전쟁 이후 국가적 담론에서도 다시 나타났다. 기사도 정신을 완성시킨 것은 드루 길핀 파우스트Drew Gilpin Faust가 말한 "죽음 관련 활동"으로, 여기에는 전쟁 중과 전쟁 후 미국인들의 참여가 주축이 되었다. 군인 묘지와 군사 기념물 같은 새로운 애도의 의례와 기억의 행위들이 대규모 죽음이 안긴 충격을 순화하고, 정치적인 슬픔의 공동체로 미국인들을 결집시키는 데 중요한 역할을 했다. "남부인과 북부인 모두가 전시 사망에 초월적인 의미를 불어넣는 애국적인 희생의 서사를 정교하게 풀어냈"으며, "군인들은 국가—북군이든 남군이든—를 위해 고통을 받고 목숨을 잃었다"고 파우스트는 말한다.[35]

하지만 모든 미국인을 아우르는 동질한 단위로서의 "국가the Nation"라는 낭만화된 개념은 남북전쟁 이후의 기억 프로젝트가 흑인들을 상대로 자행한 삭제로 훼손되었다.[36] 그보다 먼저 전쟁터에서부터 불평등이 존재했다. 가령 전투 중에 백인 군인을 살상할 때는 전쟁의 교전 규범을 따랐지만 흑인 전투원들에게는 "심지어 전쟁과 인간성의 근본적인 규범들을 유예하는 행위라 할지라도" 무차별적인 살상이 자행되었다.[37] 게다가 흑인 군인이 새 국가를 위해 치른 대대적인 희생—북군 소속 흑인 군인 18만 명 가운데 3만 3,000명이 전투 중에 사망했고, 4,000명이 부상을 당했으며, 그 이상의 수가 병사했다—은 집단적 추모의 서사에서 인정받지 못했다.[38] 대신 국가적 신화는 흑인의 죽음을 북군과 남군의 백인 통합이라는 화해 서사에 흡수했고, 노예해방이 남북전쟁으로 이어진 갈등의 핵심이었음을 망각했다. 데이비드 블라이트^{David Blight}는 전쟁 후 이런 삭제에 반발한 흑인들의 투쟁에 대해 이야기하면서 "국가가 흑인에게 남길 남북전쟁의 유산—자유, 시민권, 참정권, 존엄—에 무심하거나 적대적인 모습을 보였을 때" 프레데릭 더글러스^{Frederick Douglass*}가 "그 유산을 지키기 위해" 노력했다고 지적한다.[39] 실제로 남북전쟁이 끝난 뒤 몇십 년 동안 남부에서는 짐 크로 법^{Jim Crow laws**} 체제가, 전국적으로는 인종분리정책이 흑인을 배제하고 억압하는 구조를 양산했고 이로써 흑인 시민을 상대로 폭력이 지속되었

---

*　　미국 공화당의 정치가이자 사회운동가(1818~1895). 남북전쟁 전후에 노예제 폐지운동과 흑인 인권운동에 앞장섰다.

**　　남북선생의 남군에 해당하는 미국 남부 11개 주에서 노예제 폐지 이후에도 흑인을 차별하기 위해 시행된 법률. 1876년에서 1965년까지 시행되었다.

다. 이저벨 윌커슨Isavel Wilkerson은 이 상황을 원시적인 "카스트 시스템", "오늘날까지도 미국에 암운을 드리우고 불안정을 양산하는 불평등의 원천"이라고 표현한다.[40] 하지만 그런 상황에서도 미국은 모두에게 기회를 선사하는 민주주의 국가로 호명되었다.

국가적 화해로 위장한 백인우월주의는 전쟁에서 상해를 입은 흑인 시민들을 오랫동안 침묵시켰다. 전쟁의 역사를 백인 위주로 재서술한 이런 행태를 고찰하며 W. E. B. 듀 보이스가 말했듯 화해의 미사여구는 흑인의 "역사를 망각"하게 하고 "노예제 폐지 이야기를 왜곡하며, 미국의 노예제가 도덕적 타락의 증거가 아니라 인종적 우월성의 징표인 척하려는" 시도였다.[41] 그러므로 남북전쟁 이후의 질서는 찰스 밀스Charles Mills가 표현한 대로 "백인 편의적인 무지"의 베일을 짜서 공적 담론을 덮어버리는 방식으로 흑인의 고통을 침묵시켰을 뿐만 아니라, 백인들이 자신의 피해자성을 주장할 수 있는 기반을 닦아주었다.[42] 백인들의 피해자성 주장의 핵심은 남북전쟁을 바라보는 '잃어버린 명분Lost Cause'***의 관점, 즉 미국 남부 고유의 삶의 양식이 통일된 국가라는 미명하에 유실된, 영웅적인 자기희생의 순간이

***   일부 미국 역사학자가 미국 남부의 명예를 지키겠다는 명목으로, 남북전쟁에서 남부가 북부의 주권 침략에 맞서 자신들의 농업 경제를 방어하기 위해 전쟁에 임했다고 해석하는 관점이다. 이들은 남부의 노예제를 '선량한 주인-자기 삶에 만족하는 노예'로 낭만적으로 묘사해 찬양하고, 남북전쟁의 원인이 '노예제 폐지'를 둘러싼 갈등임을 부인한다.

라는 남부 백인 중심의 서사였다.⁴³ 남북전쟁 이후의 시대에는 대중 예술과 공공 의례가 동원되어 미국은 순결한 국가라는 향수 어린 신화가 단단히 뿌리내렸다. 그 속에 게인스 포스터^{Gaines Foster}의 표현처럼 "이 국가가 평등주의적 이상과 노예제 사이의 모순을… 제거하는 데 실패했다는 점에서 남북전쟁을 비극적인 실패로 바라보는 시각"은 설 자리가 없었다.⁴⁴

요컨대 산업화된 전투로 나타난 전례없는 수준의 잔혹함에도, 미국 남북전쟁은 군인은 고난에 침묵한다는 의례화된 약속 때문에 고통과 언어 사이의 기사도적 관계를 무너뜨리지 못했다. 대신 이 전쟁은 전사한 백인 전투원을 국가의 숭고한 화신으로 기림으로써 기사도적 영예를 국가적 신화로 간신히 대체했다. 로버트 니에^{Robert Nye}가 말했듯 "19세기에는 전쟁이 점점 산업화되면서 육탄전과는 멀어졌기 때문에 개별 군인에게 주어졌던 개인적인 영예가 이제는 일종의 상호적인 구현 속에서 국가와 함께 공유되었다."⁴⁵ 하지만 이런 신성한 영예는 모두에게 특권으로 할당되지 않았다. 흑인 군인들의 죽음은 인정도, 추모도 받지 못했을 뿐만 아니라 남북전쟁 이후에도 흑인 시민들은 여전히 배제, 굴종, 린치, 박해에 시달렸다. 아무리 흑인의 자유를 둘러싼 집단기억의 대안적이고 해방적인 서사들이 아프리카계 미국인들 사이에서는 명맥을 이어왔다지만, 백인의 피해자성을 토대로 한 남북전쟁의 신화는 최근까지도 주류를 차지했다.

제1차 세계대전

기사도 정신의 변화는[46] 이미 19세기에 움트기 시작해 제1차 세계대전(1914~1918년)을 치르는 동안 훨씬 분명해졌다. 20세기 최초의 세계 분쟁인 이 전쟁은 프랑스에서 터키(당시에는 오스만제국이었다)로, 중동에서 아프리카로 번졌지만 대중은 주로 서부전선을 기억한다. 유럽의 주요 전장이었던 서부전선은 대규모 민간인 부대가 참호에 갇힌 채 기계화된 살상 무기로 서로의 목숨을 빼앗던 곳이다. 역사학자 마이클 로퍼Michael Roper는 제1차 세계대전에 관해 이렇게 말했다. "그것은 제2차 세계대전보다도 폭력적이었다. 전체 사망자가 더 많았기 때문이다. 제1차 세계대전에서는 매일 평균 457명의 영국 남성이, 제2차 세계대전에서는 147명의 영국 남성이 목숨을 잃었다."[47] 하지만 금욕주의적 규범에 도전장을 내민 것은 모든 당사자와 전선을 통틀어 약 1,000만 명으로 추정되는 제1차 세계대전의 사망자 규모만이 아니었다.[48] 군인들의 고난을 증폭한 무력함도 가세했다. 이 전쟁은 진창에 판 참호에 틀어박혀 치르는 교착 상태의 전투였다. 당시 정신과의사였던 존 T. 맥커디John T. MacCurdy에 따르면 "남자들은 가장 두려운 종류의 지속적인 위험에 노출된 채 비좁은 참호나 답답한 방공호에서 몇 날, 몇 주, 심지어는 몇 달을 보낸다…. 보이지 않는 원인에서 유래하는 그 위험 앞에서는 인간의 어떤 기지나 위트도 무용지물이다."[49] 다시 말해서 제1차 세계대전은 군인의 주체적인 전투력을 불시의 습격에 대한 수동적인 예상으로 위축시킨 전쟁이었던 것이다.

"전쟁신경증war neurosis" 또는 "셸 쇼크"라는 형태로 등장하여 당시 고난에 처한 자아와 관련된 과학적 담론을 지배하게 된 트라우마 원형 이론의 핵심에는 무자비한 폭력과 통제력 상실이라는 복합적 고난이 자리한다. 에릭 리드Eric Leed에 따르면 "신경증은 전쟁 일반에서 발생하는 게 아니라 특별히 산업화된 전쟁에서 발생하는 정신적 사건이었다." 그것은 "전투원들이 파괴의 양식에서 점점 소외"되기 때문이었다.[50] 고난에 처한 동료 전투원들을 돕거나 그와 비슷한 운명에서 스스로를 구제할 능력이 없는 상태에서 참혹한 고난의 광경을 목격하는 경험은 초기 트라우마 이론의 촉매가 되었다. 영국의 최전방 의무장교였던 F. G. 챈들러 대위에 따르면 "그곳엔 남자와 동물이 부상당하고 불구가 되고 망가지거나 산산조각나거나 기괴한 자세로 죽어서 널브러진 모습을 봐야 한다는 공포가 있었다…. 욕지기와 역겨움을, 몇 분 뒤면 자신도 그렇게 될지 모른다는 기분을 억눌러야 했는데, 나는 이런 억제가 이와 같은 전쟁에서 큰 부담이라고 믿는다."[51]

회고록 작가 레온 스탠디퍼Leon Standifer가 제2차 세계대전에 참전한 후 셸 쇼크를 겪고 미국의 한 병원에서 요양 중인 군인들을 묘사하면서 밝힌 바와 같이, 불안 때문에 주변 세상과 유대가 끊기는 단절감으로 표출되는 셸 쇼크는 "멀쩡하지만 마음은 텅 비어버린 신체"가 느끼는, 말로 표현하기 힘든 공포라 할 수 있다.[52] 죽음이 임박했다는 인식에 끊임없이 시달리다가 "'이성적인' 두려움"이 "부단하고 압도적인 공포"로 바뀌는 심리적 현상에, 공포가 "손 떨림, 경기 반응, 과민함, 불면증, 악몽"[53]을 비롯한 신체 증상으로 나타나는 생리적 현상까지 동반하는 이 소통 능력 상실의 상태는 초기에는 육체적 피해의 한 형태(일종의 뇌진탕)로 오진되었다. 이 진단에 따른 일반적인 처치를 받고도 회복되지 않은 사람들에게는 겁쟁이라는 낙인이 찍혔다.[54]

정신의학의 여러 접근법 중에서도 정신분석은 셸 쇼크의 증상들을 정신적 상처의 신체적 표현으로 해석한다는 점에서 정신적 측면과 생리적 측면을 연결했다. 마크 미케일^{Mark Micale}은 "자신이 통제할 수도, 감당할 수도 없는 폐쇄된 상황에 갇힌 남자들에게는 자신을 엄습한 견딜 수 없는 수준의 불안을 직접 표현할 심리적 기술이 거의 없었다"고 말한다. 이 무력함 때문에 "이들 역시 (그들보다 먼저 비슷한 상황을 겪은 여자들처럼) 신체적 증상의 발현이라는 원시적인 언어를 사용할 수밖에 없었다."[55] 과거 정신질환에 시달린 여성들은 고난 때문에 그런 증상이 나타난다는 것을 인정받지 못했지만, 이 새로운 진단 틀 덕분에 부상당한 군인은 눈도 깜짝하지 않는 "진정한 남자"라는 이상에서 벗어나 처음으로 지치고 트라우마를 입은 전사로 등장했다.[56] 제1차 세계대전에 참전한 모든 전투원이 신경증으로 고생한 건 아니었지만,[57] 군인을 감정적으로 연약한 존재로 바라보는 시각이 등장하면서 고통과 언어의 관계에 패러다임 수준의 변화가 일어나 금욕적인 전사라는 국가적 신화가 도전받았다.[58]

참호전이 야기하는 극한의 고통은 기사도적 자아라는 답답한 공간을 박차고 나와[59] 그 우울한 현실 속에 기사도적 자아를 완전히 집어삼켰다. 스캐리는 이런 맥락에서 "부상은 여기에도, 저기에도, 또 저기와 저기에도, 그가 눈을 돌리는 어디에도 존재한다. 그리하여 모든 자아와 모든 방과 도시의 모든 거리가 피와 살육, 전투와 전쟁으로 뒤덮인다"[60]고 말한다. 하지만 언어가 붕괴하고 전투원들이 강렬한 정신적 고통에 삼켜진 그 순간에도 언어는 회복의 가능성 역시 가지고 있었다.

정신분석은 군인들에게 새로운 자기서사를 써나갈 여지를 제공함으로써[61] 자아를 피해자로 인식하는 데 두 가지 방식으로 중요한 역할을 했다. 트라우마에 대한 프로이트 이론의 어휘를 제공하여 전쟁신경증을 전투원의 내면에서 일어나는 내적 갈등, 즉 "목숨을 지키려는 본능과 임무를 수행해야 한다는 사회적·군사적 필요 사이의 갈등"[62]의 현장으로 설명하고, 신경증의 핵심적인 치료법으로 대화를 제시한 것이다. 제1차 세계대전 당시의 유명한 심리치료사 W. H. 리버스^{W. H. Rivers}는 이를 "대화치료talking cure"라고 불렀다. 로버트 헤밍스Robert Hemmings에 따르면 "카타르시스 원칙에 입각한 이 치료법을 통해 환자가 자신을 억압하지 않도록 하면서 트라우마 기억에 목소리를 부여하면서도… 그것을 너무 곱씹지 않도록 독려했다."[63]

전과 같이 "죽음 관련 활동"이 국가적 치유라는 집단적 과정에 힘을 보태는 가운데, 영웅적인 희생의 서사는 결국 제1차 세계대전에서도 살아남긴 했지만[64] 그럼에도 셸 쇼크는 군대 내부와 그 바깥에서까지 트라우마의 언어가 갖는 가치를 부각했다. 로저 럭허스트Roger Luckhurst의 말처럼 "1914년에는 트라우마가 산업적·관료적으로 조직화된 전쟁의 생태계로 진입"하면서 "셸 쇼크"가 "심리학, 신경학, 군 관료 체제, 기술, 전쟁 중인 국가의 정치적 요청과 여론 사이의 역동적인 구성물"이라는 형태를 갖춰갔다.[65] "그럼에도 불구하고 말하기"를 강조하며 군인의 고통을 새롭게 인정하는 분위기는 실제로 고통의 발화를 인간의 정신을 수선하는 합리적인 방법으로 발돋움시켰지만, "여론"을 언급한 럭허스트에게는 미안하게도 이런 방법은 여전히 의료 기관과 군사 기관에서 아주 은밀하고 제한적으로 다뤄졌다. 피오나 레이드Fiona Reid는 이를 두고 "모두가 신경쇠약에 취약하다는 사실에도 불구하고 그걸 받아들이지 못하고 난감함을 느끼게 하는 무언가가 존재한다는 것을 암시"할 뿐이라고 말한다.[66]

제1차 세계대전에서 피해자성의 어휘를 재평가하려는 시

도는 이렇듯 등 떠밀리듯 이루어졌을 뿐만 아니라 선택적이기도 했다. 미국 남북전쟁의 경우처럼 이때도 백인 군인의 정신적 고난만을 승인했던 것이다. 유럽 참전국들의 제국주의 정치 아래 피식민지의 유색인종들은 식민국가가 벌인 전쟁에 징집되어 고난을 당해도 정신분석 담론에서나 전쟁의 추모 의례에서나 모두 주변화되었다.67 가령 영국제국에서 영국과 인도 양측의 의무장교들은 인도인 부대에서는 전쟁 기간 동안 "정신이상자가 거의 발생하지 않았"고 "'셸 쇼크'도 사실상 전무했다"고 밝혔다. 힐러리 벅스턴Hilary Buxton은 이 부인을 일종의 "제국적 기억상실"이라고 표현한다.68 전쟁 후반부에 미국에서 참전했다가 셸 쇼크를 겪은 흑인 군인들은 영국 백인 군인들이 처음에 그랬듯 자기 탓이라는 비난을 뒤집어썼다. 미군에서는 흑인 군인들은 인종적인 이유로 정신력이 약해서 정신질환에 취약하다고 주장하는 것으로도 모자라 흑인 군인들을 치료에서 제외시키는 일이 비일비재했다.69

전쟁 중에 사망한 영국제국의 피식민지 국민을 예우하는 문제에서도 이와 유사한 기억상실이 일어났다. 유럽에서는 군인 묘지에 묻힌 장병들의 무덤에 백인 피해자의 이름을 온전히 새겨넣고 이들을 기렸지만,70 유럽 밖에서는 백인 장교와 피식민 병사를 거명할 때 예우에 차이를 뒀다. 영국제국 전쟁묘지위원회Imperial War Graves Commission는 지역 부대원들의 이름은 전사자

명부에만 기록해두고 영국인 장교의 묘비에만 각인을 새김으로써 약 4만 5,000명에서 5만 4,000명에 달하는 인도, 이집트, 소말리아, 동서아프리카 출신의 군인을 불평등한 방식으로 추모했다.[71] 게다가 적어도 11만 6,000명의 사상자, 혹은 무려 35만 명에 달하는 동아프리카와 이집트 군인들은 각자의 이름으로 또는 어떤 방식으로도 추모를 받지 못했다. 전쟁묘지위원회가 군인별로 무덤을 만드는 방식을 완전히 폐기하고 하나의 추모비로 세워 "토착" 군대를 기리겠다는 안을 내놓는 지경에 이르렀기 때문이다. 미셸 바렛Michèle Barrett은 전쟁에 참여한 하위주체들subalterns을 연구하면서 "제1차 세계대전에서 '토착 부대'의 삶과 죽음은 결코 영국인의 목숨과 같은 가치로 간주되지 않았다"[72]고 주장한다. 아주 최근에야 전쟁묘지위원회는 이 역사를 언급했다. 독립적으로 만들어져 발표된 "추모누락대상 보고서 Non-commemoration Report"가 전쟁묘지위원회의 식민주의적 누락을 질책하자, 이에 대응하며 "1920년대와 1930년대에 아프리카와 그 외 다른 지역을 동등하게 대한다는 이상을 굳세게 실천하지 못한 것은 그때도 지금도 잘못이며, 우리는 즉각 조치를 취할 예정"이라고 밝힌 것이다.[73]

요컨대 제1차 세계대전에서는 서구 군대에 뿌리박힌 인종화된 위계에서 파생된 소수자를 침묵시키는 관행이 인간의 도덕적 위계를 정당화하여 백인 전사자에게는 영예를 돌리면서 유색인종 전사자는 이 인류의 질서에서 배제했다. 이로써 유색인종 전사자들은 동료 전사들과 나란히 기억되고 정당하게 애도받을 기회를 박탈당했다. 동시에 백인의 정신적 고통은 서서히, 하지만 분명하게 트라우마와 치유의 언어 속에서 인정받기 시작했지만 피식민자의 고통은 여전히 인정받지 못한 채였고, 이로써 이번 전쟁에서도 미국 남북전쟁 이후 시기와 유사한 "백인의 무지white ignorance" 체제가 재생산되었다.74

20세기 말과 21세기의 전쟁들

베트남전쟁

제1차 세계대전이 전투가 신체뿐 아니라 정신에도 피해를 입힌다는 사실을 인정한 최초의 전쟁이었다면, 베트남전쟁(1965~1973년)은 전쟁이 정신에 피해를 입힐 뿐 아니라 타인에게도 해를 끼친다는 사실을 보여준 최초의 전쟁이었다.75 이런 점에서 베트남전쟁은 피해자로서의 군인에게 치유 효과를 갖는 말하기의 문제로서만이 아니라, 군인의 가해자적 행태에 반대하는 정치적 저항의 문제로서 전쟁의 고통을 발화하는 촉매가 되었다. 20세기에 본질적으로 영웅적인 전쟁이었던 고명한 제2차 세계대전과는 달리, 미국의 민간인 부대가 남부베트남군을 도와 공산주의 세력 베트콩Vietcong을 상대로 싸운 게릴라전이었던 베트남전쟁은 인기가 없는, "좋은 전쟁 이후의 나쁜 전쟁"이었다.[76] 이런 부정적인 태도는 미국의 패배라는 전쟁의 결과뿐 아니라 수치스러운 전략과 전술 때문이기도 했다. 전사를 가엾고도 영예로운 일로 바라보았던 양차 세계대전과는 달리, 베트남전쟁에서의 고난(처음에는 매일 텔레비전을 통해 방영된)[77]은 수치스럽고 분통 터지는 일로 여겨졌다. 미군의 죽음은 반공주의 냉전 의제에 이용당한 헛된 죽음이라는 차가운 비난을 산 반면, 민간인 베트콩의 전사는 그 가해자를 잔인한 짐승으로 몰아세우고 피해자에게는 더할 나위 없이 잔혹한 사건이었다.[78]

미국 병사의 정신이 이렇게 짐승 취급을 당한 것은 주로 병참술 때문이었다. 베트남전쟁은 정글이라는 자연 조건과 적대적인 지역 주민들 때문에 미국 입장에서는 전투 구역으로서는 끔찍한 광활한 환경에서 치러졌다.[79] 성과와 손실을 가늠할 영역의 경계가 부재한 상황에서 미국의 외교정책은 사망자 수 접근법을 채택했고, 이는 병사들이 최대한 많은 적을 죽이도록 부채질―미군 사망자가 5만 8,209명 발생하는 동안 베트남인 사망자는 남부에서만 50만~200만 명으로 추정되었다―하는 한편, 병사들이 몸소 부단한 위험을 향해 돌진하게 만들었다.[80] 사실 미국인 사상자의 규모도 커서 군인 8명 중 1명이 죽거나 불구가 될 위험에 처했는데(제2차 세계대전에서는 21명당 1명 꼴이었던 것과 대조적으로), 교대 시스템을 통해 군인들이 장기간 전투에 투입되지 않도록 했음에도 군인들의 입장에서 "해를 입을 만한 상황은 대단히 지속적"이었다.[81]

전쟁터에서 귀환한 병사들은 이후 감정적 딜레마에 빠졌다. "자신들이 민간인에게 행한 잔혹행위 때문에 처음으로 비난의 대상이 되었을" 뿐만 아니라 "정신적 상흔"이 남는 바람에 "피해자성이 이 전쟁의 주요 언어가 되지 않을 수 없었던" 것이다.[82] 이들은 대중적 정당성이 결여된 전쟁의 피해자이자 가해자가 되었다. 이런 종류의 트라우마는 "아기 살해자"로 낙인찍히는 고통과 극도의 폭력을 당한 고통이 복합적으로 작용했다는 점에서 셸 쇼크보다 복잡했다. 새뮤얼 하인스Samuel Hynes는 이에 관해 "베트남에서 싸웠던 남자들은 제1차 세계대전에서 싸운 남자들과는 다른 배신의 감각을 느꼈다", "이들은 이중으로 배신당했다. 정치인과 대중들에게, 그리고 동세대의 반전 시위대에게"라고 말했다.[83] 독일을 절대 연합국의 만행에 유린당한 피해자로 간주하지 않았던 앞선 전쟁과는 달리, 1960년대 말과 1970년대 초에 미국을 휩쓸었던 반전운동은 미군이 "자유를 위해 투쟁하는 약소민족을 상대로 살인적이고 억압적인 전쟁을 벌인다"고 비판했다.[84] 그리고 외상후스트레스장애의 언어는 베트남전쟁이 남긴 상처의 혼종적인 상태, 론 에이어만Ron Eyerman의 표현에 따르면 "가해자 트라우마perpetrator trauma"[85]를 포착했다.

이런 유형의 트라우마는 주로 베트남전쟁의 폭력이 개별 참전 군인에게 입힌 정신적 피해를 의학적으로 진단하는 방식으로 규명되긴 했지만, **외상후스트레스장애**라는 표현은 피해의 책임에서 개별 가해자-피해자를 멀리 떨어뜨려놓고, 애당초 그 트라우마 사건을 양산한 환경에 책임을 돌리려는 당대의 정치적 요구 또한 반영했다. 여기서 환경이란 냉전 시대 미국의 제국주의적 군사주의와 악명 높은 살상 전술, 특히 네이팜탄 사용을 말한다.[86] 디디에 파생과 리샤르 레스만에 따르면 개인보다는 맥락을 강조하는 이런 새로운 분위기 속에서 외상후스트레스장애는 "폭력의 사회적 의미가 근본적으로 바뀌도록 유도했다." 이제 "새로운 개념의 트라우마는 개인의 행위에 관한 일체의 평가를 삼가는 대신, 주로 그 사건의 감당 불가능한 성격을 드러냈다." 홀로코스트 트라우마 증언이 공적 영역에서 적법한 고난의 목소리로 처음 인정받은 1961년 아이히만 재판이라는 법적인 선례를 따라, 베트남전쟁의 외상후스트레스장애 증언 역시 사선死線에 붙들린 민간인과 전투에서 고통받았던 병사 모두를 인권이라는 새로운 정치적·법적 틀에 위치시키는 데 중요한 역할을 했다. 이 틀은 참전 군인들을 살인자이지만 "자신이 저지른 행동에 대해 트라우마적인 기억을 간직하는 것을 통해 인간성이 남아 있음을 입증받은" 상처받은 존재로 재구성했다.[87]

1960년대와 1970년대 초 민권운동에 참여한 흑인 참전 군인들을 통해 가해자 트라우마―즉 베트남의 유혈 사태에서 병사들이 겪은 피해―가 흑인들이 미군 내에서 겪었던 구조적 인종차별과 연결 고리를 갖게 되었고, 이는 외상후스트레스장애 경험이 정치성을 띠는 데 기폭제로 작용했다. 흑인들이 군 내부에서 겪었던 구조적 인종차별은 문서에 기록된 트라우마의 원인이자 과거의 분쟁에서 흑인 지도자들에게 각인된 "집안" 폭력의 한 형태였다.[88] 가령 흑인 남성은 베트남전쟁에서 싸운 전체 전투원 중 9.1퍼센트였지만, 흑인 군인 사상자는 백인 군인 사상자보다 약 30퍼센트 많았다.[89] 외상후스트레스장애로 고생하는 흑인 군인의 비율도 백인 군인보다 높아서 치열한 교전을 경험한 흑인 군인의 70퍼센트 이상이 외상후스트레스장애를 겪었음에도, 이들을 진단하고 치료하는 조치는 백인 군인에 비해 훨씬 문제가 많았고 "흑인 환자를 오진하는 경향 때문에 더 악화"했다.[90]

민권운동의 측면에서 보면 유달리 흑인 군인들에게서 외상후스트레스장애 경험이 빈발했다는 사실은 흑인 군인들로 하여금 펜타곤의 냉전 정책을 비판하고 베트남 민간인들이 겪는 식민주의적 곤경에서 동질감을 느끼도록 유도했다. 대니얼 럭스Daniel Lucks에 따르면 이 친밀감은 "아프리카계 미국인 군인들이 베트남전쟁을 '미국 영혼의 괴저壞疽'라고 규탄한 마틴 루터 킹 주니어의 견해에 동조"하고 "더 약한 비백인 국가를 침략한 미국에 대해 심각한 회의"를 품게 만들었다.[91] 나아가 이런 유형의 동질감은 권리의 언어를 미국 내에서 마틴 루터 킹이 주장했던 흑인의 시민적·정치적·법적 권리 너머로 확장하여 권리의 언어가 "보편적인ecumenical" 정의의 담론까지 아우르는 데 기여했다. 마틴 루터 킹 주니어의 표현을 빌리면 "전 인류를 향한 더 없이 중요한 충성"에 힘입은 이 정의의 담론은 남반구 전역에서 벌어지는 탈식민 투쟁을 지원하는 데 온 힘을 쏟았다.[92] 이에 관해 조너선 로젠버그Jonathan Rosenberg는 "민권운동 지도자들은 스스로를… 전 세계 유색인종을 해방시키기 위해 힘쓰는 사람들의 열망과 자신들의 국가 내 목표를 결합시키는 개혁가들로 구성된 '상상의 공동체'의 일원으로 여겼다"고 말했다.[93]

베트남과 연관된 이런 투쟁들이 전쟁 트라우마를 정신적 영역에서 정치적-법적 영역으로 확장함으로써 고통의 언어에 복잡한 면모를 더했다면,[94] 베트남전쟁 이후 북반구 사회 전역에서 외상후스트레스장애의 어휘는 적어도 두 가지 방식으로 철저하게 대중화·탈정치화되었다. 첫 번째로, 정신적 트라우마의 진단 서사였던 외상후스트레스장애는 점차 심리치료와 법률이라는 엄격하게 한정된 영역을 벗어나 다른 광범위한 제도로 확장되었고, "강간, 테러, 사고, 범죄 등 여러 상황에 점진적으로 적용"되었다.[95] 이제 외상후스트레스장애의 언어는 조직이 "인적자원"을 관리하는 기술관료적인 "자기 테크놀로지technologies of the self"의 핵심을 차지하고 있다. 같은 이유로 토크쇼와 리얼리티 예능 같은 대중적인 텔레비전 장르와 미디어 담론으로 유입된 외상후스트레스장애는—다시 상기하자면 홀로코스트 증언, 페미니즘의 목소리, 감상주의 문학의 문화에 뿌리를 두고 있는—내밀한 자기고백을 앞세운 기존의 서사 형태와 깊숙이 융합되었고, 이로써 치유문화의 등장과 개인의 고통을 공적으로 왕성하게 공유하는 치유문화의 분위기에 불을 지폈다.[96] 두 번째로 전쟁 상해로부터의 보호라는 인권 담론으로서 외상후스트레스장애의 어휘는 베트남전쟁 이후 현대전의 법적인 틀에 완전히 흡수되었고, 전쟁 행위의 결과에 대한 논의에서만이 아니라, 뒤에서 보겠지만 그 원인에 대한 논의에서도 고난을 공론화하는 결과를 낳았다. 새뮤얼 모인은 이를 "법적인 틀 안에서 이루어진 군의 자체적인 인도주의화"라고 부른다.[97]

요컨대 전쟁의 고통이 외상후스트레스장애의 어휘로 표현됨으로써 트라우마와 권리가 새로운 방식으로 결합했다. 이러한 표현은 군인 자아는 피해자일 뿐만 아니라 가해자임을 드러내었고, 그 자아만이 아니라 적대 관계의 "타자"에게도 전쟁의 고통이 보편적으로 적용되게 했다. 외상후스트레스장애의 언어는 피해자성과 폭력, 또는 자아와 "타자"의 구분을 문제 삼음으로써 전쟁의 고난에 훨씬 강한 정치성을 부여했고, 전쟁 트라우마의 책임을 개별 전투원에게서 그들이 폭력을 저지르도록 한 사회적 맥락으로 옮겼다. 전쟁 고통의 이 같은 정치화는 당시 민권운동에 크게 영향받긴 했지만, 외상후스트레스장애가 다시 조직의 관료주의와 미디어 담론에 광범위하게 자리를 잡으면서 두 가지 양면적인 결과가 나타났다. 하나는 이 고통의 언어가 전무후무한 대중적 인기를 얻게 된 것이고, 다른 하나는 이 언어가 사용되는 맥락 전반에서 대단히 개인화되고 기술관료적이며 도구화된 피해자성의 어휘로 축소된 것이다.

아프가니스탄전쟁과 이라크전쟁

서구가 21세기에 아프가니스탄과 이라크에서 벌인 반란진압 전쟁 이상으로 고통의 언어가 갖는 중심성이 확연하게 드러난 사건은 없다. 다자적인multilateral 세계 질서 속에서 치러진 두 전쟁은 20세기의 주권전쟁을 안보전쟁으로 대체했다.[98] 주로 서구 국가들이 영토 경계를 놓고 전투를 벌여 대대적인 사상자를 낳은 사건이었던 20세기 주권전쟁과 달리, 안보전쟁은 사상자를 최소화하며 취약한 인류를 위해 싸운다는 명목을 내세웠고, 이로써 "타자의 고통을 덜어주거나 압제를 종식"시키겠다고 부르짖었다.[99] 아프가니스탄전쟁과 이라크전쟁은 바로 이런 인도주의적 명목하에 수행되었다. 억압적인 탈레반 체제로부터, 또는 사담 후세인이 보유하고 있다는 핵무기로부터 (이들 국

가 안팎의) 민간인을 보호한다는 명목으로 포장된 전쟁이었던 것이다.[100]

이 전쟁들의 인도주의적 정서는 인간의 목숨을, 크리스토퍼 코커Christopher Coker의 표현을 빌리면 "군인과 민간인 모두를 개인으로서" "전쟁 방정식의 심장"에[101] 위치시켰지만, 그럼에도 해당 지역에 대한 영향력과 전 지구적 장악력을 손에 넣음으로써 이익을 증진하려는 서구 열강이 벌인 전쟁이라는 사실은 부정할 수 없다.[102] 2001년 9월 11일 이후 "안보화된 국가주의 securitized nationalism" 논리에 힘입은 이들 전쟁은 어느 때보다 다양한 인종을 아우르는 군사력에 의지했고,[103] 초국가적 박애의 미사여구를 내세우지만 여전히 서구, 그중에서도 미국과 그 외 북대서양조약기구NATO 동맹의 열강들을 "위협"하는 세력을 상대로 지정학적 통제력을 행사한 것이었다. 아룬다티 로이Arundhati Roy가 2003년 이라크 침략에 관한 발언에서 지적했던 것처럼 "신자유주의적 자본주의는 (일부를 위한) 자본의 축적이 전부가 아니다. 그것은 (일부를 위한) 권력의 축적이자 (일부를 위한) 자유의 축적이다. 반대로 신자유주의의 통제 기구에서 배제된 나머지 세계의 사람들에게 그것은 자본의 **침식**, 권력의 **침식**, 자유의 **침식**이다."[104]

생명을 구한다는 미명하에 살상에 안보의 논리를 뒤집어씌우는 역설에서 출발한 21세기의 "인도주의적" 전쟁은 그러므로 전쟁을 수행하는 자아에게 독특한 형태의 피해를 안긴다. 자아가 보살핌의 대상이 된 사람을 살해한 것의 여파를 감당해야 하는 이러한 역설적인 상황에 대한 대응으로 군사 담론에서 도덕적 상해라는 어휘가 새로운 고통의 언어로 출현한다.[105] 도덕적 상해 개념은 모든 군인이 비서구인들에게 연민을 느낀다는 의미가 아니라, 서구의 군대가 어려움에 처한 민간인을 명분으로 내세워 먼 곳에서 전쟁을 수행할 때 사용하는 규범적인 정당화 논리를 부각하는 것이다. 도덕적 상해를 촉발하는 것은 이 연민 어린 정당화 논리와 전쟁의 치명적인 폭력성―가령 소규모 전투가 눈 깜짝할 새에 잘못된 방향으로 틀어졌을 때 나타나는― 사이의 충돌이다. 도덕적 상해는 "적법한 권위에 의해 또는 자기 자신에 의해 '올바른 것'이 배신당했다는 뿌리 깊은 감각"을 말한다.[106] 도덕적 상해를 입은 군인은 자신이 저지른 폭력 행위 때문에 감정적인 트라우마를 입었다고 여겨진다는 점에서 이 배신감은 외상후스트레스장애로서 트라우마의 언어를 포괄하는 동시에, 이 군인들이 인도주의 논리가 자신들에게 들이민 모순적인 기대로 고통받는다는 점에서 인권 개념 역시 포괄한다. 군인들은 종종 격렬한 전투 중에 보호 대상과 공격 대상을 구분해야 하는 불가능한 과업을 마주하기 때문이다. 도덕적 상해는 폭력 행위가 보호하려는 시도 중에 어쩔 수 없이 벌어지는 게 아니라 바로 보호라는 명목하에 일어난다는 점에서 외상후스트레스장애의 관점과 다르며, 이 잔혹한 어긋남 때문에 도덕적 상해는 유달리 교활한 피해자성의 범주로 자리매김한다.

군인들이 겪는 새로운 성격의 고통은 자아가 제1차 세계대전의 경우처럼 **타인에 의해** 저질러지는 폭력이나 베트남전쟁의 경우처럼 타인에게 **위해를 가하려고** 저질러지는 폭력만이 아니라 타인을 **보호하려고** 저질러지는 폭력에 의해서도 상처받을 수 있다는 사실을 최초로 부각한다는 점에서, 언어와 고통의 관계를 새롭게 설정한다. 저널리스트 데이비드 우드 David Wood 가 잘못된 방향으로 틀어진 소규모 전투에 관해 던진 질문은 이를 시사한다. "우리는 금빛 머리카락을 가진 캘리포니아 출신의 사려 깊은 22세 청년 닉 루돌프가 해병으로 파병되어 아프가니스탄 마르자 외곽에서 벌어진 처절한 총격전에서 아프간 소년을 살해하고 말았다는 사실을 어떻게 해야 받아들일 수 있을까?"[107] 도덕적 상해의 일화를 전달하는 우드의 표현은 새로운 고통의 언어가 사건의 피해자가 아니라 고통받는 군인에게만 관심을 둔다는 것도 드러낸다. (금빛 머리카락을 가진) 미국 군인 닉은 애정을 담아 묘사되고 이름까지 밝혀지는 반면, 아프간 소년은 얼굴도 이름도 전혀 드러나지 않기 때문이다. 자기중심적인 도덕적 상해의 어휘는 고통받는 "타자"를 언급함으로써 "우리 자신 ourselves"을 향한 연민을 강화하고, 서구의 군인을 안보전쟁에서

"가해자가 아닌 대참사의 피해자"로 그린다.[108]

그러므로 외상후스트레스장애처럼 도덕적 상해는 안보 전쟁의 가해자들이 일말의 인간성을 회복하는 데 도움을 준다. 하지만 집단적인 잔인무도함에 깊이 발을 담갔던 경험 때문에 상처받은 가해자를 위해 책임과 정의를 요구하는 외상후스트레스장애와는 달리, 도덕적 상해는 자신이 보호하는 사람들을 죽인다는 역설을 개인적 돌봄과 자기성찰이라는 감정역域으로 흡수한다. 심리치료사 엘리슨 오코너Alison O'Connor는 이 감정역이 "용서, 화해, 속죄를 둘러싼 윤리적·실존적 질문을… 탐구할 수 있는 종교적 환경도, 치료도 아닌 판단이 유보된 공간"에 존재한다고 말한다.[109] 발화하기speaking out는 과거 사회 변화를 위한 집단주의적 저항 문화의 일부였지만, 이제는 개인적 성찰과 공유된 스토리텔링이라는 정신적 틀에 자리를 잡고서 베트남전쟁과는 반대로 인도주의적 전쟁의 고통을 개별화하고 그 전쟁이 발발한 사회적 조건에서 정치성을 제거한다. 미국 영혼수리소Soul Repair Center 설립자인 리타 브록Rita Brock과 가브리엘라 리티니Gabriella Litini가 말하듯 "참전 군인들의 이야기를 들으려면… 그들의 도덕적·신학적 질문을 기꺼이 열린 태도로 대하고 그 과정에서 우리 역시 상호변화를 겪으며 그들과 함께 여행해야 한다."[110]

하지만 이 심리정신적인 담론은 서구의 군인을 자신이 타인에게 행한 폭력에 먼저 상처 입은 피해자로 파악함으로써 서구가 전쟁 폭력에 공모했다는 사실을 지워버린다. 게다가 아무리 연민 어린 군인이 자신에게 피해를 입은 "타인"의 고통 때문에 힘들다고 호소하더라도, 그 과정에서 이들은 타인의 고통을 자신의 상해로 흡수해버리고 남반구 지역민들의 목소리를 사실상 지워버리므로 서구의 군대는 이들의 권리를 보호하기는커녕 침해하는 꼴이 된다.[111] 가령 미국 군인의 감정을 통해 이라크의 어린 소녀의 죽음을 전달하는 언론인의 목소리는 "다른 사람의 경험 속에서 자신의 모습을 너무 많이 봄으로써… 또 다른 주체의 존재를 완전히 흐려버린다"는 점에서 명확하게 그들의 권리를 침해하는 것이다.[112] 이런 삭제는 현장에 있던 민간인들을 침묵시키는 안보전쟁의 방법 중 하나일 뿐이다. 드론으로 용의자를 사살하고는 장기판의 말이 "넘어지는" 것처럼 기술적인 문제로 재현하거나 "부수적인 피해"[113]라고 표현하는 완곡어법과 함께, 연민 어린 군인의 "과도한 가시성"은 남반구 분쟁 지역에서 일어나는 죽음에 대한 도덕적 잘못을 최소한으로 축소하고 그들의 상실과 슬픔이 북반구에서는 가시화되지 않도록 만든다.[114]

그러므로 요약하자면, 21세기의 "인도주의적" 전쟁들이 지난 세기의 대량 살상과는 멀어졌고 배려하는 박애심이라는 새로운 기조로 전쟁터의 고통과 죽음을 최소화하려 했던 것은 사실이지만, 이라크전쟁과 아프가니스탄전쟁, 그 외 9·11 이후의 여러 전선에서 치른 대가—2023년까지 38만 7,000명 이상의 민간인 사망자와 3,800만 명의 난민을 낳았다—는 새로운 군사적 기조의 핵심에 비인간적인 힘이 있음을 드러낸다.[115] 자유와 민주화의 서사에서는 번번이 은폐되지만, 선택적인 인정과 추모뿐만 아니라 전쟁으로 특정 지역 사람들이 주로 사망한다는 사실은 이 전쟁들 역시 세계 권력의 식민주의적 유산의 연장선상에 있음을 강조한다. 데이비드 케네디^{David Kennedy}의 주장처럼 이런 전쟁은 "우리"와 "그들" 간의 "삶의 양식 또는 문명의 충돌"이라는 가정 위에서 치러지고, 이 때문에 냉전, 그리고 "알제리부터 베트남에 걸쳐 벌어지는 탈식민주의적·반식민주의적 갈등"과 관련이 있다.[116] 하지만 이 현대전들은 저항을 촉발하는 대신 낡은 신화에 꾸준한 생명을 주입한다. 서구의 군대와 그 군인들, 이번에도 역시나 백인인 그 사람들만이 영예의 주인공이 될 자격을 갖춘 유일한 피해자라는 그 낡은 신화에.[117]

전쟁 피해자성의 인종주의적 위계

이 장은 20세기 고난의 전형적인 인물인 참전 군인을 출발점으로 삼아 피해자성의 어휘가 후기 근대성에서 인류의 인종화된 위계질서를 확립하는 데 역사적으로 수행한 역할에 초점을 맞췄다. 이런 의미에서 이 장은 고통의 정치와 그 권력 관계를, 1장에서 제시한 "파국의 시대"[118]가 진행된 시기와 그 이후의 장기적인 사회 변화 과정이라는 맥락에서 바라보려는 시도이다. 부상당한 신체가 문화적으로 특수한 정당화 서사(국가, 자유, 또는 인류에 관한)를 통해 의미를 획득하는 상호적 상해의 구조물로서의 전쟁 개념을 길잡이 삼아,[119] 나는 군인의 고난을 분석하며 고통의 언어(트라우마와 권리의 언어)가 어떻게 이런 서사들을 조직해서 부상당한 백인 남성을 근대의 전형적인 피해자로 그리는지를 추적했다.

전쟁 기술과 지정학적 질서가 변화하는 가운데 전쟁에 관한 서사들은 산업화된 전쟁에서 냉전을 거쳐 인도주의적 전쟁으로 융합·변이해왔고, 동시에 피해자성을 군인의 신체에 대한 폭력으로 말미암은 육체적 고난의 조건에서, 군인의 감정적 완결성과 도덕적 존재 감각에 악영향을 미치는 정신적·법적 고난의 조건으로 탈바꿈했다. 물질적인 신체에서 무형적인 도덕성으로의 이 같은 전환은 전쟁의 피해자성이 집단주의, 곧 국가의 이름으로 대규모 군대에게 자행되는 대학살로서의 전쟁에서 개인주의, 곧 취약한 인간성이라는 이름으로 개인의 내면에서 일어나는 상해로서의 전쟁으로 변이한 흐름과도 궤를 같이 한다. 첨언하자면 이 두 가지가 현실에서는 아직도 공존한다는 점에서, 이 변이는 무엇을 강조하느냐에 좌우되는 문제이다.

셸 쇼크의 언어는 처음으로 (약간의 신체화 증상을 포함하긴 하지만) 정신적인 고통을 트라우마로 자리매김시켰고, 외상후스트레스장애의 언어는 이 정신적 초점을 확대하여 법을 끌어들였다. 그리하여 이제 상해는 시민권의 침해와, 좀 더 최근에는 "국제법의 인간화"와 깊은 연관이 있다.[120] 이 세 사례 모두에서 고통은 감정을 억누름으로써 인내해야 하는 무언가에서 감정을 관리하는 문제로 전환되었다. 이런 관리가 치유적인 자기고백을 통해 일어나든 권리를 지키기 위한 저항의 실천과 개인에 대한 보호 체제를 통해 일어나든 간에, 고통의 전환은 더 이상 인간의 정신을 전적으로 의학적 개입의 대상으로 사고하지 않고 자아의 정동적인 기술, 저항 또는 성찰의 기술로 보게 되었음을 시사한다.

신체적 상처와는 달리 외상후스트레스장애나 도덕적 상해는 눈에 보이는 상처를 남기지 않는다는 점에서 군인의 고통은 점차 무형적인 조건으로 전환되었다. 이는 앞서 검토한 감정자본주의의 궤적이 더욱 넓어지는 데 기여한다. 피해자성의 소통이 진정한 자아의 표지로서 감정을 어떻게 수행하는가의 문제가 되었기 때문이다. 만일 고통이 피부에서 느껴지는 것이 아니라면, 그것은 공론장에서 감정과 주장으로 전달되어야 한다. 이미 고통의 정치가 자아를 그 취약성의 조건과 단절시키고 피해자를 철저하게 우발적인 범주로 제시한다는 문제를 지적했지만, 그럼에도 이 같은 자기표현으로의 전환에 내재한 심도 깊은 양가성에는 각별히 주목해야 한다. 이 전환은 기사도적 금욕주의와 그에 따른 감정의 억압이라는 굴레에 맞서, 보다 긍정적이고 자기성찰적이며 감정 표현이 분명한 남성성을 가진 "신 남성new man"의 출현을 실제로 고무했다.[121] 하지만 극우 포퓰리즘의 유독한 남성성을 분석하는 3장이 보여주듯 이런 변이는 하나의 남성성 모델에서 또 다른 모델로의 매끄러운 전환이 아니다. 대신 이 두 모델이 공존하는 가운데 고통받는 남성을 경멸하는 강인한 남자라는 이상이 여전히 공적 담론을 쥐락펴락하고, 그로 인해 가장 취약한 사람들에게 치명적인 결과가 초래될 수 있는 복잡한 전환으로 이해해야 한다.

그런데 군인 자아의 이 같은 변화의 궤적은 양가적일 뿐만 아니라 배제적이다. 특히 20세기 제도적 고통의 발화에서 여성의 고통과 비백인의 고통이 철저하게 지워졌다는 점에서 그렇다. 여기서 말하는 비백인은 유색인종 군인, 보다 최근에는 남반구 분쟁 지역의 민간인까지 포함한다. 피해자가 미국 남북전쟁에서 전사한 흑인 병사이건, 제1차 세계대전에서 영국제국군으로 참전한 피식민지 군인이건, 베트남전쟁에 참전한 흑인이건, 아니면 아프가니스탄전쟁과 이라크전쟁에서 보호한다고 공언하던 여성, 어린이, 남성이건, 이들의 고통은 이 장에서 서술했듯 역사적으로 기려진 적이 거의 없었고, 기려지더라도 선택적으로만 기억된다. 서구의 군대가 철수하고 2021년 8월 탈레반이 통제권을 잡았을 때, 치명적인 위험에 처한 아프가니스탄에 무력하게 남겨진 아프간 통역사들의 사례는 강요된 삭제의 역사를 보여주는 최근의 사례이다.

오늘날 우리가 사용하는 피해자성의 어휘는 이런 배제의 역사에 기초한다. 이는 취약성이 인류의 "보편적인" 속성이 아니라 20세기 근대성의 전형적 피해자로서 백인 남성에게 특별하게 주어진 자격임을 곱씹게 한다. 백인 남성은 싸우다가 고통받고, 살해하다가 고통받고, 보호하다가 살해하고, 보호를 위해 고통받는다. 이 모든 형태의 고통이 상호적 상해의 실행이라는 전쟁의 핵심 목표에 내재되어 있음은 분명하다. 하지만 그것은 동시에 서구 남성 자아가 근본적으로 선하고 오직 우발적으로만 나쁘며 자신이 저지른 모든 폭력 때문에 전문적인 의학적 처치와 공감을 받아 마땅한 유일한 행위자라는 개념을 유지·온존시킨다. 백인 남성의 고통에 이렇게 특권을 부여하고 참혹한 폭력과 치유의 순환 고리가 활성화된 덕에 남성들은 "증언의 자격"이라는 유산을 부분적으로라도 부여받았다. 덕분에 고통을 주장해봤자 역사적으로 인정받은 적이 별로 없는 여성들과는 달리, 남성들은 고통과 고난을 호소할 때 신뢰받을 수 있게 되었다.[122] 여성들과 유사하게 비백인 자아들은 발언할 권력도 갖지 못하고 그들의 희생, 고통, 상실을 인정·추모받지 못한 채 살아가고 싸우고 죽는다.

    그 결과 감정자본주의는 인종화된 타자들을 감정과 기억의 권역 밖에 내버려둠으로써 고난과 인간 생명의 신식민주의적 위계를 재생산하는 남성주의적이고 유럽중심적인 프로젝트로도 발현된다. 남북전쟁에서 나타난 교전 규범의 선택적 사용과 백인 중심의 화해의 서사, 제1차 세계대전에서 영국군으로 참전했던 피식민 전사자에게 개인 무덤, 심지어는 묘지마저 할애하지 않은 처사, 베트남전쟁에서 흑인 병사의 참전 시간이 더 길고 그들에게 외상후스트레스장애 진단이 제대로 이루어지지 않은 상황, 이라크전쟁과 아프가니스탄전쟁에서 나타난 "부수적 피해"를 향한 무심함. 이 모두가 긴 세월 속에 다양한 형태로 일어난 적극적인 인종주의적 망각 행위의 증거이다.

    이제는 3장으로 넘어가 21세기 서구의 맥락에서 고통의 발화를 둘러싼 투쟁이 어떻게 펼쳐졌는지를 검토할 것이다. 여기서 인종주의적 망각에 관한 역사적 설명은 피해자성의 소통이 북반구와 남반구 사이에 지층처럼 누적된 기존의 권력 관계라는 토대 위에 자리하고 있음을 상기시키기 위한 것이다. 힘있는 자의 고통에 집착하는 이 권력 관계는 삭제 전략을 동원하여 이미 방치되어 있는 취약한 "타자"를 영속적으로 도외시하고자 한다.

3장

오늘날에는 누가 피해자인가?

사실에 기반한 진실을 꾸준히 그리고 완전하게 거짓말로
대체한 결과는 거짓말이 진실로 받아들여지고 진실이
거짓말이라는 프레임으로 모욕당하는 것이 아니라,
우리가 실세계에서 주위를 살필 때 사용하는 감각
—진실과 거짓이라는 범주는 이런 목적으로 사용하는
여러 정신적 수단 중 하나다—이 붕괴되는 것이다.

한나 아렌트, 〈진실과 정치〉

21세기의 대규모 고난: 팬데믹 1차 유행기

2020년 3월 12일, 당시 영국 총리였던 보리스 존슨은 "이것은 이번 세대 최악의 보건 위기"라고 선언했다. "여러분에게, 영국 국민들에게 솔직히 털어놓아야 할 것 같다. 점점 많은 가족이 사랑하는 이들을 때 이르게 잃게 될 것이라고."[1] 코로나19가 중국에서 요주의 바이러스로 확인되고 만 2개월이, 세계보건기구WHO가 세계적 비상사태를 선언하고 5주가, 영국 총리가 왕립해군사관학교에서 이 바이러스를 자신의 브렉시트 경제에 타격을 입힐 수 있는 "성가신 문제"라고 일컬은지 1개월이 지난 시점이었다. "코로나바이러스 같은 새로운 질병이 시장 격리에 대한 충동과 공황을 촉발할 위험이 존재할 때… 그 순간 인류에게는… 최소한 기꺼이 교환의 자유를 강력하게 주장할… 어떤 통치가 필요할 것이다."[2] 3월 8일에는 도널드 트럼프 미국 대통령이 이와 비슷한 기조로, 코로나19로 인한 사망자는 감기로 인한 사망자보다 적기 때문에 이 새 질병은 미국 경제에 위협이 되지 못한다고 선언했다. "작년에 3만 7,000명의 미국인이 평범한 감기로 죽었다. 매년 평균 2만 7,000명에서 7만 명이 죽는다. 어떤 봉쇄조치도 없을 것이고 생활과 경제는 계속될 것이다. 지금 코로나바이러스 확진자는 546명이고, 사망자는 22명이다. 잘 생각해봐라!"[3] 확진자 수가 두 나라에서 급등하자 존슨과 트럼프는 뒤늦게 공중보건 조치를 단행했다. 3월 26일 결국 존슨이 영국에서 처음으로 봉쇄조치를 발표했을 때도 트럼프는 아직 사망자 수와 돈을 저울질하고 있었다. "감기로 많은 이들을 잃을 것이다. 하지만 나라를 대대적인 불황이나 침체로 몰아넣으면 더 많은 사람을 잃는다."[4]

영국에서 23만 명 이상, 미국에서 100만 명 이상이 사망하자[5] 즉각 보호조치를 단행하지 않은 두 정상의 실정이 집중적으로 도마에 올랐다. 영국 하원 과학기술위원회의 2021년 보고서는 팬데믹 1단계 당시에 "중대한 결함"이 있었다고 밝혔다. 정부가 이때 "숙명론적 접근법(전염 억제는 불가능하다는)을 채택하고 바이러스의 확산을 막기 위한 더 강도 높고 단호한 접근법을 고려하지 않은 심각한 오류를 저질렀다"는 것이다. 미국의 한 국회조사 역시 트럼프 정부에 비판적이었다. "트럼프 행정부 관료들은 코로나바이러스 팬데믹에 관한 국가의 공중보건 대응에서 끈질기게 정치적 개입을 하는 패턴을 보였고… 이 바이러스가 더욱 빠르게 확산하게 만드는 해로운 결정을 내렸다."[6] 그 결과 코로나19 1차 유행기에 두 정상 모두 자국에서 전 세계 어떤 나라보다 코로나19 사망자와 그로 인한 고난을 많이 유발하는 우를 범했다. 2020년 세계 초과사망자 순위에서 미국은 1위, 영국은 3위를 기록했다.[7]

이 장에서 나는 두 정부―모두 ("부패한 엘리트", "유럽연합의 관료들", 또는 "이주민"이 가하는) 외적인 피해로부터 자국민들을 보호하겠다고 약속하여 선출된―가 금세기 최악의 공중보건 위기가 발생했을 때, 자신들의 잘못된 정책으로 말미암은 팬데믹의 고난과 사망자에 관해 자국 공동체와 소통하는 과제를 어떻게 관리했는지 톺아본다. 그중 한 가지 방법은 거짓말을 이용한 것인데, 이 거짓말에 대해서는 이미 언론인과 학자들이 철저하게 파헤쳐 놓았다.[8] 하지만 초점을 허위에만 두어서는 안 된다. 우리는 두 정상의 담론을 권위주의 또는 극우 포퓰리즘 담론, 특히 이 담론들의 영미권 특유의 형태를 반영하는 더 넓은 수준의 소통 전략으로 바라볼 필요가 있다.[9] 이 담론들은 팬데믹 시기 두 포퓰리즘 정상들의 잘못된 정치보다는 우리 시대 고통의 **정치와 그 피해자성의 수행**에 관해 알려주기 때문에 중요하다.

그러므로 2장이 서구 고통의 언어에서 부상당한 신체를 일임받음으로써 "파국의 시대"에 출현한 피해자로서의 백인 남성의 역사를 다뤘다면, 이번 장은 현재에 초점을 맞춰 피해자라는 상이 세계에서 가장 부유한 두 민주주의 국가인 영국과 미국에서 두 백인 남성 정상에 의해 어떻게 수행되었는가를 살펴본다. 두 나라의 민주주의는 정치적 자유주의의 중대한 유산을 간직하고 있음에도 불구하고, 자유주의 제도를 통해 권력을 잡은 권위주의적 포퓰리스트에 의해, 그리고 각국의 보수 정당(영국의 보수당 또는 토리당, 미국의 공화당)에 의해 지배당했다. 영국과 미국이 오늘날의 피해자성에 내재한 위험성을 연구하기에 적합한 사례인 것은 두 나라에서 21세기 대규모 고난의 중요한 순간인 팬데믹과 자유주의에 내재한 잔인함의 정치인 권위주의적 포퓰리즘이 교차하고 있기 때문이다.[10]

권위주의적 포퓰리즘과 피해자성

권위주의적 포퓰리즘에 대한 다양하고 방대한 설명은 오늘날의 자유민주주의가 극우, 민족주의, 백인우월주의 세력에게 위협받고 있다는 진단으로 수렴된다. 이들은 민주적 제도들과 시민사회를 "내부로부터" 위축시키고 자기이익에 충실한 독

불장군의 일인권력을 근거로 한 독재적인 정치 구조를 밀어붙인다.[11] 오렐리언 먼돈Aurelien Mondon과 에런 윈터Aaron Winter는 권위주의적 포퓰리즘에서 민주주의는 "반동적인 목적을 위해 국민(인민)에 의해 권력이 장악되는 것"으로 재정의된다고 말한다. 이후 트럼프는 선거에서 패배하고 존슨은 다우닝가*에서 쫓겨나긴 했지만 권위주의적 포퓰리즘에서 민주주의로 포장된 그들의 권력은 과거만큼이나 지금 이 순간에도 전 세계를 현실적으로 위협하고 있다.[12] 이론가들은 포퓰리스트 정치인들이 "'그들'('타자')에게 제재를 가함으로써 '우리'(우리 패거리)를 방어할 필요"를 강조하는, "우리"와 "그들"로 양극화된 정치 공동체의 분열로 인해 이런 위협이 발생한다고 말한다.[13] 이때 권위주의적 포퓰리스트들은 공동체 내부에서 포퓰리즘이 보호해야 하는 제일 중요한 정치적 주체인 취약한 "국민"과, "이 국민을 억압하거나 착취하여 그들의 충만한 삶을 방해하는 것으로 여겨지는" 어떤 위협적인 "타자" 사이에 일차적인 적개심을 조장한다.[14]

고난에 처한 존재로서의 "국민"에 의지하는 포퓰리즘은 트라우마와 상해의 언어를 상징적 촉매로 동원하여 정치 공동체를 구성하려는 고통의 의사소통 정치가 역사적으로 특정하게 발현된 모습이다.[15] 1장에서 언급했다시피 모든 민주적 담론은

---

*   영국 총리 관저가 있는 곳으로, 영국 총리와 정부를 가리킨다.

고통의 정치에 공통의 기원을 갖지만, 포퓰리즘에는 차이가 있다. 포퓰리즘은 구원의 서사를 통해 시민의 고난을 덜어주겠다고 약속하고[16] 이 서사를 이용해 피해자로서의 국민이 그 적수를 향한 반감을 느끼게 하기보다 국민의 **원한** 관계에 위치시키고 그들을 향한 억울함과 격분을 응집한다. 이에 관해 필리프 카레이라 다 실바Filipe Carreira da Silva와 모니카 브리토 비에라Mónica Brito Vieira는 "고통, 불편, 고난, 깊은 노여움은 가라앉히고 치유할 필요가 있는 만큼이나 포퓰리즘의 동원에 이용될 힘을 가지고 있다. 따라서 사회구조 때문에 억울한 일을 당했다고 느끼는 사람이 많을수록 포퓰리즘적인 구원의 주장에 사람들이 귀를 기울일 가능성이 높아진다"고 설명한다.[17]

이와 같은 맥락에서 나디아 우르비나티Nadia Urbinati는 피해자성과 원한의 상관관계에 따른 역학을 중심으로 포퓰리즘을 정의했다. 그에 따르면 포퓰리즘은 "무고한 피해자를 상징하는 국민, 악당으로서의 정치 계급, 그리고 '구원의 영웅'으로서의 포퓰리즘 지도자라는 세 행위자와 그들의 관계를 중심으로 한 상징적인 삼각의 공간"으로 이루어진다.[18] 실제로 "잊힌", "무시당한," 또는 "미국인 대학살" 같은 표현으로 국민을 묘사한 트럼프의 감정적 트라우마의 언어든, 브렉시트 정치를 "통제력을 되찾고" 오랫동안 상실했던 영국의 자결권을 회복하려는 시도로 묘사하는 존슨의 사회적 상해의 언어든 통치에 대한 포퓰리즘

적 정당화 논리의 핵심에는 고통의 소통이 자리한다.[19]

내가 포퓰리즘과 피해자성의 관계에 주목하게 된 것은 포퓰리즘 지도자들이 코로나19 1차 유행기 동안 자신들이 자국민에게 유발한 막대한 고난을 소통하려는 시도에서 어떤 상징적인 전략들을 가지고 (의식적으로든 무의식적으로든) 고통의 언어를 전유했는가에 각별한 관심을 가졌기 때문이다.[20] 사람들을 보호한다는 약속과 사람들이 죽어가도록 방치하는 것 사이의 긴장을 포퓰리즘의 "보호의 역설"이라고 이론화한 로저스 브루베이커Rogers Brubaker는 "포퓰리즘은 어째서 팬데믹 기간 동안 반反보호주의로 돌아섰는가?"라는 질문을 던졌다. "'경제적, 인구학적, 문화적, 물리적으로 '국민들'을 위협으로부터 보호하겠다고 주장한다"는 의미에서 아무리 "우리가 포퓰리즘을 보호주의라고 생각"하려 해도, 결국 "코로나바이러스 앞에서 포퓰리즘은 반보호주의였다"는 것이 브루베이커의 설명이다. "봉쇄에 반대하면서 개방성"의 편을 들었고 "그들('국민들')이 과잉보호하는 보모국가nanny state라고 여길 만한" 정책에 도전장을 내밀었기 때문이다.[21] 이런 입장은 이 장의 도입부에 인용한 존슨의 말에서 전형적으로 나타난다. 존슨은 국민을 향해 엄중하게 경고하면서— "영국 국민들에게 솔직하게 털어놓아야 할 것 같다. 점점 많은 가족이 사랑하는 이들을 때 이르게 잃게 될 것이라고"— 국민들을 더 이상 피해자가 아니라 바이러스의 불가피한 사상자인

것처럼, 그리고 자신을 현실을 정면으로 응시하는 "실용주의적" 지도자인 것처럼 그렸다.[22]

브루베이커는 보호주의의 역설을 신자유주의로 설명하는데, 나는 잠정적으로 "왜"라는 질문을 유보하고 "어떻게"라는 질문부터 시작하려 한다. 포퓰리즘 담론은 팬데믹의 고난을 소통할 때 고통의 언어를 어떤 식으로 동원했는가? 이 담론은 포퓰리즘 정치에서 대단히 핵심적인 '구원하는 영웅/무고한 피해자' 이분법을 어떻게 재가공했을까? 팬데믹 시기의 고통의 정치는 21세기 감정자본주의 속 피해자성에 관해 무엇을 말해주는가? 포퓰리즘이란 고통과 그 고통으로부터의 구원과 관련된 다양한 서사들이 무제한적으로 체결될 가능성을 가진 과정이라는 수행적 이해를 바탕으로 한 이런 질문들의 최종 목적은, 트럼프와 존슨이 어떤 상징 전략들을 통해 특정한 감정적 귀착과 불만의 공동체를 불러내 자신의 정치적 의제에 복무하게 만들었는가를 밝히는 것이다.[23] 두 지도자는 차이는 있지만 자국민에 대한 잔인한 무심함과, 고통을 자신의 이익에 맞춰 무기화하려는 의지를 공유한다. 패트릭 코번Patrick Cockburn은 〈인디펜던트〉를 통해 이렇게 논평했다. "존슨의 정치적 접근은 늘 영국의 정치적 조건에 맞춰 한결 조용하고 은밀해진 트럼프주의였다. 두 사람 모두 자민족중심주의에서 비롯된 공포와 야심이 갖는 입증된 효과를 주무기로 휘두르는 정치가다. 트럼프는 전공이 분열이라면 존슨의 전공은 국가적 통합 요청과 국민건강보험을 지지해달라는 호소인데, 팬데믹 기간 동안 두 정상이 집권한 나라에서 엄청난 수의 사망자가 발생하고 있다."[24]

이 두 정상의 권위주의적 포퓰리즘은 고통을 소통하는 세 가지 전략—**정상상태화**(이 바이러스는 그냥 감기다), **군사작전화**(팬데믹은 전쟁이다), 그리고 **혼란초래**(하이드록시클로로퀸이 이 바이러스를 치료한다)—을 채택했고, 이 전략들이 힘을 모아 국민들의 고난을 무시하고 일부 특권층에게 피해자성을 귀착시키고자 했다. 이 과정에서 소수인종, 특히 유색인종 여성의 목숨과 대부분 소수자 집단에 속한 필수노동자들의 목숨은[25] 애도의 대상에서 제외되었고, 대신 봉쇄조치의 트라우마 또는 마스크 의무착용이라는 시민권을 제한하는 조치 때문에 고통받는다고 주장하는 소수가 피해자로 날조되었다. 이 "역전된 피해자성 reverse victimhood"은 공동체를 보호하기보다는 더 큰 위험에 노출시켰다(이에 대해서는 뒤에 나오는 "포퓰리즘 피해자성의 전략들"이라는 절을 보라).

이처럼 고통의 선택적 삭제와 (노골적이거나 암시적인) 역전된 피해자성에 대한 호소가 결탁한 것을 보면 오늘날의 감정자본주의에서 인간 생명의 사회적 위계를 재생산하는 핵심 기제는 권위주의적 포퓰리즘이다.[26] 1장에서 다룬 고통의 정치와 같은 선상에서, 생명의 위계질서를 영구화하려는 시도는 바이러스에 노출될 가능성이 가장 높은 계급·인종·젠더화된 집단이 경험하는 **사회구조적 고난**과, 대체로 봉쇄반대 활동가, 나중에는 백신반대 활동가들이 주장한 **전략적 고난**의 관계를 도치함으로써 이루어졌다. 후자에 속하는 극우 자유지상주의자far-right libertarian 소수주의minoritarianism* 세력은 정당성을 부여받았고 미국에서는 공적 담론에서 대놓고 응원을 받기도 했다.[27] 뒤에서 보겠지만 사망자 수가 가장 많은 쪽은 사회구조적으로 취약한 사람들이었음에도, 소셜미디어에서 목소리가 증폭된 쪽은 제재가 없는 삶을 요구하며 저항한, 전략적 취약성을 내세운 사람들이었다. 따라서 권위주의적 포퓰리즘에서 취약한 사람들을 삭제하는 행위는 앞에서 살펴본 피해자의 역사에서 확인한 '망각하기' 관행의 일환으로 볼 수 있다. 이 관행은 연민의 자원이지만 동시에 잔인함의 촉매이기도 한 플랫폼화된 고통의 양가성을 드러낸다(이에 대해서는 뒤에 이어지는 "연민의 억압: 고통과 잔인함" 절을 보라).

---

* 소수주의는 전체 인구 중 소수인 어느 집단이 정치적 의사 결정에서 우위를 차지하거나 과도한 영향력을 행사하는 정치 구조나 과정을 가리키는 신조어다. 가령 코로나19 1차 유행기에 영국과 미국에서 봉쇄조치에 찬성하는 인구가 많았고 봉쇄조치, 백신, 마스크 의무착용 등에 반대한 집단이 소수였음에도 이러한 방역조치가 제때 시행되지 않은 것이 그 예다.

포퓰리즘 피해자성의 전략들

　포퓰리즘 담론의 세 가지 소통 전략 중 첫 번째인 **정상상태화**는 팬데믹 위협의 심각성을 부정하고 대응 조치 실행을 연기하는 전략으로서 2020년 2~3월에 사용되었다. 두 번째인 **군사작전화**는 일상 유지에서 긴급 봉쇄조치로 분위기가 반전된 3월 중순에 돌발적으로 사용되어 주로 대규모 사망으로 인한 감정적 충격을 축소시키고 국민의 "적들"에 대한 분노를 조장하는 데 이용되었다. 세 번째인 **혼란초래**는 거짓이거나 오해의 소지가 있는 정보를 유통시켜 정부가 국민에게 피해를 입히고 있다는 사실을 숨기는 한편 전략적으로 피해자성을 호소하는 집단이 국가의 정치 공동체에서 가시성을 획득할 수 있는 여건을 제공했다.

정상상태화

　"이것은 감기다. 감기나 마찬가지다." 2020년 2월 26일 공식 정부 브리핑에서 트럼프 대통령은 이렇게 말했다. 이날 말고도 팬데믹 초기에 그는 이런 확신을 수차례 되뇌었다. "우리가 예방주사를 맞는 그런 일반적인 감기랑 비슷하다. 상당히 빠른 시일 내에 이 바이러스에 대해서도 기본적으로 예방주사를 맞게 될 것이다." 영국에서는 3월 5일까지도 이와 동일한 담론이 지배적이었다. 이날 존슨 총리는 "잊지 말자. 이 병에 걸리더라도 압도적 다수는, 심지어 고령 집단도 가볍거나 심각하지는 않은 증상을 겪을 것이다"라고 말하며 같은 인터뷰에서 자신이 방역조치 없이 사람들과 어떻게 접촉하며 지내는지 설명했다. "여러분이 상상하는 대로 난 병원을 돌아다니고 늘 악수를 한다. 사람들은 알아서 결정을 내린다. 손 씻기가 모든 종류의 인간(접촉)을 금지하는 것보다 중요하다."[28] 트럼프 역시 이와 다르지 않게 2020년 3월까지도 사람들과 악수를 하고 셀카를 찍는 모습이 종종 포착되었다.[29]

여기서 "정상상태화"란 날로 증대되는 바이러스의 위협을 무시하거나 축소함으로써 사람들의 일상이 문제 없이 지속되고 있다는 느낌을 주기 위해 "평소와 다름없는" 현실을 고집하는 전략을 말한다. 그 형태가 완곡어법("감기")이 되었든, 행동모델링(악수)이 되었든, 제도적인 분류(가령 영국 정부의 참모들은 2020년 3월 중순까지 코로나19 바이러스의 위험도를 처음에는 "낮음"으로, 나중에는 "중간"으로 유지했다)가 되었든, 이 전략은 감염자 수가 급등하는데도 미국과 영국 정부가 코로나19 대책에 거의 또는 완전히 손 놓고 있던 팬데믹 첫 6주 동안 평소와 다름없다는 안일한 감각의 토대를 마련했다.[30] 이탈리아에서 827명이 사망하고 다른 유럽 국가들(스페인과 프랑스)이 봉쇄조치에 들어가려던 2020년 3월 11일에도 트럼프는 여전히 코로나19를 "일반 감기"와 비교했고 영국 비상사태 과학자문그룹Scientific Advisory Group for Emergencies은 봉쇄조치의 가능성을 받아들이지 않았다.[31]

물론 이 두 나라는 몇 가지 차이가 있었다. 가령 영국은 존슨의 표현에 따르면 가장 취약한 사람들을 보호하면서도 "이 질병이 국민들에게 퍼지는 것을" 허용하는 "집단면역" 접근법을 보다 노골적으로 검토했다. 하지만 이 접근법은 전문가들로부터 "인간의 목숨이 재난 수준으로 유실되는 결과만 초래하고 사회가 정상 상태로 복구되는 속도를 반드시 높이는 것도 아니다"라는 비판을 광범위하게 샀다.[32] 미국과 영국에서 각각 12만 2,300명, 6만 5,700명의 초과사망자가 발생하면서 두 나라 모두 결국에는 코로나19 관련 초과사망자, 즉 위기가 아닌 평상시의 예상치를 웃도는 사망자 수에서 국제 측정치의 정상에 올랐다.[33] 어떤 추정에 따르면 초기에 봉쇄조치를 단행했더라면 두 나라 각각에서 3만 6,000명, 2만 명의 목숨을 살릴 수 있었다고 한다.[34] 따라서 전 세계가 중국 우한과 이탈리아 베르가모에서 코로나19로 인한 참상을 목격하던 바로 그 순간에 현실 부정 전략으로 채택된 정상상태화는 사람들을 안심시켜 무방비한 상태로 바이러스와 맞닥뜨리게 만들었고, 그 결과 대대적인 감염과 사망자가 발생했다. 영국 의회의 보건과학위원회Health and Science Parliamentary Committee는 이를 두고 "셀프 감염", "영국이 팬데믹 첫 몇 주 동안 뒤집어쓴 무지의 베일"이라고 일컬었다.[35]

정상상태화의 주요 결과 중 하나는 비극적인 죽음을 줄일 수도 있었던 어떤 구원의 서사도 설 자리가 없게 만들어버렸다는 점이다. 정상상태화의 접근법에 따르면 세상이 "정상"인 상태로 유지되는 한, 사람들에게 방역조치를 취하고 목숨을 지키도록 독려하는 일체의 시도는, 존슨의 표현을 가져오면 "불필요"하거나 "공포를 유발"할 뿐이기 때문이다. 정상상태화의 관점에서는 바이러스가 아니라 오히려 방역조치가 "위협"으로 간주된다. 오스틴 허브너Austin Hubner는 미국 미디어에 나타난 엘리트 담론을 연구하면서 이런 담론이 "코로나19는 건강에 대한 심각한 위협이라기**보다는** 생활양식에 대한 위협이라는 입장"을 일관되게 고수했다고 밝혔다.36 브리기테 네얼리히Brigitte Nerlich와 루시 자스팔Rusi Jaspal은 이와 비슷한 맥락에서 팬데믹 초기 영국 정부의 코로나19와 관련된 소통이 "사회적 거리두기를 일상이 지속되고 있다는 사람들의 감각을 위협하는 것으로 그렸다"고 말한다.37

여러 경고에도 불구하고 사회 활동이 흔들림 없이 이어지기를 바란 트럼프와 존슨은 정상상태화 전략을 신자유주의적 통치 담론 안에 위치시킨다. 이 담론은 개인과 시장의 자유를 국가의 통제 대상이 아니라 자기규율에 맡겨야 할 문제로 인식하기 때문이다.38 코로나19에 대한 "공포"가 몰고 올 "시장 격리"를 막는 데 골몰한 존슨이나 "어떤 것도 봉쇄하지 않는다. 일상과 경제는 이어질 것"이라고 고집한 트럼프에게서 확연하게 드러나는 이 논리는 공중보건 조치를 지연시켰을 뿐만 아니라, 뒤에서 살펴보겠지만 이제까지와는 다른 고통의 주장들로 귀결된 피해자성의 어휘를 양산했다. 가령 트럼프는 이렇게 말했다. "사람들은 엄청난 불안과 우울함에 짓눌릴 것이고, 그러면 자살이 일어난다… 그러니까 내 말은, 틀림없이 지금 우리가 바이러스와 관련해서 이야기하고 있는 수치보다 훨씬 많은 자살이 일어난다는 것이다."[39] 봉쇄조치로 자살이 증가할 것이라는 트럼프의 (잘못된) 주장에서 나타나듯 봉쇄조치는 사람들의 생계를 위태롭게 하는 권리 침해, 즉 상해 또는 트라우마로 여겨졌다.

    봉쇄조치가 유발할 수 있는 트라우마와 상해를 둘러싼 우려는 당연히 다른 자유민주주의 정부에서도 불가피하게 존재했고, 충분히 타당하다. 특히 안전하지 않은 환경에서 실업이 지속되거나 고립이 장기화되면 여성과 소수인종 같은 가장 취약한 집단은 빈곤의 심화, 정신건강의 악화, 가정폭력 같은 위중한 폭력을 겪을 수 있다.[40] 다른 많은 정부가 이런 조치의 여파를 완화하기 위해 추가 방안을 도입하는 동안, 생명을 지켜야 할 집단적 책무보다 자유롭게 이동하고 소비하는 개인의 선택을 중시하는 자유지상주의적인 자유 담론을 앞세워 트라우마와 상해를 무기로 삼은 극우 세력의 행보에는 분명하게 포퓰리즘적인 특징이 있다. 두 지도자의 구체적인 이해관계―존슨의 경우 브렉시트 경제의 부흥, 트럼프의 경우 재선—에서 동력을 얻은 자유지상주의 담론은 영국을 유럽에서 봉쇄조치를 끝에서 두 번째로 시행한 나라로, 미국을 봉쇄조치를 주별로 불균등하게 시행하는 누더기 같은 나라로 만들었다.[41]

요컨대 정상상태화는 양국에서 평시와 다름없고 안전하다는 잘못된 인식을 장기화함으로써 수천 명의 목숨을 앗아간 현실 부정 전략이었다. 개인의 선택으로서의 자유라는 자유지상주의 논리 아래 코로나19의 위협을 부정한 이 전략은 방역조치를 단행해야 한다는 요청이 오히려 일상을 위협한다고 몰아세웠고, 구원의 서사를 가로막아 사람들이 바이러스의 위험에 적절하게 대비하지 못하게 만들었다.

군사작전화

"우리는 전시 정부처럼 움직여 경제를 보호하기 위해서라면 수단과 방법을 가리지 않아야 한다. 그렇다. 이 적은 치명적일 수 있다. 하지만 물리칠 수도 있다. 그리고 우리는 이 적을 물리칠 방법을 알고 있다… 이후 몇 달이 얼마나 험난하든 우리는 이 싸움에서 승리할 해법과 자원을 가지고 있다."[42] 2020년 3월 17일 보리스 존슨의 발언은 바이러스를 상대로 전쟁을 선포함으로써 정상상태화 전략이 끝났음을 알렸다. 당시 20명의 다른 국가 정상들과 비교했을 때 팬데믹과 관련한 발언에서 군사적 표현을 세 번째로 많이 쓴 존슨과 마찬가지로, 트럼프 역시 군사적 언어를 반복해서 차용했다.[43] 가령 3월 18일 코로나19에 관한 기자회견에서 그는 이렇게 말했다. "이건 전쟁이다. 난 어떤 의미에서 내가 전시 대통령이라고 본다…. 그건 눈에 보이지 않는 적이다. 그런 적이야말로 늘 가장 힘든 적이다. 하지만 우리는 이 보이지 않는 적을 물리칠 것이다… 완전한 승리를 거머쥘 것이다."[44]

"군사작전화"는 팬데믹을 전쟁에 비유하는 화법을 말한다. 바이러스 감염이라는 눈에 보이지 않는 위협을 적과 대결하는 구체적인 전장으로 이동시키고, 이 과정에서 "바이러스와 적 사이, 보건 전문가와 군대 사이, 아프거나 사망한 사람과 사상자 사이, 바이러스 제거와 승리 사이에… 구조적인 상관관계"의 집합을 만들어낸다.[45] 이 비유는 많은 나라에서 흔하게 사용되었지만,[46] 권위주의적 포퓰리즘은 다른 정치적 접근법과 달리 이 군사작전화를 이용해 코로나19 감염 위험을 전투 현장처럼 그리는 데 그치지 않았다. 권위주의적 포퓰리즘은 이를 통해 호전적인 남성주의적 강경함이라는 모범에 따라 팬데믹에 대한 사람들의 감정을 주무르는 고유한 효과까지 얻었다. 이를 위해 군사작전화 담론에서는 사람들의 고난을 ─슬픔을 표현하는 것을 억압함으로써─ **탈감정화**de-emotionalizing했고 이로써 공적 소통에서 위안과 구원의 서사들이 설 자리를 빼앗았다. 한편으로는 "우리" 혹은 자국과 "그들" 혹은 타국, 이민자, 소수인종 사이에, 특히 미국에서는 "우리"와 대중을 억압하는 공중보건 전문가 및 조치들 사이에 새로운 적대감을 조장하여 팬데믹의 경험을 **재감정화**re-emotionalizing했다.

존슨과 트럼프의 소통에서 공감의 언어가 부재했던 것은 팬데믹 고통의 탈감정화에 기여한 (유일한 요인은 아니라 해도) 핵심 요인이다.[47] "영국 국민들에게 솔직히 털어놓아야 할 것 같다. 점점 많은 가족이 사랑하는 이들을 때 이르게 잃게 될 것이라고"라는 존슨의 냉소적인 경고를 다시 살펴보면, 이제 우리는 이 발언이 코로나19로 인한 사망을 예방할 수 있고 불필요한 수천 명의 죽음이라는 비극으로 여기고 슬퍼하기보다는 바이러스와의 전쟁에서 발생한 불가피한 희생 혹은 자연법칙처럼 당연시함으로써 팬데믹의 군사작전화에 기여하고 있음을 알아차릴 수 있다. 더 넓은 맥락에서 이루어진 영국의 전쟁 경험에 대한 언급(가령 팬데믹을 "이번 세대가 치르는, 우리 선조들의 제2차 세계대전과 유사한 테스트"[48]라 말하고 런던대공습에 비유한 영국 보건부장관처럼)으로 가득 채워진 이 팬데믹의 군사작전화는 "영국 대중이" 나머지 세상을 향해 "그 유명한 불굴의 정신을 보여준" "정의의 전쟁"을 연상시키는 "회복력, 금욕주의, 동료애" 정신을 중심으로 국가공동체를 단결시키고자 했다.[49] 이와 유사하게 미국

에서는 진주만을 언급하는 군사적 비유가 등장했다.50

이런 언사들은 2장에서 검토한 전시의 기사도 정신, 즉 "진정한" 남자다움의 특징인 시련을 인내하는 강인한 군인 정신을 시사한다. 이 군사주의적 언어는 고통의 언어와 공감이라는 시민적 덕목과 팽팽한 줄다리기를 하면서 양국 팬데믹 경험에서 특징적으로 나타난 광범위한 슬픔을 축소하기 위해 두 백인 정상에 의해 사용되었다. 가령 트럼프는 아무런 방역조치도 마련하지 않았던 자신의 집회에 온 사람들 가운데 사망자가 늘어나자 이렇게 대응했다. "그 사람들이 죽어간다. 맞다. 하지만 여러분, 상황이 이렇다고 해서 우리가 할 수 있는 모든 걸 하지 않고 있다는 의미는 아니다."51 존슨 총리는 코로나19 1차 유행기에 사망자의 유족들에게 조의를 표하라는 요청을 받자 유족의 슬픔은 별로 언급하지도 않고 야당 총수의 "캘빈 클라인 속옷"을 농담 삼아 언급하며 그를 공격했다. 이 부적절한 태도를 놓고 사방에서 비난이 쏟아졌다. 당시 노동당은 "인정 넘치는 보수주의 정당이 할 법한 대응이 아니다"라고 항의했다.52

이런 마초성은 언어로만 수행되지 않았다. 이는 마스크 착용을 거부하거나 사회적 거리두기를 거부하는(트럼프와 존슨이 인파 속에서 악수를 하고 셀카를 찍었다는 사실을 기억하라) 등 공중보건 조치를 위반하는 공개적 반항의 몸짓으로도 표출된다. 제이슨 하신Jayson Harsin은 이 마초성을 "믿음직함의 공격적이고 남성적인 수행"이라고 표현하기도 한다. 크리스티나 코테루치Christina Cauterucci는 이 마초성은 공감을 "개인의 취약함을 인정"하는 행위로 간주하여 어떻게든 피하려 한다고 말한다.[53] 존슨의 전기 작가인 소니아 퍼넬Sonia Purnell은 2020년 4월 존슨이 코로나19로 입원했던 일화에서 이 유독한 남성성을 조명했다. "그는 질병에 아주 기이한 태도를 취한다. 그는 아픈 사람은 누구든 견디지 못했다. 지금까지 그는 아주 튼튼한 체질이었다… 이번 일은 그에게 엄청난 충격이 될 것이다. 그는 병은 약자들이나 걸리는 것이라는 세계관의 소유자다."[54] 존슨 정부는 코로나19가 요양 시설과 호스피스에 파괴적인 영향을 미치는 상황을 방치했고, 그 결과 2020년 3~6월 잉글랜드와 웨일즈의 초과사망자 중 44퍼센트가 요양 시설과 호스피스에서 발생했다. 여기에는 그의 마초적 태도가 부분적으로라도 일조했을 것이다.[55] 트럼프 역시 이와 같은 정서를 담아 "젊은 사람"의 회복 능력을 칭송하고 노인은 폐기해도 되는 존재로 "타자화"함으로써 생명의 위계질서를 시사하는 제스처를 보였다. "그건 노인들한테 악영향을 미친다. 심장 문제 같은 여러 문제가 있는 노인들한테… 그렇다. 알다시피 어떤 주에서는 수천 명이 걸렸는데, 젊은 사람은 한 명도 없다. 그러니까 18세 이하는 아무도 없다는 말이다…. 그러니 젊은 사람들에게 경의를 표하자. 젊은이들은 면역력이 끝내 준다. 하지만 그건 아무한테도 악영향을 미치지 않는다."[56] 존슨은 초기에 바이러스의 피해자가 되어 트럼프보다는 조심스러운 모양새였다는 점에서 두 정상 간에 차이는 존재하지만[57] 그럼에도 두 사람은 공히 과잉남성화된 담론에 의지해 흔들림없는 회복력에 특권을 부여함으로써 슬픔의 소리를 억누르고 국민의 "적들"을 향한 분노의 소리를 키웠다.

그다음에는 비난의 화살을 돌려 새로운 위협을 만들어내는 과정에서 재감정화가 활약했다. 가령 트럼프는 코로나19를 "중국 바이러스"로 일컬어 동아시아인들을 향한 분노에 기름을 끼얹었고, 그 결과 미국 전역에서 동아시아인을 대상으로 한 인종주의자들의 공격이 현저히 증가했다. 흑인목숨도소중하다 운동을 깎아내리고 이를 향한 백인우월주의자들의 격분에 부채질하려는 노력의 일환으로 코로나19 확진자가 증가한 것이 흑인목숨도소중하다 시위 탓이라고 비난하기도 했다.[58] 영국에서는 존슨이 노인을 보호하지 못한 정부의 실책을 보건노동자들의 탓으로 덮기 위해 요양 시설의 충격적인 사망자 수(유럽에서 최고치였다)를 놓고 요양 시설 직원들에게 공격을 퍼부었다. 동시에 많은 보건 노동자가 요양 시설에서 일하다가 목숨을 잃고 있음에도 존슨은 영국 국민들에게 이 "영웅들"을 찬미하라고 주문했다.[59]

실제로 영웅 만들기는 영국의 "우리 돌봄노동자들에게 박수를" 캠페인에서처럼 의료 인력을 향한 치하성 발언을 통해 이루어졌다. 이런 캠페인은 "우리" 돌봄노동자들의 용맹한 노고를 중심으로 국가적 통합의 감각을 고취했다.⁶⁰ 자국의 의사와 간호사를 전시 최전방에서 희생하는 군인처럼 이상화하는 이 캠페인은 개별 노동자가 고용된 제도적 환경이 이들을 보호하지 못하는 현실에서 노동자 개인에 대한 비현실적인 기대를 조장한다며 비난을 사기도 했다.⁶¹ 영국이 봉쇄에 들어간 첫 달에 국민건강보험 소속 직원이 119명이나 사망한 것은 모두 병원과 요양 시설에 코로나19 보호 장비가 부족한 탓이었다. 장기간 이어진 국민건강보험 긴축뿐만 아니라 팬데믹 기간 동안 정부가 직무를 유기하고 사적인 이윤에만 동력을 제공한 결과인 것이다.⁶²

이렇듯 "우리"의 적을 비방하는 작전과 "우리"의 영웅 만들기가 손을 맞잡아 바이러스를 무찌르는 국가적 승리를 중심으로 한 구원의 서사를 완성했다. 여기서 다시 "우리는 이 싸움에서 승리할 해법과 자원을 가지고 있다"는 존슨의 말과 "우리는 이 눈에 보이지 않는 적을 물리칠 것이다… 완전한 승리를 거머쥘 것이다"라는 트럼프의 말을 되돌아보자. 이를 고려하면 군사 작전화는 무쇠 같은 시민들로 이루어진 동질적이고 통합된 공동체라는 "국가" 이미지를 구축한다는 목적하에 용맹한 동포를 향한 고마움과 위험한 "적들"을 향한 원한을 유도한 것이다.⁶³

하지만 통합의 감각을 구축하는 과정에서 양국을 인종, 젠더, 계급에 따라 분열시키는 뿌리 깊은 구조적 불평등은 철저하게 감춰졌고, 이는 (대체로 백인인) 중간계급 공동체의 손실에 비해 가장 취약한 공동체의 손실이 터무니없이 커지는 결과로 이어졌다.[64] 가령 2020년 3월부터 7월까지 영국에서 빈곤율이 가장 높은 지역의 사망률은 빈곤율이 가장 낮은 지역의 2배였고, 초과사망율이 가장 높은 곳은 잉글랜드 북서부와 북동부의 빈곤한 지역이었다. 같은 시기에 유색인종의 사망률은 "백인의 사망률보다 최대 3배까지 높았고" 최전방의 저임금 직업군에 속한 사람들의 사망률은 중간계급의 2배였다.[65] 이런 상황은 미국도 마찬가지여서, 존스홉킨스대학교의 한 연구 보고서에 따르면 "지금까지 미국에서 흑인이 주로 거주하는 카운티 131곳의 감염률은 10만 명당 137.5명이고 사망률은 10만 명당 6.3명이다… 이 감염률은 백인이 주로 거주하는 카운티보다 3배 이상 높은 수치다." 게다가 메사추세츠공과대학교의 한 보고서는 "흑인 여성 집단은 백인 남성보다 코로나19로 사망할 확률이 4배 더 높다"고 밝혔다.[66] 모든 사회집단 중에서 사망률이 가장 높은 집단은 흑인 남성이었지만, 취약계층 중에서 가장 취약한 집단은 사실 흑인 여성이었다. 2021년 1월 데니스 오비나Denise Obinna가 지적했듯 흑인 여성은 "'필수' 또는 최전방 노동자 가운데 그 비중이 눈에 띄게 높고" 이 때문에 감염 위험도 높은 동시에 "대부분 고용 안정성이 없고" "코로나19 증상이 눈에 띌 정도여도 의료진이 이들의 증상을 최소화하거나 묵살할 위험에도 노출되어 있었다."[67]

정상상태라는 팬데믹 초기의 잘못된 감각을 신속하게 대체하기 위해 2020년 3월 중순부터 사용된 군사작전화 전략은 호전적인 비일상성의 감각을 동원해 두 가지 작업을 펼쳤다. 이 전략은 영국과 미국에서 발생한 대량의 사망자를 탈감정화하여 슬픔을 축소하고 사람들의 상실감을 경시했다. 동시에 일군의 영웅과 악당을 앞세워 국가적 승리라는 구원의 서사를 펼치며 팬데믹의 고난을 재감정화하고 이를 통해 정부의 실책과 국가공동체 내부의 구조적 불평등을 감추었다.

혼란초래

"우리 나라는 예나 지금이나 지극히 대비가 잘되어 있다." 존슨은 이탈리아의 코로나19 사망자가 79명에 도달한 2020년 3월 국민들을 이렇게 안심시켰다. "우리에게는 이미 끝내주는 국민건강보험과, 끝내주는 검사 시스템과, 질병의 확산을 감시하는 끝내주는 체계가 있다."[68] 하지만 국민건강보험은 이미 인프라와 인적 자원이 고갈된 상태였고 팬데믹 초기에 영국 정부는 "눈물 날 정도로 많은 양의 돈"을 민간 파트너들에게 재빨리 쏟아부었으며 공중보건 시스템은 환자를 돌보느라 악전고투하도록 내버려두었다.[69] 동시에 나머지 유럽 국가들이 몇 달 후를 대비하는 동안 영국 정부는 거의 손을 놓고 있었다. 〈로이터〉의

한 코로나19 관련 보고서에 따르면 "2월 13일부터 3월 30일 사이 영국은 —여전히 영국이 참가 자격이 있는— 유럽연합 국가 정상 또는 보건부장관들을 소집하는 코로나바이러스 관련 정상회담 요청에 응하지 않거나 회담에 불참한 사례가 총 8건이었다." 이 때문에 유럽연합의 산소호흡기 구매 계획에 참여하라는 요청을 받고도 기회를 놓쳤다.[70] 비슷한 시기 트럼프는 미국은 워낙 만반의 준비가 되어 있고 바이러스는 일시적이어서 "사라질" 것이므로 대비할 필요도 없다는 말을 반복했다. 그는 3월 6일에 이렇게 말했다. "우린 준비돼 있고, 그걸 잘 처리할 것이다. 그건 사라질 것이다. 그냥 침착하게 있으면 된다. 사라질 거니까." 일일 확진자가 0명에서 4만 명으로 치솟은 2020년 2~6월에도 같은 말을 17번 반복했고 "미국의 사망자는 2020년 3~7월에 20퍼센트까지 늘어났다."[71]

이는 혼란초래 전략의 숱한 사례 가운데 단 두 건에 불과하다. 이 전략은 사실을 은폐하고 사람들이 팬데믹에 어떻게 대처하고 있는지 제대로 이해하지 못하도록 거짓이거나 혼란을 초래하는 정보를 유포하는 행위로 이루어진다. 세계보건기구에서 말하는 "인포데믹"[72]의 일환인 팬데믹 혼란초래 전략으로는 거짓된 호언장담뿐만 아니라 과학과 과학자 조종하기, 바이러스의 기원에 관한 음모론, 허위 치료법 부추기기 등이 있다. 그중 허위 치료법 부추기기의 사례로는 트럼프가 말라리아 치료제인

하이드록시클로로퀸을, 나중에는 말에게 먹이는 구충제인 이버멕틴을 코로나19 "치료약"으로 쓰면 된다고 권장한 일을 들 수 있다. 이 두 사례 모두 대통령의 권위를 무기 삼아 미국 질병통제예방센터와 소속 과학자들의 권위를 약화시키는 작업의 일환이었다.[73] 영국에서 존슨은 자국의 검사 추적 시스템이 "세계 최고"라며 큰소리쳤지만 〈네이처〉의 지적처럼 그는 "아무런 설명도 하지 않고 (그것을) 폐기"한 다음 "(2020년) 4월에 허겁지겁 검사 역량을 확대했고 수차례… 목표치에 도달하지 못해 다른 나라에 비해 몇 주씩 뒤처졌다."[74] 또한 존슨은 기록적인 고령자 사망을 유발한 정부의 실책을 덮기 위해 자신이 요양 시설을 조기에 봉쇄하라고 명령했다는 거짓된 주장을 펼치기도 했다.[75]

이런 맥락에서 혼란초래 전략은 단순히 정부의 실책이라는 진실을 은폐하기 위해서만이 아니라 진실과 거짓의 경계를 흐리고 진실의 자리를 선언적인 서사에 대한 감정적 몰입으로 대체하기 위해 거짓, 반쪽짜리 진실, 조작된 사실을 의도적으로 활용한 것이다.[76] 이처럼 혼란초래 전략이 가짜 이야기가 갖는 감정적 호소력에 중점을 두는 것은 "감정-진실emo-truths"을 확산하는 이 전략의 이데올로기적 기능에 주목하게 만든다. 감정-진실은 사실이 아니지만 그럼에도 비슷한 성향의 사람들에게는 진실인 것처럼 "느껴지고", 이로써 기존의 이데올로기적 믿음을 중심으로 사람들을 결집시킬 힘을 가진 개인의 관점들을 말한다.[77]

소셜미디어 플랫폼, 그중에서도 특히 트위터는 트럼프식의 감정-진실을 재생산하고 분노로 가득한 그의 정동 공동체를 구성하는 데 핵심 역할을 했다. 동시에 이런 플랫폼들은 그 "진실"을 이용해 막대한 이익을 챙겼다.[78] 허위 정보는 플랫폼의 사실확인fact-checking 기술을 우회한 사용자들과 봇bot*에 의해 그칠 줄 모르고 확산하긴 했지만[79] 무엇보다 이런 허위 정보를 증폭하는 데 결정타로 작용한 것은 대중매체를 이용한 트럼프의 담론 활동이었다. 실제로 전 세계 3,800만 건의 기사를 대상으로 한 연구가 보여주듯 "코로나19 허위 정보라는 맥락에서 트럼프 대통령의 멘션들은 지금까지 인포데믹의 단일 요소 가운데 그 규모가 가장 크다." 전체 허위 정보 소통의 무려 37.9퍼센트를 차지했던 것이다.[80] "현대사에서 가장 음모론 성향이 강한 대통령"[81]인 트럼프는 트위터를 통해 지지자들의 허구적인 믿음을 강화했을 뿐만 아니라 자신이 수장인 백악관의 자택 체류 권고를 대중들이 온전히 받아들기 어렵게 만들고자 했다. 트럼프는 2020년 4월 7,700만 명의 팔로워들에게 **"미시건을 해방시켜라," "미네소타를 해방시켜라," "버지니아를 해방시켜라"**라는 트윗을 날림으로써 전문가들이 고지한 공중보건 권고 사항을 겨냥한 반

---

*   자동화된 작업을 반복적으로 수행하는 컴퓨터 프로그램, 스크립터 등을 뜻하는 말. 여기서는 허위 정보를 반복적으로 실어나르는 작업을 하는 종류의 '봇'을 가리킨다.

발을 선동했고, 연방의 야당 지도자들을 향한 반란을 선동할 때는 자신의 극우 성향 지지자들—대다수가 "백인, 시스젠더, 이성애자, 개신교, 토박이 미국 시민"인—에게 1차 유행기의 봉쇄를 무너뜨리라고 부추겼다.[82] 트럼프의 팔로워들은 "소수minority"였음에도 "마스크 착용 반대 해시태그가 포함된 이들의 트윗은" 봉쇄찬성pro-lockdown 해시태그가 붙은 트윗에 비해 "유독한 언어를 사용할 가능성이 상당히 높았고", 일반적으로 "언어적 공격 전략"을 더 많이 사용했다. 그리하여 코로나19 방역조치를 향한 저항이라는 극우 세력의 대항 서사는 "나의 몸은 나의 선택my body, my choice"이라는 도용한 구호*를 타고 일파만파 증폭되었다.[83] 이처럼 권위주의적 포퓰리즘의 구원의 서사에서 권리가 자유지상주의 관점의 자유로 재구성된 것은 잭 브라티치Jack Bratich에 따르면 "특정 유형에 속하는 사람들(남성주의적인 백인 기독교도)의 기치 아래" 누구도 살아남지 못하도록 생명을 짓밟는 "네크로포퓰리즘necropopulism"의 "미시파시즘적" 실천이다.[84]

    존슨은 정상상태화 전략을 활용하던 초기 몇 주를 제외하

---

*   '나의 몸은 나의 선택'이라는 구호는 여성의 임신중단권(곧 여성의 '선택choice')을 옹호하는 '프로초이스pro-choice' 운동의 구호로, 극우 세력이 이를 악의적으로 차용한 것이다. 최근에는 이 구호가 여성의 선택에 지나치게 집중하고 임신중단에 접근할 수 없게 만드는 인종주의, 빈부격차, 제한된 시민권 등의 구조적 차별을 드러내지 못한다는 비판이 제기되어 '내 몸은 나의 권리My Body My Rights', '내 몸에 대한 규제를 철폐하라Bans Off Our Bodies', '임신중단 접근권을 보장하라Protect Abortion Access' 등의 구호가 사용되고 있다.

면 이런 플랫폼화된 네크로포퓰리즘을 통한 혼돈초래를 삼갔다. 일부 "반항적인" 보수당 의원들이 극우 정치인 나이절 패라지$^{Nigel\ Farage}$—존슨은 2019년 선거에서 승리할 때 그의 "브렉시트를 완수하자" 메시지를 이용했다—에게 가세해 전국에서 벌어진 봉쇄반대 시위에 참석하긴 했지만 말이다.[85] 대신 존슨은 공중보건 조치를 마지못해 도입할 때 그것을 "자유롭게 태어난 영국인들이 펍에 갈, 유서 깊은 양도할 수 없는 권리$^{inalienable\ right}$"를 제한하는, 불가피하지만 사악한 제약으로 묘사함으로써 트럼프와 유사한 자유지상주의 담론을 은연중에 승인했다.[86] 잉글랜드에서 펍과 식당들이 다시 문을 연 2020년 7월 4일을 "자유의 날"이라고 표현한 것도 이를 보여주며, 2020년 9월에 제한조치를 다시 도입하면서 곁들인 똑같이 사과조인 메시지에서는 훨씬 분명하게 드러난다. 존슨은 "영국인들에게 불가피한 방식으로 가이드라인을 준수하라고 획일적으로 요구하는 것은 아주 난감한 일"이며, 이는 "자유로운 발언에서부터 민주주의에 이르기까지 사실상 모든 진전이 이 나라에서 비롯되었음"을 감안했을 때 그에게 "이런 식으로 강요하거나 누군가의 자유를 침해하는 것이 마음 깊이 꺼림칙하기" 때문이라고 말했다.[87] 존슨은 "꺼림칙하다"라는 표현을 통해 자신의 동포들 사이에는 개인의 자유를 존중하는 자유지상주의적 본능이 깊이 뿌리내려 있어서 아무리 일시적일지라도 외식할 자유를 제한하는 조치가

"아주 난감"하게 느껴진다고 암시했다. 그의 담론에는 공중보건 조치를 확고하게 단행하여 국민의 목숨을 구하는 데 정부가 도의적으로 전념해야 함을 소상히 알리고, 국민의 권리 제한으로 말미암은 여파에 관한 시민들의 정당한 우려를 불식시키는 동시에 코로나19 방역조치를 굳건히 지키려는 태도가 시종일관 부재했다.[88]

결론적으로 양국 정상은 서로 상당한 차이가 있지만 강인한 남성성이라는 유독한 담론에 발판을 둔, 동일한 소통 전략을 동원했다. 이들의 소통 전략은 초기에는 감염의 심각성을 부정하는 동시에 감염과 관련된 정보에 꾸준히 혼란을 초래했다. 그 다음에는 국민들의 고난을 과소평가하고 사회집단 사이에 존재하는 유병률과 사망률의 심각한 불평등을 무시했으며, 일부 집단이 겪는 고난을 스스로 자초한 일이라며 비방했다. 마지막에는 자유지상주의 담론을 끌어와 마스크반대 집단과 백신반대 집단의 고충을 정당화했다. 자유지상주의 담론은 소수의 극우세력이 역전된 피해자성이라는 네크로포퓰리즘 활동을 펼칠 수 있게 했고, 미국에서는 이를 적극적으로 추동하여 삶을 위협하는 팬데믹의 막대한 위험에 쏟아야 할 관심을 흩트리고 이미 위험에 처한 사람들을 훨씬 심각한 위험으로 몰아넣었다.

연민의 억압: 고통과 잔인함

이 장에서는 1장에서 개진한 피해자성 개념에 관한 역사적 고찰과 2장에서 개진한 근대성의 역사적 인물상으로서의 피해자에 관한 고찰에서 얻은 통찰을 바탕으로, 최근 팬데믹 시기 영미권에서 등장한 포퓰리즘적 소통을 21세기의 고통의 정치를 파악할 수 있는 전형적인 사례로 분석했다. 권위주의적 포퓰리즘이 피해자성을 헤게모니 투쟁을 벌일 핵심 영역으로 여기는 한, 포퓰리즘은 자유주의적 근대성이 역사특수적으로 변형된 형태이고 권위주의적 포퓰리즘은 근대성의 고통의 의사소통 정치에 참여하고 이를 이용하는 것이다.

"국민"을 고난에서 구원해주겠다는 자유민주주의의 약속과 그 정치의 언어적 기표로 기능하는 감정자본주의에서 탄생한 권위주의적 포퓰리즘은 자신들에게 불리한 국민의 고난을 무기화함으로써 자유주의를 침해하고 가장 취약한 집단에게 더 많은 고통을 가한다. 그래서 나는 피해자로서의 국민과 그 "적들" 사이의 반감을 출발점으로 삼는 연구에서 영감을 얻어서, 코로나19 1차 유행기에 포퓰리즘이 어떤 상징 전략들을 통해 고통과 구원을 결합시켜 고유한 피해자성의 어휘를 창조해냈는가를 분석했다.

정상상태화의 렌즈 아래, 팬데믹의 고난은 그 존재 가능성을 부정당했고 고통의 언어는 불필요해졌다. 외려 바이러스가 아니라 방역조치들이 고통의 한 형태이자 정상적인 삶에 대한 위협으로 간주되었다. 군사작전화에서는 팬데믹의 고통이 적으로서의 바이러스라는 형태로 공중보건을 위협한다는 제 위상을 회복했다. 하지만 이 전략에서 구원의 서사는 고통의 언어를 억압하고 바이러스에 가장 취약한 사람들—소수인종, 이민자, 최전방 노동자—과 임상적으로 위험한 사람들을 무시할 뿐 아니라 비방하기까지 하는 편협한 국가주의적 서사가 되었다. 마지막으로 혼돈초래 전략은 팬데믹 시기의 제한조치들을 자유의 회복을 통해 구원받을 수 있는 고통의 한 형태로 파악했다. 이렇게 권리의 언어를 전유함으로써 제한조치에 반대하는 사람들을 팬데믹의 진정한 피해자로 그렸다.

    이 세 전략은 전체적으로 일종의 집단 가스라이팅처럼 작용하여 국가 공동체에 혼선을 초래하고 피해자들 사이에서 고통의 경험을 왜곡하여 포퓰리스트 자신의 정치 권력을 강화하려는 혼신의 노력이었다고 평가할 수 있다.[89] 포퓰리스트의 가스라이팅은 양국에서 기록적인 수의 초과사망자를 앞에 둔 사람들의 슬픔을 무시하는 것으로도 모자라 누구의 목숨이 진짜로 중요하고 누구의 목숨은 그렇지 않은지 정의하는 방식을 드러냈다. 현실부정, 감정을 배제한 언어, 사기 등 여러 전략은 모두에게 해롭긴 하지만, 백인 극우 세력이 자기가 고난을 겪고 있다고 가장 크게 아우성치는 와중에 어떤 발언권도 갖지 못하고 부당하게 더 많은 대가를 치르는 쪽은 인종화되고 젠더화된 빈곤한 공동체임을 되새길 필요가 있다.[90]

포퓰리스트의 가스라이팅이 이런 역전된 피해자성의 행위들을 합리화하고 증폭하는 한, 이는 사회적 망각보다 심각한 기제다. 그것은 남성성을 약화하는 억압이라며 봉쇄조치와 마스크 의무착용에 저항하고 자신들만의 "백인 중심의 무제한적 욕구"를 위해 고통의 언어를 무기화한 소수주의[91] 백인 우월주의자들이 목소리를 높이고 그들의 공동체를 구성하는 기제이다.[92] 역전된 피해자성은 '누가 공적 공간을 소유하는가, 누가 타인을 지배하는가'를 둘러싼 자격의 문제를 추동력으로 삼아 "백인이라는 이유로 불공정한 대우를 받고 박해를 당하며 더 많은 고난을 겪는다는 추론"을 재생산했고, 사회적·임상적으로 취약한 신체를 향한 뿌리 깊은 경멸을 드러냈다.[93]

소수주의 공동체들은 트위터와 페이스북에서 빈번한 바이럴리티의 파도를 탈 만한 정서를 유발하는 태그와 해시태그를 이용함으로써 온라인에서 압도적인 가시성을 누렸다.[94] 이들의 온라인 바이럴리티는 팬데믹 기간 동안 특히 미국에서 백인의 불만을 증폭하는 데 한몫했다.[95] 큰 이익을 얻기 위해 적대적인 언어와 격분에 높은 우선순위를 매기도록 설계된 플랫폼의 알고리즘과 추천 시스템은 이들 집단의 선동적인 극우적 언동을 자기 집단의 제한된 온라인 네트워크 너머로 널리 확산하는 데 일조했다. 트럼프의 "**해방시켜라**" 트윗에 한껏 고무된 소수주의자들의 목소리는 결국 "집에서 속을 끓이며 트윗과 페이스북 포스트를, 그들이 생각하는 '진실'을 읽고 퍼 나르며 코로나바이러스 봉쇄조치와 마스크 의무착용이 자신의 자유를 침해한다고 성토하던 억울한 우익들이라는 훨씬 거대한 빙산"에 가닿았다.[96] 결국 봉쇄반대 행진과 집회가 열려 대도시의 거리를 뒤덮었다. 쿠마리니 카레이라 다 실바Kumarini Carreira da Silva는 봉쇄 기간 동안 인종화된 집단들의 보이지 않는 노동과 극우 시위대들의 짜증 섞인 지루함을 대비하며, 아쉬울 게 없는 백인의 피해자성이 "정복자 식민주의와 노예제를 포함하는 훨씬 긴 역사에서 출현한 몰지각하고 흔해 빠진 잔인함"의 형태를 하고 있고 이 잔인함은 "인간의 목숨에 가치를 매기는 현대 시스템"의 정중앙에 위치한다고 정확히 꼬집는다.[97]

　　타인의 삶에 대한 비도덕적 경시는 권위주의적 포퓰리즘에서 충격적으로 적나라하게 드러나지만, 2장을 통해 확인했듯 서구의 근대성에 묵묵히 자리한 것으로, 고통의 정치가 감정자본주의의 양날의 검임을 드러낸다. 다시 말해서 고통의 정치라는 구조물은 잔인함을 위해서 사용되듯 공감을 위해서도 사용될 수 있을 만큼 가변성이 높다. 그러므로 이 장의 서두에서 짚었다시피 피해자성의 역설은 어쩌면 전혀 역설이 아닐 수도 있다. 돌보겠다고 선언하면서 죽어가게 내버려두는 것은 모순된 입장처럼 보이지만, 실은 자유주의적 고통의 야누스적 얼굴이기 때문이다. 고통은 집단적 공감과 숭고한 추모를 가능케 하듯 망각과 삭제, 집단 가스라이팅으로 이루어진 네크로폴리틱스를 가능케 하는 이중적인 소통의 정치로서 작동하며, 잔인함은 바로 이 이중적인 소통의 정치 안에서, 그 정치를 통과하여 출현한다. 이 책의 마지막 장에서는 고통과 잔인함의 이중적 정치가 정확히 무엇으로 이루어져 있고 여기에 어떻게 맞설 수 있을 것인가라는 질문을 살핀다.

4장

피해자성을
어떻게
되찾을 수
있을까?

어떤 힘있는 사람이 범죄를 저질렀다. 이 범죄는… 맞서
싸우거나 복수할 수 없는 사람, 심각하게 불평등한 상황에 놓인
누군가에게 불의이다. 그렇다면 (목격자는) 무엇을 할 수 있을까?
한 가지는 할 수 있다. 위험을 무릅쓰고 발언할 수 있다.
불의를 저지른 사람 앞에서 일어나 이야기할 수 있다.

미셸 푸코, 《자기와 타자의 통치》

유산과 투쟁으로서의 피해자성

"태어나지 않은 무고한 생명을 지키는 것보다 고귀하거나 중요한 일은 있을 수 없다." 2022년 5월 19일 미국의 공화당 소속 주의원 짐 올슨Jim Olsen은 오클라호마주 의회에서 이렇게 말했다.[1] 미국 연방대법원에 의해 1973년 '로 대 웨이드Roe v. Wade' 판례*가 뒤집어지고, 이로써 임신중단권이 연방에 속한 주별 정치에 좌우되기 불과 5주 전에 나온 발언이었다. 이 판례를 뒤집

---

* 텍사스주에 거주하던 노마 맥코비가 제인 로Jane Roe라는 가명으로 지방검사 헨리 웨이드Henry Wade를 상대로 임신중단을 금지한 텍사스주법의 합헌성을 묻는 소송을 제기하여 승소한 사건. 이에 1973년 미국연방대법원은 헌법에 기초한 사생활의 권리에 임신중단의 권리가 포함되므로 임신중단을 처벌하는 것은 위헌이라고 판결하여 임신중단의 권리를 법적으로 인정했다.

은 핵심 근거는 태아가 "태어나지 않은 무고한 생명"이고 보호해야 하는 피해자라는 것이다. 프로라이프pro-life* 조직인 '생명을 위한 페미니스트들Feminists for Life'은 "만약 누군가 강간과 근친상간은 예외로 해야 한다고 주장한다면, 성폭행으로 태어나게 된 사람들이 그걸 어떻게 느낄지도 고민해야 한다"고 말하면서 자신을 "강간으로 태어난 자녀"라고 소개한 대학원생의 말을 인용했다. "나는 여기 존재할 권리가 있다." 태어나지 않은 아이를 앞세워 강간 피해자가 겪는 실제 고통을 임신중단된 배아가 겪는 상상 속의 고통에 대비시키는 ─성인인 프로라이프 운동가들의 입을 통해 전달된─ 이 언사는 권리의 언어에 '프로라이프'의 대의를 끼워넣어 고통의 정치를 동원한다. 그리하여 이들이 내세우는 권리는 살아남을 권리가 된다. 이 프로라이프적 언사는 임신중단을 결심한 사람들을 가해자로 탈바꿈한다. 그들은 태어나지 않은 배아로부터 존재할 권리를 박탈했으므로 강간의 폭력에 비견되는 폭력을 저질렀다는 것이다. 프로라이프 웹사이트는 임신을 이어가기로 결심한 어느 강간 피해자에 대해 "이 여성은 자신이 당한 폭력을 자신의 태어나지 않은 아이에게 절대 전가하지 않을 것"이라고 목청을 높였다. 이 웹사이트는 "이제 **그것이** 여성의 강점이다!"라는 결론을 내리는데, "여

---

*   여성이 임신중단을 '선택choice'할 권리보다 태아의 '생명life'이 우선하므로 임신중단이 금지되어야 한다고 주장하는 운동.

성의 강점"이라는 언급에서 (포스트)페미니즘적인 권한강화^{em-powerment}의 어휘가 그대로 묻어난다.²

물론 이런 식의 역전된 피해자성은 새로운 현상이 아니다. 3장에서 이미 권위주의적 포퓰리즘의 소통 전략에서 역전된 피해자성을 확인했다. 이 사례에서는 코로나19의 위험에 가장 심하게 노출된 취약한 사람들의 고난을 조명하는 대신, 마스크 의무착용을 억압으로 느끼는 사람들의 불편을 확대해석함으로써 마스크 의무착용에 반대하는 극우 세력을 "해방"을 추구하는 "피억압" 집단으로 대우했다. 또한 2장에서는 그것이 현대 정치 담론의 고유한 특징이 아니라, 남반구의 비무장 민간인들의 피해자성보다 "대테러전"에 참가한 서구 군인들의 피해자성을 강조한 보다 광범위한 소통 전략과 같은 맥락에 놓여 있음을 확인하기도 했다. 이때 군인들이 비무장 민간인을 살해하는 것은 "부수적인 피해"라는 말로 완곡하게 표현되었다. 그보다 앞서 1장에서는 크리스틴 블래시 포드에게 성폭력으로 고발당한 브렛 캐버노가 성폭력 고발은 대법관 기용을 위협하는 명예훼손 작전이라며 격분이라는 감정을 수행한 사례로 역전된 피해자성을 지적하기도 했다.

이 장에서 우리는 완전한 원을 그리며 다시 캐버노로 돌아왔다. 다른 판사들과 '로 대 웨이드' 판례를 뒤집는 역사적 판결을 내린 사람이 바로 캐버노였기 때문이다. 케이트 만^{Kate Manne}의 말처럼 이제는 "소녀, 성인 여성, 그 외 임신할 수 있는 사람들의 신체가 법적 승인을 받고, 법원에서 지명했으며, 이로써 최고의 권력을 가진 성폭행 용의자에게 감시와 통제를 당하고" 있다.³

2018년 캐버노가 자신에 대한 실현되지 않은 위해를 근거로 피해자성을 주장하여 실제 강간 시도로 자신을 공개적으로 고발한 여성의 신뢰성에 흠집을 냈듯, 2022년 그는 살해 대상으로서의 임신중단된 태아라는 가설적 피해자성을 앞세워⁴ 프로초이스 활동가들을 범죄자라며 흠집을 냈고 임신부로부터 자신의 신체를 통제할 권리를 박탈했다.

유산으로서의 피해자성

이 책의 첫 번째 주장—피해자성은 안정된 정체성이 아니라 우발적이고 가변적인 발화 행위이며, 발화자가 경험하는 사회구조적 취약성과 필연적인 관계가 없는 고난에 대한 **언어적 주장**이라는—은 역전된 피해자성을 보여주는 역사적 현실 사례들과, 생명과 생계의 사회적 위계를 지탱하는 피해자성의 역할을 정확하게 조준하고 있다. 가령 '로 대 웨이드' 판례가 뒤집어졌기 때문에 이제 임신할 수 있는 모든 사람이 자신의 신체를 겨냥한 법의 은밀한 감시하에 놓였지만, 정부의 감시에 특히 심대한 타격을 받는 사람들은 역시 흑인과 빈곤층이다. 이들은 안전한 선택지에 접근할 수 없어 자신의 임신에 관한 결정을 내릴 때 목숨을 걸어야 하기 때문이다. 수전 코헨^{Susan Cohen}이 지적하듯 "'임신중단 취약성'에도 인종화·계층화가 존재"한다. "임신중단을 할 가능성은 흑인 여성이 백인 여성에 비해 5배 높고, 라틴계 여성이 백인 여성에 비해 2배 더 높다는 사실을 우리는 알고 있다."[5] 또한 빈곤층에서는 오래전부터 임신중단이 관행으로 단단히 자리를 잡고 있다는 사실도 안다. 제나 제르만^{Jenna Jerman}, 레이철 존스^{Rachel Jones}, 츠요시 온다^{Tsuyoshi Onda}가 보여주듯 "2014년 임신중단 환자의 75퍼센트가 저소득층이었다. 그중 49퍼센트는 연방정부 빈곤선^{federal poverty level} 아래에서, 26퍼센트는 빈곤선의 100~199퍼센트에서 생활했다."[6]

이와 유사하게 우리는 권위주의적 포퓰리즘이 "국민"을 팬데믹이라는 "적"에 맞서는 통일된 국가적 "전선"으로 호명하여 코로나19로부터 상대적으로 안전한 중간계급 백인과 "필수 노동자"—바이러스와 일상적으로 접촉할 수밖에 없어서 고통받는 노동계급, 소수인종, 이주자가 대다수인 인구 집단— 사이의 권력 분할을 어떻게 재생산했는지를 확인했다.[7] 이러한 사회구조적 불평등의 역사는 군인들의 신체와 목소리를 둘러싼 과거의 투쟁들에서도 확인된다. 이런 투쟁들이 흑인의 고난을 도외시한 채 백인의 고난에 주도권을 쥐여주고 흑인의 고통을 감추어 대중의 기억에서 지워버렸음을 기억하자.

피해자성이 기존 권력 구조를 그대로 반영하는 이런 사례들은 인종과 젠더가 실제 고통의 **경험**에서는 핵심임에도 불구하고 불평등하고 가부장적이며 식민주의적인 사회질서를 정당화하는 고통의 **소통**에서는 여전히 은폐된다는 사실에 주목하도록 돕는다. 피해자성의 소통에서 확인되는 이 유산의 핵심은 1장에서 규명한 신체와 고통 사이의 불연속성 또는 탈구다. 이는 가장 고통받는 신체가 자신의 고난을 발화할 능력을 필연적으로 갖추는 것은 아니라는 의미이다. 고통의 언어는 항상 더 많은 상징자본을 가진 다른 신체에 의해 전유될 수 있는데, 가장 고통받는 이들이 고통의 언어에 접근하지 못할 수도 있기 때문이다. 젠더, 계급, 인종에서 유래한 취약성의 조건과 신체의 분리를 강화한 대법원의 "프로라이프" 판결이야말로 이를 분명하게 보여준다. 이 판결은 피해자성의 언어를 차용하여 태아에게 생존권을 가진 "태어나지 않은 생명"으로서의 목소리를 부여했고, 이로써 임신한 신체를 그 취약성의 조건과 분리한다. 임신한 신체가 처한 취약성의 조건에는 목숨을 걸어야 하는 위험까지 포함되어 있는데도 말이다.[8] 나아가 이 판결은 이들 신체로부터 자신에게 무엇이 최선인지 판단하고 자신을 보호할 능력을 박탈한다.

'생명을 위한 페미니스트들'의 사례가 시사하듯 이런 권리 억압이 "친여성pro-woman" 언사를 끌어들인다는 사실은 이 책의 두 번째 핵심 주장을 부각한다.[9] 즉 취약성이 사회집단 사이에 불균등하게 배분되어 있긴 하지만, 피해자성의 정치적 작용이 권력이 상대적으로 적은 사람들이 자신의 고난에 대해 발언할 때는 그들을 침묵시키고 힘있는 사람들이 하는 고난의 주장은 "일반화"한다는 것이다. 이 책 전반에서 주장하듯 피해자성은 인간의 조건을 그대로 반영하는 것과는 무관한 특정 형태의 정치 행위, 바로 **고통의 정치**이다. 피해자성은 일부 신체에 자신의 고통을 발화할 능력을 선택적으로 부여하는 것에 그치지 않고, 그 과정에서 정당화, 구원, 비판 등 다양한 서사—"친여성"적인 임신중단 비판처럼—를 사용하여 그 신체에 더 강력한 정당성을 부여한다.[10] 이런 관점에서 보면 고통의 정치가 지향하는 목표는 일부 신체에는 인간으로서의 권위와 감정의 대상이 될 자격을 부여하고 다른 신체로부터는 인간의 자격을 박탈하고 삭제하는 것이다. 여기서 전자는 바로 자격을 갖춘 신체로서의 태아 서사이고, 후자는 피해를 당하고 있음에도 타인에게 피해를 주었다는 혐의를 쓴 임신한 신체이다.[11] 이처럼 국가의 여성혐오적이고 국가주의적인 의제를 위해 "페미니즘적" 비평을 동원한 경우, 이는 임신부에게서 권리를 박탈하는 것을 넘어 앞서 언급했듯 이들을 실제로 범죄자화한다. 린 팰트로Lynn Paltrow와 진 플래빈Jeanne Flavin의 말처럼 "임신을 중단하려는 여성만이 아니라 모든 임신부가 헌법이 인정하는 법인격과 관련된 광범위한 권리를 위협받고 이를 실제적으로 상실할 뿐 아니라 구속, 구금, 강제 개입의 가능성을 대면하게 될 것"이다.[12]

　이 사례는 피해자성이 사회적 위계질서를 지탱하는 데 기여하는 한, 단순하게 고통을 소통하려는 주장이 아니라 사실상 **감정자본주의**를 구성하는 재생산과 변화의 사회적 논리 그 자체로 봐야 한다는 것을 시사한다. 감수성이라는 서구 문화의 20세기적 변주인 감정자본주의는 1장의 주장처럼 고난에 처한 자아에게 인정받을 가치가 있는 도덕적 주체의 자격을 부여하는 고통·트라우마·권리의 언어를 통해 출현한 정동적인 소통의 정치라는 토대 위에 성립한다. 이 도덕적 주체는 자신을 위해 성공적으로 피해자성을 주장함으로써 상징자본을 축적하는데, 그 과정에서 자신의 피해자 정의에 맞지 않는 사람을 지우고 자체적인 배제를 생성한다. 2장에서 확인했듯 트라우마와 상해는 20세기에 백인 남성 자아가 금욕주의에서 멀어지고 자신의 연약함을 인정하고 직접 표현하도록 만드는 데 크게 기여했다. 이는 긍정적인 변화이지만, 바로 이 언어가 식민주의적 또는 신식민주의적 예속을 야기하며 고통을 경험하는 이들을 침묵시키거나 범죄자화했다. 보다 최근에는 권위주의적 포퓰리즘의 피해자성 주장에서 이 침묵시키기를 확인할 수 있다. 이들의 봉쇄반대 활동은 구원의 서사에서 연민을 삭제한 채 해방을 약속했기 때문이다.

투쟁으로서의 피해자성

　피해자성의 유산들은 배제의 효과를 가지고 있지만, 단순한 삭제 이상의 복잡한 함의를 갖는다. 물론 감정자본주의에 내재한 고통의 정치는 권력자들의 이해관계와 불가분의 관계일 수는 있다. 그럼에도 고통의 정치는 고통받는 사람들을 위하는 감정—이들에 대한 공감 또는 이들에게 악행을 저지른 자를 향한 분노—을 강화하고 이를 통해 연대, 이타성, 억압적 구조를 향한 저항의 문화를 배양할 수 있는 감정 역시 북돋는 유일한 자원이기도 하다. 이 책의 도입부에서 언급한 캐버노와 블래시 포드의 팽팽한 교착 상태에서 나타나듯, '로 대 웨이드' 판례 번복에서도 고통의 정치는 극우 기득권 세력의 프로라이프 서사뿐만 아니라 이에 반대하는 세력과도 깊은 관계를 맺고 있다. 다시 말해서 임신한 신체를 감시하는 가부장적 정치만이 아니라 페미니즘의 저항의 정치 역시 공감에의 호소에 의지한다. 가부장적 정치가 여성이 신체적 주권을 가질 권리를 반대한다면, 페미니즘의 저항의 정치는 이에 맞서 임신한 신체를 가부장제의 피해자로서 옹호한다. 양측은 공히 분노에 차 있다. 프로라이프 집단의 수행적 분노는 "태어나지 않은 아이"를 상대로 폭력을 저지른다는 명목으로 날을 세우지만, 프로초이스 활동가들은 법의 여성혐오에 분개하여 마찬가지로 목청을 높인다. 2021년 6월, 임신한 사람의 권리와 변화의 요구를 압살하는 판례 번복을 규탄하는 대규모 시위가 미국과 전 세계에서 일어났다. 미국 시위에 등장한 플래카드에는 "임신중단을 해방하라", "난소활동overy-act*을 개시할 때" 등의 문구가 적혀 있었다.13 파올로 제르바우도는 이렇게 말한다. "불만들은 사회운동의 '기원' 또는 '원인'이 되어 그 방향을 정한다. 불만이란 개인과 사회 전체에 악영향을 미치는 것으로 파악되는 문제다."14

그러므로 이 책의 세 번째이자 마지막 주장은 **고통의 가변성**이 **피해자성 주장**과 **취약성의 조건** 사이의 대단히 미끄러지기 쉬운 틈새에 자리 잡고 있더라도, 사회 변화를 위한 투쟁에서 핵심적인 역할을 한다는 것이다. 2장에서 피해자성이 절대 남성적인 이성에서 여성적인 감정으로 선형적 또는 균질적으로 변형된 것이 아니며, 고통과 자아의 관계를 둘러싼 투쟁의 현장임을 확인했다. 스튜어트 홀의 말처럼 사회 변화는 상대적으로 열려 있는 체결의 과정이며, 누가, 어느 위치에서, 어떤 목적으로 자신이 피해자라고 주장하는지를 둘러싼 항구적으로 변화하는 경합 속에 고통의 언어가 끼어든다는 점을 되새겨야 한다. 특히 로런 벌랜트Laurent Berlant는 19세기에 페미니즘의 원형이 되는 여성적feminine 대중의 문화를 연구하면서 공감이 지닌 변화에 대한 잠재력을 강조했다. 벌랜트에 따르면 감상적인 소설 속 인물들과

---

* 과잉반응overreact과 발음이 같은 데서 착안한 일종의 말장난이다.

문학을 통해 꾸준히 조우함으로써 고통받는 "타자"를 향한 동료의식이 개발되었고, 이 정서교육은 여성들이 공적 영역의 남성 중심적 대화 밖에서 자기들만의 "친밀한 대중들"과 각자의 고통을 나누도록 부추겼다. 이 "대중들" 이면의 "동기부여 엔진"은 "기본값이 **아무도 아닌 자**로 지내야 하는 세상, 최악의 경우 **모든 것이 잘못된 존재**로 살아가야 하는 세상에서 **누군가**가 되고자 하는 욕망이었다. 이 친밀한 대중들은 다른 상황이었다면 보잘것없다고 치부되거나 무시당할 만한 생활 전체, 존재양식, 특징들을 정당화하기 때문이다."[15] 하지만 2장에서 살펴보았듯 결국 이와 유사한 계보, 즉 남성 군인의 고통에 다양한 제도들이 개입한 과정은 대중들 사이에서 고통의 언어가 셸 쇼크에서 외상후스트레스장애로 정당화되는 과정에 추진력을 제공했다.

공감뿐만 아니라 권리 요구 역시 사회 변화에서 핵심적인 역할을 했다. 권리 요구는 19세기와 20세기에 노동자의 임금, 여성의 투표권, 시민권을 둘러싸고 벌어진 집단적 투쟁이나—닐 스태머스Neil Stammers에 따르면 "사회운동에서 손을 맞잡은 평범한 사람들은 늘 인권의 핵심 원천이었다"[16]— 양차 세계대전 이후 세계 거버넌스에서 취약한 사람들을 제도적으로 보호하는 장치들로 나타나거나, 1장에서 사용한 개념인 **혁명적** 인권과 **개혁적** 인권의 형태를 취하기도 한다. 2010년부터 10여 년간 우리는 젠더화된 트라우마와 상해의 주장들을 활용하여 성폭력에 반대하는 전 세계적 공동체를 일궈낸 거대한 온라인 운동인 미투운동을 목격했다.[17] 물론 미투에 모순이 없다고 말할 순 없다. 벌랜트가 연구한 감상적인 대중들이 흑인 노예들을 백인중심적인 감수성을 배타적으로 확인하는 장치로서 조명했듯, 미투 대중들은 주변화된 생존자들의 목소리를 고난의 증언으로 포용하지 않음으로써 자체적인 배제를 양산했다.[18] 그럼에도 이 둘은 모두 가부장제의 폭력에 맞서는 저항의 양식으로서 고통을 발화할 수 있는 역동적인 장을 열었고, 헤스터 베어Hester Baer의 주장처럼 "새로운 주체성과 사회 구성의… 가능성"을 약속한다.[19]

이 장의 나머지 부분에서는 이 조심스러운 낙관론의 영역을 헤치며 사회비평에 있어 고통의 정치가 얼마나 유망한지, 또 그 한계는 무엇인지 살필 것이다. 이제까지 검토한 피해자성의 용법에 관한 이해를 바탕으로 먼저 고통을 공감만이 아니라 잔인함과도 연결된 이중적 정치로 재고할 것을 제안("고통과 잔인함" 절)한 뒤, 고통을 비평하는 방법을 제시한다. 이 피해자성 탐문법은 오늘날 특정한 피해자성 화법들을 통해 잔인함이 어떻게 작동하는지에 관한 **우리의 인식을 벼리는 것**과 새로운 정의의 서사들을 생성한다는 목적하에 만들어진 이 화법들에 대한 **비판적 탐구**를 수반한다. 이때 정의의 서사란 고통의 언어와 그로부터 유발되는 연민과 분노라는 감정들을, 분명한 주장과 진중한 판단에 결합시키는 것이다("피해자성과 비평" 절).

고통과 잔인함

힘있는 사람들이 고통의 언어를 사용하는 행위는 이미 "반피해자주의antivictimism"라고 부르는 이론적 연구 대상이다. 앨리슨 콜은 2001년 9월 11일 이후 미국 정치를 연구하면서 극우 세력이 피해자성을 무기화하는 현상을 간결하게 정리한다. 그는 극우 세력이 "인종의 정치, 페미니즘, 그 외 저항적인 정치들을 계속해서 흠집내기 위해" "새로운 피해자 집단을 고안하고 선전함으로써" 자기 고유의 피해자성 브랜드를 내세운다고 말한다. 이어서 "이 운동은 최근 여성을 대상으로 한 폭력을 줄이기 위해 설계된 법을 개정하면서 2004년 '태어나지 않은 피해자에 대한 폭력에 관한 법Unborn Victims of Violence Act*'을 집어넣는 방식으로 태아의 피해자 지위를 법에 명시하는 데 성공했다"[20]고 덧붙인다.

콜의 연구는 21세기가 시작될 무렵 고개를 든 반피해자주의를 검토하고 있지만, 그를 비롯한 여러 연구자들은 그 뿌리를

---

* 범죄로 상해를 입거나 사망한 "태아child un utero"를 법적 피해자로 인정하는 법. 여기서 "태아"는 "호모사피엔스의 일원으로, 어느 발달단계에 있든 자궁 안에 있는 자"로 정의된다. 임신중단을 예외로 하는 내용이 있으나 '로 대 웨이드' 판례를 무효화할 수 있는 여지가 있어 임신중단의 권리를 옹호하는 이들의 강한 반대에 부딪혔다. 반대로 이 책에 언급된 프로라이프 단체 '생명을 위한 페미니스트들'은 이 법안을 강력히 지지했다.

1960년대 중반의 미국 민권운동과 페미니즘 투쟁 이후 그때까지 배제되었던 집단에 우호적인 방향으로 이루어진 법적·사회적 개혁에 대한 반동적인 불만에서 찾는다. 보수적이고 백인우월주의적인 일부 중간계급들은 이런 운동들 덕에 흑인과 여성을 민주적으로 포용하는 방향으로 사회구조가 확장된 것에 억울함을 느끼고, 피억압집단들이 "피해자성 카드놀이"를 한다고 공격하면서 대신 자신들을 시스템의 "진정한 피해자"로 내세웠다. 이에 로버트 호위츠Robert Horwitz는 "백인 남성들이 특히 소수자 권리의 증진과 여성 혁명의 여파로 자신들이 누리던 사회구조적 특권 일부를 상실하기 시작하자 그 혁명이 피해자성의 정치라며 날을 세웠다"고 주장한다.[21] 이런 의미에서 '로 대 웨이드' 판례가 뒤집힌 사건은 오래전부터 진행되어 이제야 완성된 반피해자주의 기획이었다. 새뮤얼 J. 알리토 판사의 표현대로 "비판적인 도덕적 질문"[22]을 해결한다는 허울을 쓰고서 복음주의 극우 세력의 당파적인 주장을 많은 주에서 법적인 사실로 현실화하는 데 성공했으므로.

하지만 반피해자주의 의제의 범위는 임신중단 반대 캠페인을 넘어서서, 3장에서 검토한 권위주의적 포퓰리즘을 포괄한다. 극우 세력의 반피해자주의는 권리의 언어를 강탈함으로써 취약집단의 생존권을 도외시한 채 고통의 주장을 자신들의 구원의 서사에 갖다붙인다. 가령 무수한 죽음의 현장 한복판에서 자유를 약속하는 식이다. 코로나19 1차 유행기가 이어지는 와중에 마초적인 악수 연기를 선보인 트럼프와 존슨의 행동에서 확연하게 드러나는 이 서사는 질병과 죽음에 무심한 형태의 강인한 극기심을, 감정적 격분이라는 유독한 형태의 남성적 취약성과 결합한 특유의 남자다움을 반복적으로 펼쳐 보였다. 이런 방식으로 국민을 피해자라고 부르면서도 수많은 사람을 죽도록 내버려두는 네크로포퓰리즘적 정서를 부추겼다.[23] 네크로포퓰리즘은 타인에게 잔인할 뿐만 아니라 "그 자체의 지속성에 무심하다"[24]는 점에서 "자살"의 정서가 주를 이루지만, 여기서는 이런 무심함이 권위주의를 넘어 구조적으로 취약한 사람들을 어느 때보다도 강하게 위험에 몰아넣는 불황 이후/팬데믹 이후의 자본주의라는 더 넓은 네크로폴리틱스 체제에 어떻게 뿌리박혀 있는가가 중요하다.[25]

오늘날의 네크로폴리틱스는 미국의 경우 흑인을 비롯한 소수자의 생명을 겨냥한 가차없는 공격으로 드러난다. 그것은 들불처럼 확산한 조지 플로이드 살해 영상에서,[26] 2018년 아이들을 부모와 떼어놓기로 한 트럼프의 정책부터 지금도 이어지고 있는 국경 사망자(2021년에는 728명이라는 미국 최고 기록을 달성했다)[27]를 유발한 적대적인 반이민 책략들에서, "아마도 전 세계 어느 곳, 과거 어느 시점, 다른 어떤 사회보다 높은"[28] 계급 불평등의 꾸준한 악화에서 가장 비극적으로 표현된다. 이와 유사하게 영국에도 네크로폴리틱스가 존재한다. 영국의 이민 정책은 난민 신청자들을 르완다로 이송한다는 방침—이들의 목숨을 심각한 위험으로 몰아넣는, 유례없는 난민권 위반이다—을 정했고,[29] 2010~2019년 동안 계속해서 사회복지 지원이 후퇴함으로써 영국의 기대수명은 제2차 세계대전 이후로 처음으로 하락했으며 팬데믹으로 인한 초과사망자는 이미 33만 명이라는 기록을 달성했다. 뿐만 아니라 지난 10년 동안 빈곤율이 2/3 이상 증가해서 세 자녀 이상을 둔 가정의 42퍼센트가 빈곤선 아래에서 생활하는 지경이다.[30]

 21세기의 불평등 심화는 세계로 눈을 넓혀도 사실로 확인된다. 많은 나라에서 빈부격차가 점차 제1차 세계대전 수준으로 회귀하는 유례없는 일이 벌어지고 있다. "과거를 청산하고 (경제성장률 대비) 자본수익률을 상당 수준 낮추기 위해서는 두 차례의 세계대전이 필요했다"고 토마 피케티Thomas Piketty는 말하지만, "제1차 세계대전 전야까지 인류 역사에서 내내 그랬듯" 이 불평등은 "21세기에 다시 규범이 될" 가능성이 높다.[31] 남반구에서 불평등이 가장 심각하게 표출된 사례는 2020~2021년 코로나19 백신이 출시되었을 때 불평등하게 배포된 일이며, 2022년 10월까지도 세계보건기구의 아프리카지역(다시 말해서 북아프리카를 제외한 지역)에서는 접종 가능 인구의 71퍼센트가 백신을 맞지 못했다.[32]

네크로폴리틱스의 이 같은 주도권 장악은 구조적 취약계층을 겨냥한 공격이 고통의 언어 확산과 나란히 존재할 뿐 아니라, 사실 후자, 즉 반피해자주의 서사를 통해 고통의 언어를 확산하는 행위가 전자, 즉 구조적 취약계층을 겨냥한 공격을 정당화한다는 점을 시사한다. 특권층의 피해자성 주장은 취약계층의 고난이 들리지 않게 지워버리는 동시에 이 취약계층을 상대로 한 공격을 정당화하고 그것이 가능한 조건을 만든다는 것이다. 어쨌든 "연민 어린 보수주의"는 "테러와의 전쟁"에 앞장선 미국 대통령 G. W. 부시와, 데이비드 캐머론에서 리시 수낵으로 이어지는 영국 브렉시트 찬성파 보수 정치인들 모두가 내세운 브랜드였다. 수낵의 경우 2022년 10월 영국 총리로서 한 첫 연설에서 자기 당의 "연민 능력"을 언급하기도 했다.[33]

여기서 "우리"가 내세우는 고통의 주장은 "그들"을 향한 잔인함을 수반하는데, 이는 2장에서 살펴본 발화하기와 침묵시키기의 식민주의적 변증법을 연상시킨다. "그들"이라는 범주는 늘 젠더화·인종화되었지만, 오늘날의 구조적 취약성은 날로 확장되어 과거 영국을 비롯한 여러 사회에서 폭력으로부터 보호받던 인구 집단들까지 집어삼키고 있다. 폴리 토인비Polly Toynbee는 2020년 3월 말 "중간계급이 영국 급여 체계의 잔인함을 곧 발견할 것"이라는 제목의 〈가디언〉 기사에 이렇게 적었다. "지난 10년간의 예산 감축으로 안전망이 갈가리 찢어졌다. 괜찮은 봉급으로 생활하던 사람들이 코로나19의 유탄을 맞고 충격에 빠져 있다."[34]

여기서 **잔인함**은 알맞은 단어 선택이다. 브렌트 스틸[Brent Steele]의 표현대로 "타자의 고통, 그리고 그 고통에서 얻은 즐거움이라는 두 가지 핵심 특징"[35]으로 정의되는 잔인함은 그에 따르면 공감의 정반대가 아니라 고통의 정치에 내재한 잠재력이다. 사실 이제까지 제시했듯 잔인함은 고통의 정치를 소수의 특권층에 대한 공감을 공고히 하고 나머지 다수는 잔인하게 다루는 방향으로 돌아서게 만든 감정자본주의의 현재적 국면이다. 이는 1장에서 불황 이후/팬데믹 이후 신자유주의에서 고통의 상품화와 플랫폼화라는 틀로 검토한 바 있다.

무엇보다 고통받는 "타자"의 스펙터클을 회피하는 자기만족적인 온라인 행동주의로 인도주의가 브랜드화되는 현상에서 뚜렷하게 나타나는 시장 담론과 고통의 언어의 융합은 팬데믹 기간 동안 다양한 방식으로 그 모습을 드러냈다.[36] 가령 정상상태화라는 포퓰리즘 전략은 이와 유사하게 코앞에 닥친 대대적인 고난을 국가적 위기로 인식하고 경감하기보다는, 꾸준한 소비를 부추기는 시장과 경제적 요구를 우선시하는 태도를 내비쳤다. 존슨과 트럼프 모두 시종일관 "경제활동은 계속될 것"이라고 주장하며 코로나19에 관한 일체의 언급을 피하고 사람들을 자신과 타인을 돌보는 데 전념하는 시민이 아닌 소비자로 내세우는 신자유주의적 정부 담론을 설파했다. 마찬가지로 영국에서 봉쇄조치 이후 지배적인 수사였던 "개인적 책임"은 서로를, 이 사회에서 가장 취약한 사람들을 돌보는 공적인 노력보다는 자기이익을 동력으로 하는 신자유주의적 기업가주의 노선에 맞춰 이상적인 시민 모델을 제시했다.

소셜미디어 플랫폼도 별반 다르지 않았다. 특히 트럼프가 자유지상주의자들의 저항을 주도했던 미국에서는 우익 세력들이 "주류정치적 좌파보다 알고리즘을 통한 증폭에서 더 많은"[37] 재미를 보았다는 사실을 보면, 팬데믹에 관한 포퓰리즘적 온라인 담론에서는 가짜뉴스와 트롤링이 판을 쳤다. 허위 정보 캠페인이 "코로나는 감기다" 같은 정치적 동기가 분명한 감정-진실을 확산시켜 대대적인 가스라이팅을 벌였고 그것이 무수한 감염과 사망자 발생으로 귀결되었음을 되새겨보자. 이와 동시에 극우의 바이럴리티는 빈약하고 산발적이던 역전된 피해자성을 내세우는 현실의 공동체들이 거리에서 요란한 시위를 벌여 자신들의 목소리를 높이고 가시화되도록 만들었다. 잔인함의 정치는 고통을 정상적인 것으로 만들고 사회적 책임을 개인에게 떠넘기는 방식을 통해서든, 현실을 왜곡하고 울분을 토로하는 백인 공동체를 자극하는 방식을 통해서든 신자유주의적인 고통의 플랫폼화를 이용하여 새로운 방식의 피해를 양산한다.[38]

이 모든 사례에서 잔인함은 타인의 고통을 소극적으로 즐기는 모양새를 넘어 "다른 사람의 고통을 의도적으로 무시, 심지어는 경멸"하는 양상을 띠는데, 이 "무시disregard"는 특히 "고난의 원인에 영향을 줄 수 있는 권력을 가진 사람들로부터" 유래한다.39 이런 관점에서 보았을 때 팬데믹의 고난은 미국과 영국 포퓰리즘의 잔인함을 부각하는 대규모 고난의 극단적인 국면이었을 수 있으나, 그것은 일회적인 사례가 아니다. 그보다 권위주의적 포퓰리즘은 영미 세계를 넘어 극우의 잔인함이 전 세계적으로 규범이 되어가는 과정을 보여주는, 통렬하긴 하지만 하나의 단면일 뿐이다. 헝가리부터 인도, 터키, 브라질, 이탈리아에 이르기까지 헨리 지루Henry Giroux가 주장하듯 "잔인함의 문화는 정치권력의 중심이 되어 자국민중심주의, 외국인혐오, 백인민족주의 이데올로기뿐만 아니라 노골적인 인종주의 선동을 뻔뻔하게 포용하면서 더 서슬이 퍼래졌다."40

엔조 트라베르소Enzo Traverso가 "포스트파시즘postfascism"이라고 이론화한 이 잔인함의 정치에는 20세기 파시즘이 갖는 이론적 일관성은 부족할 수 있지만, 그럼에도 자유를 억압하는 리더십, 연민의 결여, 인류애 경멸에 의지하는 동시에 고통의 언어를 차용하여 다양한 형태의 폭력을 정상적인 행위로 포장하고 민주적 제도들을 약화한다는 점에서 20세기 파시즘을 연상시킨다.41 브라티치는 이 포스트파시즘적 또는 "미시파시즘적" 정서는 전보다 은밀하게 오늘날의 일상생활에 광범위한 정동을 구성하여 온라인에서 "억울함, 격분, 쓰레기포스팅(사람들의 기분을 상하게 하고 '재밌어'할 자유를 향한 의지), 그리고 전략적 비굴함(피해자성 주장)"으로 표출되는 한편, 허무주의적 냉소, 생명에 대한 무심함, 살해하려는 의지와 살해당하려는 의지 같은 성향들을 배양한다고 주장한다.[42]

같은 이유로 이제까지 극우 세력의 수사적 표현으로 논했던 반피해자주의도 더 위험한 양상을 띤다. 그것은 삐딱한 형태이긴 하나 오늘날 감정자본주의가 반복적으로 그 자체를 재확인하고 재생산할 때 의지하는 고통의 의사소통 정치가 표현되는 한 양상이 되었다. 이 때문에 공적 담론에서 잔인함을 정상적인 것으로 만들려는 미시파시즘의 행태에 **어떻게** 저항할 것인가는 대단히 시급한 문제가 되었다. 어떻게 여기서 벗어날 수 있을까? 어떻게 집단적 소통에서 잔인함의 상징적인 비유들을 알아차리고 거기에 반발할 수 있을까? 어떻게 이런 비유들을 낱낱이 파헤치고 고통의 언어를 정의의 서사로 되찾아올 수 있을까?

피해자성과 비평

감정자본주의가 그 고통을 인정해줄 가치가 있는 도덕적 주체로서 자유주의적 자아를 구성하는 데 일조했으나, 이 자아는 다양한 형태의 폭력—식민지적 고난에 대한 백인중심적 무지부터 목숨과 생계에 대한 남성주의적 위계질서와 팬데믹의 네크로포퓰리즘, 그리고 그로 인한 위계질서의 재생산까지—을 행사하고 이에 종속되기도 하는 잔인함의 주체이기도 하다. 이렇게 결합한 자유주의적 고통과 잔인함을 완전히 떼어놓기란 불가능하다. 양자는 태생적으로 동시에 일어난다. 인본주의와 폭력, 이타심과 지배, 박애와 노예화, 교화의 사명과 식민지 팽창은 동일한 서구 근대성 역사의 일부이다. 포스트식민주의 사상가들보다 이를 더 완벽하게 이론화한 사람은 없다.[43] 프란츠 파농Frantz Fanon은 자유주의적 인본주의가 어떻게 식민지 경험에 적용되는지를 논하면서 이렇게 말했다. "내가 인간Man을 유럽의 기술과 양식에서, 인간Man에 대한 제대로 된 말은 한마디도 해본 적 없으면서 자신들이 인간Man의 안녕을 걱정한다는 주장을 절대 멈추지 않는 바로 그 유럽에서 찾았을 때… 나는 오로지 인간man의 잇따른 부정만을, 산사태 같은 살인만을 확인한다."[44] 박애의 원천인 동시에 폭력의 원천인 고통의 이중성 앞에서 우리는 사회비평의 도구로 고통의 정치 **내부로부터, 그 자체에 맞서**

질문을 던지고, 고통의 정치의 언어인 트라우마와 권리의 언어를 되찾아 대안적인 구원의 서사를 빚어내야 한다.

이를 위해 나는 백인 남성을 "보편적인" 인간 개념으로 옹호하는 대신 역사적으로 인간의 범주에서 낙오된 이들을 옹호하고자 애쓰는, 그리하여 "역사·문화·사회경제적 현실에 충분히 자리를 잡은 맥락 속에서 불의와 고난이라는 문제를 발언"[45] 하는 휴머니즘 기획의 일환으로 에드워드 사이드식 비평을 채택한다. 이 맥락화된 비평이야말로 고통의 정치를 파헤치는 비옥한 출발점이 될 수 있다. 현재 고통의 정치는 사이드가 강조한 맥락화와는 대조적으로 지배적인 피해자성 주장을 "보편적인 것"으로 제시하고, 이런 방식으로 그 주장을 그것이 출현한 맥락과 그것을 몸으로 겪는 자아로부터 단절하고 있기 때문이다. 그러므로 여기서는 고통의 정치를 두 방향으로 비평할 것이다. 먼저 피해자성의 어휘가 일상생활에서 상징폭력을 저지르는 미묘한 수단에 관한 우리의 의식을 벼리는 방편으로, 공적 담론에서 잔인함의 화법이 어떤 식으로 펼쳐지는지를 규명할 것이다("잔인함의 상징적 화법들" 소 절).

그다음으로 반피해자주의 서사를 반박하고 구조적 취약계층의 이익을 위해 정의의 서사에서 고통의 언어를 다시 채용할 수 있도록 길잡이가 되어줄 질문들을 피해자성 탐문법으로 제시할 것이다("피해자성에 대한 비판적 탐문" 소 절).

잔인함의 상징적 화법들

비평 행위를 통해 잔인함의 화법을 규명할 경우 고통의 언어들이 공적 담론에서 미시파시즘적 의제를 정당화하는 무기로 쓰이는 구체적인 방식을 일부나마 밝힐 수 있다. 3장에서 다룬 정상상태화, 군사작전화, 혼란초래 전략이 팬데믹 시기에 피해자의 이름으로 군림했던 권위주의 정부의 폭력을 감추는 데 사용된 정치적 소통의 거시 전략이라면, 잔인함의 화법들은 일상에서 마주치는 평범한 상황에서 미시파시즘적 폭력의 경향을 정상적인 것으로 만드는 동시에 바트 카매어츠가 말했듯 "반인종주의, 반성차별주의, LGBTQ 권리 옹호 같은 사회정의 투쟁들을… 정상 궤도를 이탈한 기괴한 정치적 입장처럼 보이게 만드는" 언어 사용의 미시 기교이다.[46] 이런 화법들이 반피해자주의라는 정치적 작업을 어떻게 수행하는지 인지하는 것은 이에 저항하기 위한 중요한 걸음이다. 이런 화법들은 역사의 흐름에 따라 침전물이 쌓이듯 누적되는 **동시에** 변화에 열려 있음을 유념하며, 오늘날 일상에서 핵심적으로 활용되는 잔인함의 화법 몇 가지를 정리하면 다음과 같다. 바로 기득권 중심의 공감, 이상화, 언어적 역전, 의미의 탈맥락화, 완곡어법, 일시적 투사, 보편화다.

기득권 중심의 공감

이 용어는 이미 특권을 가진 사람들이 취약한 "타자"에게 폭력과 위해를 가한 상황에서 특권층에게 동정 여론이 쏠리는 상황을 일컫는다. 블래시 포드 - 캐버노의 사례는 고통의 언어가 고난에 처한 여성의 이익을 위해서가 아니라, 세 번이나 고발당했음에도 한 번도 수사받지 않은 "진정한 피해자"로서의 힘있는 남성의 이익을 위해 동원될 때 기득권 중심의 공감 논리가 어떻게 작동하는지를 이미 예시했다. 케이트 만이 말한 "힘퍼시himpathy*"47의 사례라 할 수 있는 기득권 중심의 공감은 고통의 정치에 내재한 남성중심적 편향을 부각한다. 이 편향은 "특권적 지위를 가진 (주로 백인인) 남성이 자신은 여성의 거짓된 성폭력/성적 괴롭힘 고발에 당한 피해자라고(또는 그것에 취약하다고) 주장함으로써 스스로 피해자성의 망토를 뒤집어쓰면서 동원하는 수사학적 견본"으로 그 모습을 드러낸다.48 나아가 이런 피해자성의 서사들은 남성의 감정 하나하나에는 관심을 보내면서 그의 문제와 연관된 여성들에게는 연민을 거둬들임으로써 여성들이 굴욕이나 후환이 두려워서 증언을 하지 못하도록 용기를 앗아간다. 실제로 블래시 포드의 경우 캐버노에게 불리한 증언을 한

---

* 남성 대명사 'he'와 공감, 동정, 연민 등을 뜻하는 'sympathy'를 결합한 조어로, 성폭력, 교제폭력, 살인 및 기타 여성혐오적 폭력이 발생했을 때 남성에게 동정 여론이 쏠리는 편향을 비꼬는 표현이다.

뒤에 숱한 살해 협박을 받았다.

흑인 커뮤니티의 트윗에서 유래했지만 이제는 다른 곳에서도 널리 사용되는 "캐런" 비유는 자신의 인종적 특권을 이용해서 자신을 흑인폭력Black violence의 피해자라고 주장하는 백인 여성 자아를 일컫는 표현으로, "힘퍼시"처럼 기득권 중심의 공감과 동일선상에 있다. "아쉬울 게 없는 백인의 우월함과 계급 특권"[49]을 지녔다는 설정의 "캐런" 비유는 "힘퍼시"보다 역사가 길지만, 2020년 봄 흑인 남성 크리스천 쿠퍼가 자기 때문에 위협감을 느끼는 척 연기하며 경찰에 신고한 백인 여성이 찍힌 증거 동영상을 올리면서 유명해졌다. "백인 여성의 눈물"을 무기 삼아 인종적 타자를 향해 잔인함의 효과를 유발한 사례였던 것이다.[50] 여기서 기득권 중심의 공감은 흑인은 범죄자라는 인종주의 서사에서 고난에 처한 여성과 위해를 가하는 남성이라는 전통적인 성역할 이분법에 의지함으로써 백인 여성에게 위협을 가하는 흑인 "폭력배" 고정관념을 중심으로 반피해자주의 주장을 구성한다.[51]

이상화

힘퍼시가 스토리텔링을 비틀어 가해자 남성에게 정서적 친밀감을 느끼도록 만든다면, 이상화는 여성 피해자는 지저분한 사회적 관계에 오염되지 않은 순수한 인물이라는 규범적인 시각을 투영한다. 최대치의 기대를 담고 있는 화법인 이상화는 지나치게 높은 도덕성 기준을 설정하고 고난에 처한 여자들을 향해 정당한 고난인으로 인정받고 싶으면 이 기준에 맞춰 살라고 요구한다. 그리고 감정적이거나 두서없는 이야기를 늘어놓는 산만하고 모순적인 자아의 목소리에는 귀 기울여주지 않을 뿐더러, 외려 가해자로 고발당할 수 있다고 엄포를 놓는다.[52] 여성의 증언은 대체로 "거짓말"이라는 신화는 근대 이전부터 존재했지만,[53] 레이 길모어Leigh Gilmore는 근대 이후 여성을 "오염된 증인"으로 구성하는 작업은 모든 진실된 증언의 이상적 요소가 남성주의적 맥락에 의거한 판단과 거기서 파생된 객관성과 품위라는 진실 규범들이라는 가치 평가와 관계가 있다고 주장한다. 길모어의 설명에 따르면 "진실은 우리의 젠더 규범들과 워낙 빈틈없이 뒤얽혀 있어서… 자백 규칙의 형성부터 남성 판사의 임명에 이르기까지 진실 생산의 구조적 토대마저도 남성중심적 문화의 산물이다."[54] 여성의 신뢰성에 관한 이런 사회구조적 결함이 일종의 "증언 단계의" 불의[55]로 작용한 결과, 영국에서는 강간을 당한 여성 6명 가운데 5명이 경찰에 신고하지 않는다.[56]

2022년 5월 상대적으로 덜 알려진 배우였던 아내 앰버 허드가 헐리우드 스타 남편인 조니 뎁을 가정폭력으로 고소했다가 결국 명예훼손으로 유죄 판결을 받는 것으로 종결된 조니 뎁-앰버 허드 재판이 이 사례에 해당한다. 대체로 소셜미디어를 중심으로 진행된 이 재판에서 뎁은 플랫폼화된 형태의 힘퍼시를 대대적으로 얻었던 반면, 오염된 증인이었던 허드는 여성 피해자에게 요구되는 "신뢰성 노동labor of believability"을 수행하는 데 실패했고, 그 결과 신뢰할 만하다는 "느낌"을 주거나 믿음과 연민을 얻지도 못했다.[57] 그로 인해 도덕적 올바름의 탈을 쓴 가차없고 압도적인 여성혐오 물결이 일어나—밈, 틱톡 영상, 트윗 등을 통해—플랫폼화된 증오를 강박적으로 퍼뜨리면서, 허드는 '여자는 거짓말쟁이'라는 성차별적 신화를 확인시켜주는 "온라인 슈퍼악당"이 되었다.[58] 뎁-허드 재판은 이상화가 신뢰성을 "순수한" 고난인만이 지닐 수 있는 자질로 전제함으로써 잔인함의 화법인 힘퍼시와 공조하는 양상을 예시한다. 기존의 피해자성 위계질서에 따라 한 축에서는 여성이 완벽하지 않다는 이유로 비난하고 **다른** 축에서는 남성에게 증언할 수 있는 특권을 가진 존재이자 공감의 대상이라는 중심성을 부여하는 것이다(2장을 떠올려보라). 만이 이 재판을 두고 말했듯 "이는 여성이 돈과 권력을 가진 백인 남성을 성폭력과 가정폭력으로 고발할 때 늘 일어나는 일일 뿐이다… 이런 여성이 인터넷에서 중상모략 작전의 먹이가 되고 싶지 않으면 완벽한 피해자가 되거나 아니면 그냥 완벽해야 한다."[59]

언어적 역전

앞의 두 화법이 **스토리텔링** 차원에서 작동한다면 이 화법은 **어휘** 차원에서 **피해자**와 **가해자**를 뒤집음으로써 이와 유사한 서사적 효과를 내고자 한다. 이는 공감의 중심을 피해자에게서 가해자로 재조정하는 것이다. 2020년, 주 경계를 넘어와 흑인 남성 제이콥 블레이크가 살해당한 사건에 대해 항의하던 두 사람을 죽인 극우 백인 자경단 카일 리텐하우스Kyle Rittenhouse는 트럼프를 비롯한 고위 공화당원들로부터 공개적으로 "애국자"이자 "영웅"으로 호명되었다(트럼프는 "나는 이 17살 소년 때문에 마음이 아프다"고 말했다).[60] 나아가 경찰 공무원들은 그가 "소상공인들"을 "보호하기 위해" 행동했다고 주장하며 그를 비호했다.[61] 여기서도 앞서와 마찬가지로 살인자는 공감을 받았지만 죽은 자들은 그렇지 못했다. 판사는 리텐하우스의 피해자들을 법정에서 "피해자"라고 부르지 못하게 했다. "그 표현은 너무 '유도적이어서loaded' 배심원들의 의견에 영향을 미칠 수 있다"는 것이다.[62] 여기서 언어적 역전은 실제 피해자로부터 극우 가해자에 의해 폭력적으로 목숨을 빼앗긴 사람이라는 정당한 재현을 박탈하고, 이로써 연민의 대상이 될 자격마저 앗아가는 서사를 구축한다. 뿐만 아니라 이 피해자들은 이들을 "방화범", "약탈자", "폭도"라고 비난하며 범죄자화하는 언어에도 취약해졌다. 실제로 법정에서 리텐하우스를 변호할 때는 이 단어들을 사용하는 것이 허용되었다.⁶³ 제도의 용인하에 이루어진 역전된 피해자성 행위인 이 법정 서사는 고통의 어휘를 동원하여 피해자와 가해자의 지위를 뒤집고 망자를 비방했으며, 〈워싱턴포스트〉의 표현에 따르면 "마치 그들이 당해도 싼 일을 당했다는 식으로 말하는 심판대에" 망자들을 "올렸다".⁶⁴

의미의 탈맥락화

이 화법은 고통의 언어들을 정의를 요구하는 투쟁과 관련된 역사적 함의에서 분리시킨 뒤 폭력과 압제의 경멸적인 서사에 위치시키는 방식을 일컫는다. 혐오발언의 넓은 레퍼토리 중 일부인 **페미나치**^{feminazi}, **인권전사**^{human rights warrior}, **깨어 있는 폭도**^{wokemob}, **정치적 올바름 감시원**^{PC police} 같은 표현들은 인종, 젠더 또는 성폭력 문제를 고발하는―가령 미투 증언처럼― 사람들은 너무 교조적이어서 관심, 공감, 연대를 표할 가치가 없다며 그들의 정당성을 깎아내리기 위해 사용된다.⁶⁵ 피해자의 증언을 (조금만 도발해도) "쉽게 상처받고" 그러므로 관심이나 연민을 받을 자격이 없는 여성적 과민함으로 폄하하는 **눈송이들**^{snowflakes}과 **울보들**^{crybabies} 같은 단어도 이와 유사한 효과를 위해 사용된다.⁶⁶

의미의 탈맥락화는 고난이나 저항의 목소리가 잠재적으로 품고 있는 변혁의 힘―목소리, 인정, 정의를 위한 20세기 사회 투쟁들과 관련된 힘―을 무력화하기 위해 그 목소리들을 지배 담론에서 주변적이거나 심지어는 해로운 것으로 그릇되게 재현함으로써 잔인함의 화법으로 작동한다.[67] 또한 고난과 저항의 목소리를 "타인에게 도덕적 훈계를 늘어놓는 유구한 역사" 속 "칭얼대고 징징대는 사람들"[68]과 연결 지어 극우의 반피해자주의 서사에, 그리고 그 서사가 인종이나 젠더 관련 정의를 요구하는 투쟁을 경멸과 비하의 대상으로 전락시키는 데 힘을 보탠다.

완곡어법

의미의 탈맥락화에서 별도의 범주에 해당하는 완곡어법 역시 언어를 그 맥락과 단절시키는데, 완곡어법은 저항보다는 폭력의 맥락에서 유발된 고통을 지우거나 순화하거나 언급조차 되지 않게 만드는 효과를 노린다. 가령 팬데믹 기간 동안 코로나19 확진자와 가장 먼저 접촉해야 하는 직업군을 지칭했던 "영웅"과 "최전방 노동자" 같은 어휘들은 코로나19 1차 유행기 동안 이 직업군들이 당한 치명적인 피해들을 숨기거나 미화했다는 점에서 잔인함의 화법으로 작동했다. 이로 인해 영국의 경우 2020년 3월 봉쇄조치 이후 한 달 동안 사망한 119명 중 63퍼센트가 소수인종이었다.[69] 10년 동안 영국의 공중보건 제도들이 신자유주의의 기세등등한 칼끝에 간신히 명맥을 이어가는 중이었다는 사실을 감안하면, **최전방**이라는 용어는 세라 패리스Sarah Farris와 그 동료들이 주장하듯 "자원 부족으로 허덕이는 의료 및 사회적 돌봄을 위한 기반 시설에서 관심을 돌리게 만드는 연막"으로 기능했다. 거기에 더해 이 용어는 3장에서 확인했던 코로나19에 맞선 전쟁에서의 자기희생이라는 국가주의적 서사를 확산했다.[70]

완곡어법의 다른 사례로는 **생존자정신**survivorship, **회복탄력성**, **자신감** 등이 있다.[71] 이런 용어들은 치유 담론 내에서 일부 페미니스트가 역량강화 관점의 주체적 어휘로 사용했는데, 이는 피해자 정체성을 거부하고 대신 트라우마를 유발하는 폭력과 가정폭력 상황에 맞서는 전사로서의 여성 자아를 옹호하기 위함이었다.[72] 그러나 이런 표현들이 조직 문화, 일반적으로 대중문화에서 널리 사용되면서 불황 이후 신자유주의의 실패가 몰고 온 일련의 트라우마와 상해들—그중에서도 취업 불안, 저임금, 유해한 노동환경, 친밀한 관계에서 비롯되는 문제들—을 개인의 기업가 정신 같은 규범적인 서사들로, 샤니 오르가드와 로절린드 길에 따르면 "큰 꿈을 꿔라, 통제력을 가져라, 선택을 해라, 당당해지자!"[73] 같은 주문들로 바꾸는 데 그칠 경우 잔인함의 효과 역시 가져올 수 있다. **회복탄력성**이라는 용어가 유발하는 잔인함은 이 역설을 정확히 보여준다. 신자유주의로 인한 상해들을 인정하면서도, 상해로부터 안전해지려면 구조적 변화가 아니라 개인적 수련이 필요하며, 누군가 수련을 했음에도 결국 실패한다면 다른 사람을 탓하지 말라는 소리 듣게 되는 역설 말이다.[74]

일시적 투사

회복탄력성이라는 완곡어법에서는 손에 닿지 않는 성공이라는 상상 속 미래를 떠올리게 함으로써 잔인함이 고통을 양산한다면, 일시적 투사에서는 실체 없는 두려움이라는 상상 속 미래 안에 고통이 자리한다. 캐스린 히긴스는 이를 "백인피해도착증white victimcould"이라고 부르기도 한다. 그것은 "(피해를 실제로 입었는가, 피해가 일어날 가능성이 얼마나 되는가를 따져 묻는 대신) 피해를 입을 수 있다면 그 확률이 아무리 낮다 해도 그 사실만을 가지고… 겁먹은 백인 주체를 도덕적으로 '부당한 대우를 받는' 자리에 위치시키는 도덕적 정당화의 구조"다.[75] 이런 식으로 피해도착증victimcould은 가설적인 상황에 입각해 "상해를 입을 수 있는 사람"과 "이미 상해를 입은 사람"의 구분을 효과적으로 무너뜨리고, 사회구조적으로 취약한 사람들이 실제로 겪은, 혹은 겪는 중인 고난을 부각하는 것이 아니라 외려 이 취약한 사람들을 상상 속 피해의 가해자로 몰아가고 백인의 두려움이라는 감정적 현실만이 정당한 피해자성 주장인 것처럼 다룬다.[76]

국경 안보에 관한 서사는 전쟁과 극한의 빈곤, 기후위기를 피해 남반구에서 넘어온 이주자들보다 북반구 보호를 더 중요하게 생각한다는 점에서 일시적 투사라는 잔인함의 화법이 사용된 사례다. 제이슨 스탠리Jason Stanley는 "합법적 이민자를 비롯해 트라우마와 빈곤에 시달려 도움이 절실한 난민들은 위계질서에 부합하는 집단을 선별하고 파시스트 정치를 활용하는 데 골몰하는 지도자와 운동에 의해 인종주의적 고정관념에 부합하는 이미지로 재구성된다"고 말한다.[77] '트랜스젠더를 배제하는 급진페미니스트들TERFs(Trans Exclusionary Radical Feminists)'이 생산하는 서사 역시 트랜스젠더 여성들이 알 수 없는 미래에 저지를지도 모르는 가설적인 형태의 폭력을 투사하고, 이를 통해 "남자들이 여성을 육체적·성적으로 폭행하기 위해 여자가 되어 공공장소에 나타날 수 있다"고 주장하기 위해 가부장제 사회에서 여성의 취약성과 관련된 기존의 피해자성 서술에 기댄다는 점에서 일시적 투사의 사례에 해당한다. 이 서사는 여성으로의 성전환에 따르는 무수한 취약성을 무시한 채 트랜스젠더를 시스젠더 여성에 대한 잠재적 가해자로 상정한다.[78]

보편화

#모든목숨은소중하다와 #남자도그렇다 같은 해시태그에서 분명하게 나타나는 보편화 화법은 관심의 대상에 인종, 젠더, 섹슈얼리티, 계급, 장애와 무관하게 **모든** 고통의 주장을 품으며 연민의 급격한 확장을 선언한다. 온라인의 흑인목숨도소중하다 운동과 미투 운동에 대한 "대응"으로 시작된 이 해시태그들은 인종, 젠더와 연관된 고난의 특수성을 일반화하여, 이러한 고난의 주장들과 그것이 전달하는 역사적 폭력의 경험 사이의 인과

적 연결 고리를 흐린다. 가령 미국에서 사회구조적 문제로 흑인의 목숨이 파리 목숨만도 못한 취급을 받았다는 사실이나 오랜 세월 여성들이 남성중심적 폭력에 노출되었던 현실을 지우는 것이다. 이런 면에서 니키타 카니 Nikita Carney가 말하듯 "모든 인간의 목숨이 소중하다는 주장은 '틀린' 것이 아니지만" #모든이라는 해시태그는 "사회구조적 요인으로 경찰의 잔혹성에 피해를 입은 사람들의 삶에서 인종, 계급, 젠더, 섹슈얼리티 같은 복잡한 문제들을 의도적으로 지워버린다."[79]

#모든이라는 수사적 표현은 포스트인종주의와 포스트페미니즘 이데올로기의 연장선상에서 "보편적 인간성"이라는 자유주의적 윤리를 지지한다. 그 누가 어떤 사람의 목숨이 다른 사람의 목숨보다 소중하다는 주장을 원론적인 차원에서 합리적으로 펼칠 수 있겠는가? 그러나 우리는 인종주의적 폭력과 가부장적 폭력의 역사라는 맥락 안에서 다음과 같은 질문도 던져야 한다. 모든 목숨이 항상 동등하게 다뤄졌다고 그 누가 주장할 수 있겠는가? 보편화를 잔인함의 화법으로서 비판하는 목적은 취약성이 인간이라면 감당해야 하는 실존적 특징이라는 사실을 부정하는 것이 아니라, #모든이라는 수사적 표현이 거짓된 평등 이데올로기를 어떻게 재생산하는가를 묻기 위함이다. 보편화는 고통이 가해지는 사회구조적 방식을 은폐함으로써 여러 집단의 폭력에 대한 취약성에 차이를 만드는 유서 깊은 불평등

을 눙치고, 결과적으로 #모든이라는 방패 뒤에 숨어 있는 이미 목소리를 낼 권력을 지닌 사람들의 전략적 피해자성을 증폭시킨다.

피해자성에 대한 비판적 탐문

잔인함의 화법은 "오염된 증인"으로서의 여성, 정치적 "눈송이들", 그리고 인종주의적인 "위협들"보다는 특권을 가진 자아, 대개 백인인 시스젠더 남성에게 유리한 방식으로 고통의 주장들을 도덕적 서사로 짜깁는다. 실제로 만은 이렇게 주장한다. "피해자성에 관한 사고는 근본적으로 피해자/가해자의 도덕적 서사… 약간의 변형이나 미묘한 차이가 있을 뿐 본질적으로 단순하고 환원주의적인 도덕성 이야기와 관련이 있다."[80] 잔인함의 화법들이 그런 도덕적 서사를 통해 고난의 위계질서를 어떻게 영속시키는지를 알아내는 것이 피해자성 비평의 핵심이 되는 첫걸음이라면, 그다음은 애당초 이런 위계질서를 정당화하는 대중적인 고통의 주장들을 탐문하는 비판적 방법—내가 "피해자성 탐문법"이라 명명한 것—을 마련하는 것이다. 이 비판적 방법은 고통받는다는 주장이 어디에서 유래하고 그 주장이 이와 연관된 사람들에게 어떤 영향을 미치는지 질문할 수 있는 능력을 주어야 한다. 또한 우리가 고통의 주장에 대응할 때 그저 감정에만 의지하지 않고 판단력을 발휘하는 데 도움이 되어야 한다. 다시 말해서 피해자성 탐문법은 자신의 고난을 인정해달라는 호소에 대해 **고통을 주장하는 사람을 안타까워하는 데만** 치중하지 않고, 우리가 **어째서 그 고난에 안타까움을 느껴야 하는가**를 이해하는 방향으로, 그리하여 필요하다면 고난을 유발하는 조건에 개입하여 더 나은 변화를 도모하는 방향으로 나아가도록 만들어야 한다.

피해자성 탐문법

어떤 질문들이 피해자성을 탐문하는 데 동력을 제공할 수 있을까? 맥락에 따라 구체적인 담론 환경에 맞춰 변형할 수 있겠지만, 일단 아래의 질문들로 시작해볼 것을 제안한다.

- ▶ 이 서사에서 피해자는 누구이고 가해자는 누구인가?
- ▶ 고난의 행위자들은 어떤 사회적 지위(계급, 젠더, 인종, 섹슈얼리티, 장애에 있어)를 점하고 있는가?
- ▶ 누가, 어떤 역량을 가지고 발언하고, 누가 침묵당하고 있는가?
- ▶ 관련 행위자들은 고통에 관해 어떤 진실 주장을 펼치고 있고 이런 주장들은 어떻게 검토할 수 있는가?
- ▶ 고통의 주장들은 이 행위자들에게 어떤 종류의 감정을 불

러 일으키는가?
- ▶ 이 감정을 유발하여 유리해지는 쪽은 누구이고 불리해지는 쪽은 누구인가?
- ▶ 이 감정을 유발했을 때 어떤 종류의 공동체를 결집시키는가?
- ▶ 이 감정은 어떤 종류의 배제를 전제하고 영속화하는가?
- ▶ 이 배제는 젠더, 인종, 섹슈얼리티, 계급, 장애 같은 위치성과 어떻게 교차하는가?

이 탐문법의 목적은 고통의 주장의 국지적인 맥락에 관한 질문을 통해 피해자성의 소통에서 규범적인 힘을 떼어내는 것이다. 근대성의 공감문화가 중시하는 보편적 도덕성에서 출발한 피해자성의 규범은 고통을 "우리"가 공유하는 공통의 인간 경험처럼 취급하지만, 고통받는 사람의 일부에게만 가치를 할당하는 방식으로 고통의 주장들을 구조화한다는 점을 기억하자. 그러므로 고통의 주장들을 "우리" 인류의 이름으로 행하는 감정적 호소가 아닌 비판적 분석에 열려 있는 특정 상황에서의 발화 행위로 바라보는 것은 늘 특권층에게 유리하게 돌아가는 편향된 피해자성 소통 행위의 결과를 제어하고자 함이다.

이런 규범화된 편견의 사례는 '로 대 웨이드' 판례 번복에서 확인할 수 있다. 판례 번복의 논리에서 프로라이프 서사는 태아를 공통된 인간이라는 이상에 포함시켜 태어나지 않은 아이를 피해자 자리에 둔 채 펼쳐진다. 이는 이러한 편견을 근거로 특정한 정치 공동체, 바로 백인·남성우월주의·복음주의 극우 세력의 입장을 임신중단에 대한 유일하면서 도덕적으로 올바르고 또 헌법에 부합하는 입장으로 보편화하기 위한 것이다. 물론 훨씬 전부터 여성의 권리에 대한 우익 세력들의 광범위한 공격이 있었고, '로 대 웨이드' 판례 번복은 그 연장선에 놓여 있다.[81] 이 프로라이프 서사는 2018년 분노에 차서 브렛 캐버노를 옹호했던 극우 세력들의 행태와 유사했다. 당시에도 특정 남성을 상대로 한 고발이 모든 남성이 겪는 구조적 취약성처럼 취급되었던 것이다. "미국에 있는 젊은 남성에게 아주 두려운 시기"라는 트럼프의 말이나 "모든 여성에게는 아버지가, 누구에게는 남편이, 또 누구에게는 아들이 있다"는 코닌의 주장은 캐버노의 개인적 좌절을 보편적 도덕성에 관한 문제로 바꿔놓았다. 배닛-와이저는 이를 "신자유주의적 가부장제"라는 구조 속의 "뒤집힌 역학 관계"라고 일컫는다.[82] 이 두 보편화 행위 모두 백인 남성의 고통의 주장을 구조적 문제처럼 재현하기 위해 잔인함의 화법—프로라이프 서사에서는 태어나지 않은 "피해자"에 대한 이상화, 캐버노의 사례에서는 남성 "피해자"를 싸고도는 힘퍼시—에 의지하는 **전략적 피해자성**의 사례에 해당한다. 동시에 이런 행동들은 자신의 고통의 주장에 끌어들인 여성들, 특히 실제로 구조적 취약성을 갖고 있어 다양한 피해와 죽음의 위험에 노출된 흑인 여성들을 비방한다.

　이런 맥락에서 #미투의 성폭력 증언들은 맥락이 분명한 고통의 주장이 어떻게 피해자성의 보편화를 바로잡는 역할을 할 수 있는지 보여주는, 위와는 대조적인 사례다. 미투 운동은 비평의 목소리들을 개별화한다는 이유로 비판을 받았지만[83] 피해자성 탐문법의 관점에서 보았을 때 트윗에서 트윗으로, 또는 "미투Me, too"에서 "미투Me, too"로 꼬리를 물며 여성 피해자를 의심하는 성차별주의적 규범에 맞서는 집단적인 저항의 실천으로 작동한 것은 #미투가 가부장제에서 여성들이 겪는 고난의 특수한 사례들을 끈질기게 폭로하며 누적했기에 가능한 일이었다. 괴롭힘이나 강간의 구체적인 정황들이 온라인을 통해 확산하는 과정을 거치면서 이런 증언들은 고통의 정치에 내재한 남성중심적인 신뢰성의 규범―"여성의 피해 진술을 '남자 쪽 주장/여자 쪽 주장'으로 나누어 축소하는, 중립을 가장한 전형적이고 무책임한 패턴으로"[84] 환원하는 규범들―에 기어이 도전장을 내밀었다. 그렇게 피해자성의 보편화에 내재한 젠더화된 편향도 백일하에 드러냈다. 그 편향이 적용된 곳이 법정이든 언론이든 의료기관이든 공적 토론의 장이든 간에.

　이와 같은 피해자성에 대한 맥락적 탐문은 공적 담론에서 중요한 권력 비평의 도구가 되며, 사람들이 고통을 경험하는 교차적인 폭력의 맥락들을 더 깊이 파헤칠 수 있다. 실제로 피해자성 탐문법에서 중요한 지점은 고통의 **교차성**intersectionality 분석이다. 고통의 주장들은 그 주장의 출발점인 폭력에 어느 정도로 노출되어 있는지에 따라, 그 주장을 하는 사람의 상대적 특권이나 취약성 — 젠더, 인종, 계급, 섹슈얼리티, 장애 — 에 따라 복잡한 고난의 경험들과 얽혀 있을 때가 많기 때문이다. 가령 #미투와 #여자를믿어라 해시태그는 여성의 신뢰성에 관한 가부장제의 규범에 도전했지만, 신뢰성에는 젠더에 따른 구조적 취약성뿐만 아니라 인종과 계급도 영향을 준다는 사실을 포착하는 데 실패했다는 비난을 사기도 했다. 아미아 스리니바산Amia Srinivasan은 이와 관련하여 이런 질문을 던졌다. "우리는 누구를 믿어야 할까? 자신이 강간당했다고 말하는 백인 여성? 아니면 자기 아들이 함정에 빠졌다고 주장하는 유색인종 여성? 캐롤린 브라이언트인가 아니면 메이미 틸인가?"*[85]

이런 공적 증언 행위는 모든 여성에게 신뢰받을 권리를 주어야 한다고 정당하게 주장하지만, 그럼에도 #미투 같은 운동들은 여전히 지배적인 고통의 정치 안에서 작동하기 때문에 불가피하게 자체적인 보편화 작업이 수반된다. 이런 운동은 여성 중에서

---

* 1955년 흑인을 상대로 한 린치가 횡행하던 미시시피주에서 식료품 가게 계산원으로 일하던 21세 백인 여성 캐롤린 브라이언트는 자신에게 부적절한 언행을 했다며 14세 흑인 소년 에멋 틸을 비난했고, 며칠 뒤 틸은 백인 남성들에게 납치와 구타를 당한 뒤 사망했다. 메이미 틸은 에멋 틸의 어머니이다.

도 상대적으로 특권을 가진 여성, 대체로 중간계급 백인 여성의 고통의 주장에 특권을 부여하고, 주변화·소수화된 노동계급 여성들을 늘 그래왔듯 침묵의 우물에 남겨둔다. 아쉬위니 탐베Ashwini Tambe는 이렇게 말한다. "전 세계에서 해시태그가 들불처럼 번지면서… 성폭력이 미국 백인 여성만의 문제가 아님이 분명해졌다. 하지만 이 운동과 가장 눈에 띄는 대변인들, 최근 추문의 피해자들을 보도하는 미국 미디어를 보고 있으면 대중매체의 보도에서 중심은 확실히 백인 여성의 고통이다."[86] 고통의 교차적 맥락화는 바로 이 취약함의 접합부를 조명한다. 모든 여성은 일상화된 의심이라는 상징폭력과 강간이라는 육체적 폭력에 모두 노출되어 있지만, 가난한 흑인 여성은 이런 폭력들에 몇 배는 더 심각하게 위협받는다는 의미이다. 킴벌리 크렌쇼Kimberlé Crenshaw의 표현처럼 피해자성 탐문법은 우리로 하여금 "흑인 여성이 어떤 **특수한 방식**으로 종속되어 있는가"를 살필 수 있게 해준다.[87]

    피해자성 탐문법의 교차성 관점은 지배적 행위자가 특권적 지위에 있다는 이유만으로 그들의 고통을 깎아내리려는 것이 절대 아니다. 만일 그렇다면 이는 비인간적이고 부당한 처사일 것이다. 발화자가 어떤 지위를 가졌든 트라우마를 남긴 유년의 기억 또는 유해한 사회적 행위자·구조·제도가 자신에게 입힌 상처를 털어놨을 때, 이를 어떻게 부정한단 말인가? 그보다 교차성 렌즈는 고난을 "역사·문화·사회경제적 현실"이라는 맥락 속에 위치시키라는 사이드의 요청에 따라 고통과 권력이 특정한 형태로 손을 잡았을 때 어떤 종류의 자아와 어떤 인정의 공동체를 불러내는지, 그리고 이는 누구에게 이익이며 누구에게 손해인지를 최대한 정확하게 살피려고 한다. 그리고 그 과정에서 여러 교차점이 정확히 어떻게 고난의 위계질서를 정당화하거나 부정하는지, 폭력의 구조를 영속화하거나 뒤흔드는지 규명하고자 한다.

요컨대 피해자성 탐문법은 고통의 주장들을 맥락 속에 위치한 권력 행위로 평가하도록 권유한다. 그 맥락 속에서 사회구조적 취약성과 전략적 피해자성의 차이는 분명하고 고정적인 이원론이 아니라 특권과 취약성을 양 끝에 둔 사회적 지위의 연속체 위에 혼합물로 나타난다.[88] 따라서 피해자성의 어휘를 분석할 때는 고통의 주장에 상대적인 관점에서 조심스럽게 접근해야 하며, 공적 담론에서 사용되는 잔인함의 화법을 비롯해 어휘의 담론적 작동을 인내심 있게 해부하는 비판적 태도가 요구된다. 이런 의미에서 피해자성 탐문법은 대중의 관심을 "진짜" 피해자 또는 "가짜" 피해자를 가리려는 협소한 질문에서 다양한 의제로 진실을 파악하려는 일련의 주장들로 이동시키는 데 크게 도움이 된다. 누구의 고난이 어떤 교차하는 취약성들에 의해 악화했는가? 이러한 사실이 사회에서 가장 취약한 사람들의 고통의 주장에 어떤 의미를 갖는가?

피해자성과 정의

맥락과 교차성을 강조하는 피해자성 탐문법을 활용하려면 기꺼이 멈춰서 피해자성의 소통이 **어떤 식으로** 작동하는지 생각해볼 의지를 발휘해야 한다. 이를 위해서는 판정judgment에 대한 느린 시간성이 요구된다. 이 시간성에는 이제까지 주장해왔듯 고통의 주장이 어떤 맥락 속에 있는지를 파악하는 것뿐 아니라 그 반대편에 있는 일까지 할 수 있는 잠재력이 있다. 고통의 주장에서 그 특수성을 떨쳐내고 **어떻게**라는 질문을 **왜**라는 질문으로 보완하도록 권유하는 것이다. 여기서 피해자성 탐문법은 질문한다. '이 고난은 왜 우리가 감정과 관심을 쏟을 만한 가치를 지녔는가?' '왜'라는 질문을 통해 판정은 정동적인 고통의 정치로 진입하여 공적 담론에 정의를 요구하는 태도를 끌고 온다. 이 정의에 대한 요구는 "무엇이 정의로운가를 판별하기 위해 고난에 처한 사람을 **테스트한다**."[89] 여기서 정의는 "저 바깥에" 존재하는 객관적 가치판단이 아니라 상호주관적intersubjective 과정으로서 "테스트the test" 자체를 중점에 둔다. 피해자성 탐문법의 "테스트"라는 비판적 작업은 고통의 국지적 맥락(과 특권과 취약성이라는 그 매트릭스)을 탐문하는 것에서 더 나아간다. 그것은 즉각적인 반응이라는 긴박함에 저항하는 지적 태도이다. 그것은 로레타 로스Loretta Ross가 말했듯 "다른 사람이 하는 말에 대한 당신의 어떤 본능적인 반응을 잠시 접어두는 것"이고, "당신 자신의 반응에 관심을 쏟지 말고 말하는 상대에게 집중하여 그를 존중하는 태도를 보일 것을 요구한다."[90]

이런 판정 과정에서 핵심은 '왜'라는 질문을 정의의 서사와 연결하는 것이다. 정의의 서사는 특정한 고통의 주장이 어디에서 유래하고 어떤 특수한 취약성이나 특권의 교차점들을 보여주는지를 이해하려는 피해자성 탐문법의 정신에 이미 내포되어 있다. 어쩌면 이를 피해자성 탐문법의 **설명적** 틀이라고 부를 수 있을 것이다. 하지만 정의의 서사는 나아가 제시된 설명을 근거로 왜 그리고 어떻게 그 주장에 연루된 구조적으로 취약한 이들의 조건을 개혁 또는 변혁해야 하는지에 관한 명시적인 **정당화** 틀을 요구한다. 이 정당화 틀은 고통의 신자유주의적 개별화에 도전하고 사회 변화를 지향하는 넓은 동맹을 위한 토대를 창출한다. 1장에서 밝혔듯 정의의 서사들은 체계적인 억압 구조, 자본주의, 가부장제, 구조적 인종주의에 맞서는 **혁명적**, **집단주의적** 투쟁들이나, 개인들을 유해한 제도로부터 보호하려는 **개혁적** 노력에 뿌리를 둔, 인권의 역사를 구성하는 일부분이다.

정의의 개혁적 서사의 실례로는 디지털 시대에 아동의 권리를 보호하기 위해 다양한 이해당사자들이 팔을 걷어붙이고 나선 일을 들 수 있다. 공적 담론에서는 아이들의 목소리를 거의 들을 수가 없지만, 디지털 플랫폼을 접하는 아이들이 점점 늘어나면서 폭력에 노출되는 아이들도 늘어난다는 점에서 이들 역시 취약한 사람들의 범주에 해당한다. 연구를 동력 삼아 정책을 바꾸려는 이 활동은 피해자성 탐문법과 유사하게 아이들이 디지털 피해를 당하고 있다는 주장을 국가-문화적 입장과 사회경제적 교차점이라는 맥락 속에서 파악함으로써 개시되었다. 정당화 논리를 엄밀하게 쌓아 올리는 한편 모든 스펙트럼의 취약성과 회복탄력성을 망라하며 아이들이 다양한 폭력의 형태(프라이버시의 부재, 사이버괴롭힘 등)에 어떻게 노출되어 있는지를 평가하는 도구를 개발했다. 아동에 대한 디지털 보호를 최초로 제도화한 국제연합의 "디지털 환경에서 아동의 권리에 관한 일반 논평 25호"(2021년 3월 2일)는 구체적인 제도 변화를 낳는 "게임체인저"였다고 소니아 리빙스턴은 설명한다. "일반 논평은 전 세계 모든 정부의 탁자에 놓일 것이다. 그것은 디지털 환경이 아동의 시민권과 자유, 차별받지 않을 권리와 프라이버시, 보호, 교육, 놀이 등을 누릴 권리와 어떤 연관이 있는지 분명히 밝힌다. 또한 1만 700단어 내에서 **어째서** 국가와 다른 의무자들이 나서서 행동해야 하는지, **어떻게** 행동해야 하는지도 설명한다."[91]

    개별 자아와 집단을 구조적 위해—가령 플랫폼 자본주의와 디지털 과점의 구조적 위해—로부터 보호하는 투쟁에서 정의의 개혁적 서사는 필요하고 중요한 도구이다. 하지만 개혁의 서사들은 대체로 전문가가 주도하는 특수한 실천이어서 그 자체만으로는 현 사회질서에 숨겨진 폭력의 형태들에 정치적으로 도전하지 못한다. 이런 폭력의 형태에 맞서려면 사회적 고난에 대한 개인주의적 설명 대신 애당초 고난을 유발한 조건을 바꿀 수 있는 단결된 실천을 요구하는 **집단주의적** 정의의 서사가 필요하다. 오늘날의 미디어 경관과 바이럴리티 주도의 주목경제economies of attention에서 집단주의적 서사는 낡은 것으로 간주될지 모른다. 그렇지만 현시대에 맞춰 현대화된 집단주의적 서사는 반피해자주의와 극우 세력의 잔인함의 정치에 맞서는 투쟁뿐만 아니라 너무나도 절실한 미래지향적인 사회 변화 비전에도 필요하다.

1장에서 확인했듯 오늘날의 미디어 또는 정치 담론들에서는 고통의 소통이 상업화되고 '인포테인먼트infotainment'*가 주도하는 장르에 잠식되어 트라우마나 인권의 서사를 개별화하고 사람들의 고통을 전적으로 개인의 고생담으로만 재현하는 한편, 고통의 구조적 원인을 중심으로 한 설명적인 주장들을 희석하거나 삭제하는 경향이 있다. 특히 자유주의적 담론은 "비아냥irony"이라는 소통 양식을 선호하는 데, 이는 전반적인 메시지는 불의를 집중적으로 겨냥하지만 명시적으로 드러내지는 않으며 종종 "다 안다는 듯한 무심함, 모든 진리 주장을 향한 자의식적인 의심 … 유희적인 불가지론"으로 가득한 담론을 통해 표현된

---

* '정보'를 뜻하는 '인포메이션information'과 '즐거움'을 뜻하는 '엔터테인먼트entertainment'의 합성어로, 오락적 요소를 가미하여 정보를 제공하는 방식을 통칭한다.

다.⁹² 가령 비정부기구 캠페인이나 유명인사를 앞세워 인권이라는 대의를 브랜드화하는 오늘날의 인도주의적 소통 양식은 미디어 사용자들에게 인기를 얻었지만, 공적인 참여를 소비자의 선택이라는 사적인 문제로 홍보하는 경향을 보여준다. 이는 "연대를 위한 실천을 역설하는 일체의 도덕적 호소에는 회의적이지만 고난에 처한 사람들을 위한 어떤 행동에는 열려 있는" 교양 있는 시민이라는 양가적인 모델을 배양한다.⁹³

이와 유사하게 단나갈 영Dannagal Young은 자유주의 정치에서 비아냥의 사용을 문제 삼는데, 특히 미국의 풍자적 장르가 정당화와 설명적인 담론에 의지하지만 동시에 "도덕적 확신을 경시하고 선언보다는 암시를 통해 판단을 제시"⁹⁴하는 정치 비평이라고 비판한다. 이처럼 미디어 친화적인 비아냥 장르는 유희와 모호한 말을 이용하여 엄청난 인기를 구가하며 큰 이윤을 낳는 오락거리가 되었다. 하지만 인도주의의 브랜드화와 마찬가지로 이러한 장르는 정치과정에 대해서는 일반화된 불신을 품고 구조적 문제에 대체로 개인화된 반응을 보이는 교양 있는 시민이라는 양가적인 시민성을 확산한다. "(자유주의적인 시민은) 정치인이나 정부에 있는 사람들이 올바른 일을 할 것이라고는 결코 믿지 않는 반면, 자신에게는 내가 속한 정치적 세상을 헤쳐나가며 올바른 일을 해낼 능력이 있음을 확신한다"는 것이 영의 결론이다.⁹⁵ 그러므로 자유주의적 담론 가운데서도 인기가 있는 비아냥 장르에는 분명 중요한 장점이 있긴 하지만, 우리 사회의 구조적 불의의 조건을 바꾸는 단합된 행동에 대한 믿음은 결여되어 있다. 즉, 집단주의적 정의의 서사가 빠져 있는 것이다.

자유주의적 미디어 장르들은 인기가 있지만, 텔레비전 장르와 소셜미디어에서 밈과 짤과 웃긴 영상 같은 플랫폼화된 포맷으로 확산하는 극우의 혐오와 격분의 쉴 새 없는 흐름에 맞서기에는 역부족이다. 잔인함의 시대에 집단주의적 정의의 서사가 시급히 필요한 것은 이 때문이다. 영은 이 둘을 대비하면서 "대규모 정치적 영향력을 손에 넣기 위해 격분보다 비아냥을 이용하는 것이 훨씬 어렵다"고 확신한다. 격분은 "도덕적 확신 속에 몸을 숨기고 분명한 진실을 제시한다고 주장하는… 교훈적이고 감정 가득한 (일반적으로는 혐오나 분노가 가득한) 화법"을 이용하기 때문이다.[96] 그런데 오늘날의 데이터 생태계가 집단주의적 정당화의 서사들을 방해하는 모양새긴 해도 여전히 대안적인 서사가 들어설 일말의 기회를 제공한다. 팟캐스트, 다큐멘터리, 그리고 읽기에는 좀 길지만 형식이 다양한 인스타그램, 트위터, 페이스북, 틱톡상의 텍스트들은 로레타 로스의 표현을 빌면 "피해자성을 흑백으로 축소하는 대신" 그 "만화경 같은 현실을 반영"[97]하도록, 그리고 집단적 실천이 가능하도록 유도하며 이미 온라인에 비판적 사고의 다양한 시간성이 존재할 수 있도록 한다.

공적 담론에서 집단주의적 정의의 서사를 생산적으로 활

용한 긍정적인 사례 두 가지를 최근 미국과 영국의 사회운동 역사에서 찾아볼 수 있다. 먼저 2014~2015년에 미주리주 퍼거슨 시에서 시위가 일어났을 때 벌어진 흑인목숨도소중하다 운동이다. 당시 이 운동은 마이클 브라운과 그 후 살해당한 다른 이들의 죽음뿐만 아니라, 딘 프리론Deen Freelon, 찰턴 맥일웨인Charlton McIlwain, 메레디스 클락Meredith Clark이 주장하듯 제도적 인종주의와 경찰의 폭력을 종식하기 위한 구체적인 제안이라는 더 넓은 비평을 중심으로 정의의 서사를 엮어냈다. 흑인목숨도소중하다의 서사는 이 운동의 요구 사항과 그것을 이행하는 것이 중요한 이유를 아주 분명하게 제시함으로써 전국적인 담론의 중심을 "경찰이 만행을 저지른 개별 사건에만 협소하게 주목하는 데서 사회구조적이고 인종화된, 시급하게 개선해야 할 문제들을 이해하는 쪽으로" 이동시키는 데 기어이 성공했다. 흑인의 고통을 사회구조적 불의라는 맥락에서 이해하도록 만드는 설명적 서사를 활용한 결과, 이 운동은 정점에 달했을 때는 전례없는 연대의 힘을 보여주었다. "흑인 유명인사와 언론인, 국제 미디어, 백인 좌파, 그리고 어나니머스Anonymous*가 우후죽순 시위대 옆으로 모여 함께 경찰에 맞섰고" 그 결과 "최소한 그 순간 흑인 목숨의 가치는 '항상 의심받는 용의자'를 한참 뛰어넘으며 큰 지지

---

*   주로 사이버 공격으로 유명세를 얻고 있는 온라인 운동 집단.

를 받았다."[98] 그다음으로 2022~2023년 영국 철도노동조합의 파업도 이와 유사한 사례다. 이 일련의 쟁의행위는 다른 산업 부문과 손을 잡고 노동자가 적정 임금, 노동조건 개선, 연금을 누릴 권리를 옹호하며 위기에 빠진 영국을 뒤흔들었다. 당시의 담론은 노동조합의 특정한 쟁의행위에서 출발하여 어째서 파업이 필요한가라는 질문을 더 폭넓은 정당화의 서사—영국 노동자의 만성적인 빈곤—에 위치시킴으로써 전통적으로 노동조합에 적대적인 대중을 파업에 우호적으로 돌아서게 만들었고, 적대적인 보도가 없지는 않았지만 전국적으로 점점 많은 지지를 받았다.[99] "그(노동조합 대변인)는 많은 사람의 심금을 울렸다"고 언론인 제임스 그레이그James Greig는 〈데이즈드〉에서 설명했다. "그에게는 분명한 도덕적 목표가 있고, 그 사람은 자신이 대변하는 구성원들의 구체적인 경험에 집중하며, 영국의 걷잡을 수 없는 경제적 불의 이면에 있는 근본 원인을 평이하고 설득력 있게 설명했기" 때문이다.[100]

두 사례 모두 정의의 서사에서 고통의 언어를 표출하는 것은 도덕적 인정을 학습하는 시민교육 그 이상임을 시사한다. 이는 정치적 동맹 구축을 학습하는 교육의 장이 될 수도 있다. 비아냥과 격분이 새로운 지지를 불러올 잠재력은 기존의 정동을 따라 구성된 인정의 공동체 내부의 명확한 한계 때문에 대체로 제한되어 있는 반면, 어떤 고통의 주장이 어째서 부정의하고 그

것에 관해 무엇을 할 수 있는지를 조목조목 밝히는 것은 아직 마음을 결정하지 못한 대중들이 과연 이 주장에 주목할 가치가 있는가를 결정하도록 유도할 잠재력이 있다. 이런 의미에서 이 대중들 역시 볼탕스키가 말했듯 "무엇이 정의로운가를 판별하기 위해 고통받는 사람들을 테스트"하고 아직 결성된 적 없는 정치적 행동의 공동체로 결집할 수도 있다.

내가 피해자성 비평의 일환으로 정당화와 판정을 강조하는 것은 모든 고난의 주장에 집단주의적 대응이 필요하다는 의미가 아니다. 굳이 그럴 필요가 없는 주장도 있다. 치유의 맥락에서 반성적인 자기성찰을 낮잡거나 고통의 정치에서 정치적 공동체를 소환해내는 감정―공감과 분노―의 힘을 무시하는 것도 아니다. 1장을 돌이켜보면 자본주의의 착취, 가부장제의 억압, 인종주의의 폭력, 성적인 주변화에 맞서는 역사적 투쟁에는 사람들의 고난에 대한 공감과 가해자를 향한 분노가 배어 있었다. 정의의 서사를 강조하는 것은 판단, 주장, 정당화가 장기적인 정치적 결속을 다지는 데 필수이며 플랫폼화된 고통에 딸린 감정들은 그렇게 하지 못한다는 사실을 되새기려는 것이다.

이런 이유로 피해자성 비평은 디지털 위해, 데이터화의 상해, 알고리즘의 통제, 그리고 플랫폼 규율에 관한 플랫폼 비평을 다루는 포괄적인 연구를 활용하면서, 소셜미디어 플랫폼 비평에도 꾸준히 관심을 가질 필요가 있다. 이 책에서도 고통의 플랫폼화와 그 유해한 함의를 자주 언급했다. 소셜미디어가 이미 자동화된 프로그램 안에 코드화된 사회의 위계질서를 재생산하는 데이터 추출과 분류라는 눈에 보이지 않는 과정을 중심으로 어떻게 온라인 참여를 조직하는지를, 어떻게 감정-진실을 증폭하여 우리 사회에서 가장 취약한 목소리를 비방하고 침묵시키고 완전히 배제하는지를 비판했다. 이 두 가지 의미에서 소셜미디어는 하신의 말처럼 "궁극적으로 더 포용력 있는 사회정의 의제의 출현을, 심지어는 정치적 행위자 지형의 재편을 가로막도록 설계되어 있다."[101] 일론 머스크가 트위터/엑스를 인수하고 난 뒤 동성애자와 흑인을 향한 플랫폼의 유독함이 순식간에 두세 배 증가한 일[102]은 시장 중심의 사업 모델이 공적 담론의 질에 미치는 해악을 극적으로 보여주었다.

이런 점에서 "이미 사회구조적 억압 아래 살아가는 이들이 이런 조건에 어떻게 저항할 것이며 모두가 번성할 수 있는 공정하고 정의로운 사회를 어떻게 조직할 것인가"라는 문제에 관하여 나는 사피야 노블Safiya Noble과 여러 학자의 우려에 공감한다.[103] 플랫폼화된 소통을 개선하는 노력은 정확히 이런 우려에서 출발해야 한다. "온라인 참여의 사회적·정치적·감정적 짐을 더 많이 떠안은"[104] 취약한 공동체에 집중하고, 빅테크의 이윤 지향 모델에 도전하는 동시에 개인정보 관리 방식에 공적 책임성 원칙을 널리 확산하며 온라인 담론을 규율하는 방식에 관한 공적인 관심을 증진해야 할 것이다.

　이 마지막 부분을 쓰는 시점에 플랫폼의 역할은 어느 때보다 많은 논란과 불확실성에 휩싸여 있다. "끝이다. 페이스북은 내리막길이고, 트위터는 혼돈에 빠졌다… 소셜미디어의 시대가 곧 막을 내릴지 모른다는 생각이 이보다 강하게 든 적은 없다"고 이언 보고스트Ian Bogost는 〈애틀랜틱〉에서 주장한다.[105] 이 모든 상황이 앞으로 어떻게 진행되든, 피해자성에 관한 나의 주장은 지금 우리의 시대, 바로 21세기의 세 번째 10년 동안 빚어졌고, 그렇기 때문에 장기적인 구조, 특히 고통의 정치와 그 피해자성의 어휘의 수명에도 의지하지만 현재의 덧없음에도 의지한다. 감정자본주의와 거기서 비롯된 생명의 위계질서를 구성하는 고통의 의사소통 정치는 이미 지난 100년 동안 큰 변화를 겪었다. 100년 동안 거대한 호를 그리며 막대한 인간의 고난과 기념비적 사회 개혁이 이어지는 내내 고통의 의사소통 정치는 피해자성의 소통을 개별화된 고통의 주장으로 천천히 이동시키며, 누구의 고난이 도덕적 인정을 받을 가치가 있는가를 둘러싼 불평등한 투쟁 속으로 자아를 던져넣었고, 그 과정에서 우리 가운데 가장 취약한 사람들의 트라우마와 상해를 지워버리는 역사적 침묵을 영속시켰다.

　우리는 인간의 고통과 사회적 고난의 근원인 감정자본주의의 유산에서, 또는 우리가 이 두 가지에 관해 말할 때 사용하는 언어의 유산에서 완전히 벗어날 수는 없다. 하지만 미래를 바라보며 서구 근대성의 금기와 그로부터 파생된 피해자성의 어휘를 향한 의무적인 존중과 단절하고, 대신 생각해보지 못한 질문을 던질 수 있다. 우리는 **어째서 이** 고난의 주장에 마음을 써야 하는가? 감정자본주의를, 그리고 그 권력 관계와 소통의 편향을 철저하게 파헤칠 때 자유주의적 정치형태의 주변부에 이미 존재하는 대안적인 어휘를 다시 불러낼 가능성이 열린다. 지금이야말로 어느 때보다 자유주의적 정치형태에 내재한 집단주의적 정의의 서사에 다시 힘을 싣고, 이를 이용해 모두의 일반적인 고통이 아니라 고난에 처한 가장 취약한 사람들의 고통을 부각하고 그들의 고난을 연대의 요청으로 바꿔낼 때다. 사회 변화를 위해 취약성을 탈환하지 않는다면, 아렌트식으로 말하자면[106] 피해자성의 전략적 용법들은 이 세상을 바꿀 수 있고 꾸준히 바꾸겠지만, 그 변화의 결과는 분명 고난이 줄어든 세상이 아니라 고난이 늘어난 세상일 것이다.

참고문헌

단행본

Agamben, Giorgio. *Where Are We Now? The Epidemic as Politics*. London: Rowman and Littlefield, 2021.

Ahmed, Sara. *The Cultural Politics of Emotion*. Edinburgh: Edinburgh University Press, 2004. (사라 아메드, 《감정의 문화 정치》, 시우 옮김, 오월의봄, 2023)

Archer, Christon I. *World History of Warfare*. Lincoln: University of Nebraska Press, 2002.

Arendt, Hannah. *On Revolution*. 1963. Reprint. New York: Penguin, 2006. (한나 아렌트, 《혁명론》, 홍원표 옮김, 한길사, 2004)

Arnett, Peter. *Live from the Battlefield: From Vietnam to Baghdad: 35 Years in the World's War Zones*. New York: Simon&Schuster, 1994.

Badali., Vasja. *The War Against Civilians: Victims of the "War on Terror" in Afghanistan and Pakistan*. Cham, Switzerland: Springer International, 2019.

Banet-Weiser, Sarah. *Empowered: Popular Feminism and Popular Misogyny*. Illus. ed. Durham, NC: Duke University Press, 2018.

Banet-Weiser, Sarah, and Kathryn Clare Higgins. *Believability: Sexual Violence, Media, and the Politics of Doubt*. Cambridge: Polity, 2023.

Barrett, Michele. *Casualty Figures: How Five Men Survived the First World War*. London: Verso, 2007.

Beard, Mary. *Women&Power: A Manifesto*. London: Profile, 2017.

Ben-Ghiat, Ruth. *Strongmen: How They Rise, Why They Succeed, How They Fall*. London: Profile, 2020. (루스 벤 기앳, 《극우, 권위주의, 독재》, 박은선 옮김, 글항아리, 2025)

Benjamin, Walter. *The Storyteller: Tales out of Loneliness*. Brooklyn, NY: Verso, 2016. (발터 벤야민 지음, 파울 클레 그림, 《고독의 이야기들》, 김정아 옮김, 엘리, 2025)

Berlant, Lauren. *The Female Complaint: The Unfinished Business of Sentimentality in American Culture*. Durham, NC: Duke University Press, 2008.

Bermeo, Nancy, and Larry M. Bartels, eds. *Mass Politics in Tough Times: Opinions, Votes, and Protest in the Great Recession*. Illus. ed. Oxford: Oxford University Press, 2014.

Bjerre, Thomas Ærvold. "From Warrior Heroes to Vulnerable Boys: Debunking 'Soldierly Masculinity' in Tim Hetherington's Infidel Photos." In *Visualizing War: Emotions,*

Technologies, Communities, ed. Anders Engberg-Pedersen and Kathrin Maurer, 146-64. London: Routledge, 2017.

Blanton, DeAnne, and Lauren Cook Wike. *They Fought Like Demons: Women Soldiers in the American Civil War*. Baton Rouge: Louisiana State University Press, 2002.

Boltanski, Luc. *Distant Suffering: Morality, Media, and Politics*. Trans. Graham D. Burchell. Cambridge: Cambridge University Press, 1999.

Bonner, Eric. "From Modernity to Bigotry." In *Critical Theory and Authoritarian Populism*, ed. Jeremiah Morelock, 85-105. London: University of Westminster Press, 2018.

Braudy, Leo. *From Chivalry to Terrorism: War and the Changing Nature of Masculinity*. New York: Knopf, 2003.

Brock, Rita, and Gabriella Litini. *Soul Repair: Recovering from Moral Injury After War*. Boston, MA: Beacon, 2013.

Brown, Wendy. *States of Injury: Power and Freedom in Late Modernity*. Princeton, NJ: Princeton University Press, 1995.

Butler, Judith. Precarious Life. *The Powers of Mourning and Violence*. London: Verso, 2004. (주디스 버틀러, 《위태로운 삶》, 윤조원 옮김, 필로소픽, 2018)

Butler, Judith, Zeynep Gambetti, and Leticia Sabsay, eds. *Vulnerability in Resistance*. Durham, NC: Duke University Press, 2016.

Campbell, Bradley, and Jason Manning. *The Rise of Victimhood Culture: Microaggressions, Safe Spaces, and the New Culture Wars*. New York: Palgrave Macmillan, 2018.

Caruth, Cathy. *Unclaimed Experience: Trauma, Narrative, and History*. Baltimore, MD: Johns Hopkins University Press, 2016.

Cesaire, Aime. *Discourse on Colonialism*. New York: New York University Press, 2001. (에메 세제르, 《식민주의에 관한 담론》, 이석호 옮김, 동인, 2004)

Chouliaraki, Lilie. *The Ironic Spectator: Solidarity in the Age of Post-humanitarianism*. New York: Wiley, 2013.

―――. *The Spectatorship of Suffering*. London: Sage, 2006.

Chouliaraki, Lilie, and Myria Georgiou. *The Digital Border: Migration, Technology, Power*. New York: New York University Press, 2022.

Chouliaraki, Lilie, and Anne Vestergaard, eds. *Routledge Handbook of Humanitarian Communication*. London: Routledge, 2022.

Coker, Christopher. *Humane Warfare*. London: Routledge, 2001.

Cole, Alyson M. *The Cult of True Victimhood: From the War on Welfare to the War on Terror*. Stanford, CA: Stanford University Press, 2007.

Craps, Stef. *Postcolonial Witnessing: Trauma out of Bounds*. New York: Palgrave Macmillan, 2013.

Crossland, James. *War, Law, and Humanity: The Campaign to Control Warfare, 1853-1914*. London: Bloomsbury, 2018.

Das, Santanu. ed. *Race, Empire, and First World War Writing*. Cambridge: Cambridge University Press, 2011.

Davies, William. *The Limits of Neoliberalism: Authority, Sovereignty, and the Logic of Competition*. London: Sage, 2016.

Dean, Carolyn J. *The Moral Witness: Trials and Testimony After Genocide*. Ithaca, NY: Cornell University Press, 2019.

Delanty, Gerard. *The Political Sociology of Emotions: Essays on Trauma and Ressentiment*. London: Routledge, 2020.

Demertzis, Nicolas. "Emotions and Populism." In *Emotion, Politics, and Society*, ed. Paul Hoggett, Simon Clarke, and Simon Thompson, 103-22. London: Palgrave Macmillan, 2006.

Du Bois, W..E..B. *Black Reconstruction in America: Toward a History of the Part Which Black Folk Played in the Attempt to Reconstruct Democracy in America, 1860-1880*. 1935. Reprint. London: Routledge, 2012.

―――. *On Sociology and the Black Community*. Ed. Dan Green and Edwin Driver. Chicago: University of Chicago Press, 1978.

―――. *Worlds of Color 1925*. Reprint. Edinburgh: Mainstream/Random House, 1961.

Enns, Diane. *The Violence of Victimhood*. University Park: Pennsylvania State University Press, 2012.

Eyerman, Ron. *Memory, Trauma, and Identity*. London: Palgrave Macmillan, 2019.

Faludi, Susan. *Backlash: The Undeclared War Against American Women*. New York: Crown, 1991. (수전 팔루디, 《백래시》, 성원 옮김, 손희정 해제, 아르테, 2017)

Fanon, Frantz. *The Wretched of the Earth*. Trans. Constance Farrington. New York: Grove, 1963. (프란츠 파농, 《대지의 저주받은 사람들》, 나경태 옮김, 그린비, 2010)

Fassin, Didier, and Richard Rechtman. *The Empire of Trauma: An Inquiry Into the Condition of Victimhood*. Trans. Rachel Gomme. Princeton, NJ: Princeton University Press, 2009. (디디에 파생·리샤르 레스만 지음, 《트라우마의 제국》, 최보문 옮김, 바다출판사, 2016)

Faust, Drew Gilpin. *This Republic of Suffering*. New York: Knopf Doubleday, 2008.

Fell, Alison S., and Christine E. Hallett. *First World War Nursing: New Perspectives*. London: Routledge, 2013.

Felman, Shoshana, and Dori Laub. *Testimony: Crises of Witnessing in Literature, Psy-

choanalysis, and History. New York: Routledge, 1992.
Figes, Orlando. *Crimea*. London: Penguin, 2011.
Figley, Charles R. *Stress Disorders Among Vietnam Veterans: Theory, Research*. London: Routledge, 2014.
Foster, Gaines M. *Ghosts of the Confederacy: Defeat, the Lost Cause, and the Emergence of the New South, 1865-1913*. 1985. Reprint. New York: Oxford University Press, 1987.
Foucault, Michel. *The Government of Self and Others: Lectures at the College de France, 1982-1983*. Ed. Frederic Gros. Trans. Graham Burchell. London: Picador, 2010.
Frosh, Paul, and Amit Pinchevski. "Introduction: Why Witnessing? Why Now?" In *Media Witnessing: Testimony in the Age of Mass Communication*, ed. Paul Frosh and Amit Pinchevski, 1-22. London: Palgrave Macmillan, 2009.
Furedi, Frank. *Therapy Culture: Cultivating Vulnerability in an Uncertain Age*. London: Routledge, 2003.
Fussell, Paul. *The Great War and Modern Memory*. London: Sterling, 2009.
Garland, Ruth, and Darren Lilleker. "From Consensus to Dissensus: The UK's Management of a Pandemic in a Divided Nation." In *Political Communication in the Time of Coronavirus*, ed. Peter Van Aelst and Jay G. Blumler, 17-32. New York: Routledge, 2021.
Gilbert, Jonas. *Freedom's Sword: The NAACP and the Struggle Against Racism in America, 1909-1969*. New York: Routledge, 2006.
Gilmore, Leigh. *Tainted Witness: Why We Doubt What Women Say About Their Lives*. New York: Columbia University Press, 2017.
———. "Policing Truth: Confession, Gender, and Autobiographical Authority." In *Autobiography and Postmodernism*, ed. Gerald Peters, Kathleen Ashley, and Leigh Gilmore, 54-78. Boston: University of Massachusetts Press, 1994.
Grogan, Suzie. *Shell Shocked Britain: The First World War's Legacy for Britain's Mental Health*. Illus. ed. Barnsley, U.K.: Pen&Sword, 2014.
Grossberg, Lawrence. *Under the Cover of Chaos: Trump and the Battle for the American Right*. London: Pluto, 2018.
Hallin, Daniel. *The Uncensored War: The Media and Vietnam*. Berkeley: University of California Press, 1989.
Hamad, Ruby. *White Tears/Brown Scars: How White Feminism Betrays Women of Color*. Melbourne: Melbourne University Press, 2019.
Harari, Yuval Noah. *Renaissance Military Memoirs: War, History, and Identity, 1450-*

1600. Suffolk, U.K.: Boydell and Brewer, 2004.

Hensman, Savitri. "Whose Views, and Lives, Truly Count? The Meaning of Coproduction Against a Background of Worsening Inequalities." In *COVID-19 and Co-production in Health and Social Care Research, Policy, and Practice, vol. 1: The Challenges and Necessity of Co-production*, ed. Peter Beresford, Michelle Farr, Gary Hickey, Meerat Kaur, Josephine Ocloo, Doreen Tembo, and Oli Williams, 19-27. Cambridge: Policy, 2021.

Herman, Judith. L. *Trauma and Recovery: The Aftermath of Violence from Domestic Abuse to Political Terror*. New York: Basic, 1992. (주디스 루이스 허먼, 《트라우마》, 최현정 옮김, 사람의집, 2022)

Hobsbawm, Eric. *Age of Extremes: A History of the World, 1914-1991*. 1994. Reprint. London: Abacus, 1995. (에릭 홉스봄, 《극단의 시대: 20세기의 역사-상/하》, 이용우 옮김, 까치, 1997)

Hochschild, Arlie Russell. *Strangers in Their Own Land: Anger and Mourning on the American Right*. Illus. ed. New York: New Press, 2016. (앨리 러셀 혹실드, 《자기 땅의 이방인들》, 유강은 옮김, 이매진, 2017)

Hoffmann, Anna Lauren, and Anne Jonas. "Recasting Justice for Internet and Online Industry Research Ethics." In *Internet Research Ethics for the Social Age: New Cases and Challenges*, ed. Michael Zimmer and Katharina Kinder-Kuranda, 3-15. Bern, Switzerland: Peter Lang, 2016.

Hoskins, Andrew. "Digital War." In *Routledge Handbook of Humanitarian Communication*, ed. Lilie Chouliaraki and Anne Vestergaard, 66-86. London: Routledge, 2022.

Humphreys, Margaret. *Intensely Human: The Health of the Black Soldier in the American Civil War*. Illus. ed. Baltimore, MD: Johns Hopkins University Press, 2008.

Hunter, Anna. "The Holocaust as the Ultimate Trauma Narrative." In *Trauma and Literature*, ed. J. Roger Kurtz, 66.82. Cambridge: Cambridge University Press, 2018.

Hutchison, Emma. *Affective Communities in World Politics*. Cambridge: Cambridge University Press, 2016.

Hynes, Samuel. *The Soldiers' Tale: Bearing Witness to Modern War*. New York: Allen Lane, 1997.

Illouz, Eva. *Cold Intimacies: The Making of Emotional Capitalism*. Cambridge: Polity, 2007. (에바 일루즈, 《감정 자본주의》, 김정아 옮김, 돌베개, 2010)

———. *Oprah Winfrey and the Glamour of Misery: An Essay on Popular Culture*. New York: Columbia University Press, 2003. (에바 일루즈, 《오프라 윈프리, 위대한 인생》, 강주헌 옮김, 2006)

―――. *Saving the Modern Soul: Therapy, Emotions, and the Culture of Self-Help*. Berkeley: University of California Press, 2008. (에바 일루즈, 《근대 영혼 구원하기》, 박형신·정수남 옮김, 한울, 2023)

―――. "The Culture of Management: Self-Interest, Empathy, and Emotional Control." In *An Introduction to Social Entrepreneurship: Voices, Preconditions, Contexts*, ed. Rafael Ziegler, 107-32. Cheltenham, U.K.: Edward Elgar, 2009.

Jarvis, Christina Sharon. *The Male Body at War: American Masculinity and Embodiment During World War II*. University Park: Pennsylvania State University Press, 2000.

Kaiser, David E. *American Tragedy: Kennedy, Johnson, and the Origins of the Vietnam War*. Cambridge, MA: Harvard University Press, 2000.

Kazin, Michael. *The Populist Persuasion: An American History*. Ithaca, NY: Cornell University Press, 1995.

Kellison, Rosemary. *Expanding Responsibility for the Just War: A Feminist Critique*. Cambridge: Cambridge University Press, 2018.

King, Martin Luther, Jr. "The World House." In *Where Do We Go from Here: Chaos or Community?* (1967), introduction by Vincent Harding, foreword by Coretta Scott King, 177-201. Boston, MA: Beacon, 2010.

Kryder, Daniel. *Divided Arsenal: Race and the American State During World War II*. Cambridge: Cambridge University Press, 2001.

LaCapra, Dominick. *Writing History, Writing Trauma*. Baltimore, MD: Johns Hopkins University Press, 2014.

Laclau, Ernesto. "Populism: What's in a Name?" In *Populism and the Mirror of Democracy*, ed. Francisco Panizza, 103-14. London: Verso, 2005.

Lacquer, Thomas. "Memory and Naming in the Great War." In *Commemorations: The Politics of National Identity*, ed. John R. Gillis, 150-67. 1994. Reprint. Princeton, NJ: Princeton University Press, 1996.

Leed, Eric. *No Man's Land: Combat and Identity in World War 1*. Cambridge: Cambridge University Press, 1979.

Levitsky, Steven, and Daniel Ziblatt. *How Democracies Die*. New York: Crown, 2018. (스티븐 레비츠키·대니얼 지블랫, 《어떻게 민주주의는 무너지는가》, 박세연 옮김, 어크로스, 2018)

Levy, Daniel, and Natan Sznaider. "The Politics of Commemoration: The Holocaust, Memory, and Trauma." In *Handbook of Contemporary European Social Theory*, ed. Gerard Delanty, 289-97. London: Routledge, 2006.

Leys, Ruth. "Traumatic Cures: Shell Shock, Janet, and the Question of Memory." In *Tense*

Littler, Jo. *Against Meritocracy: Culture, Power, and Myths of Mobility*. London: Routledge, 2017.

Luckhurst, Roger. *The Trauma Question*. London: Routledge, 2008.

Lyotard, Jean-Francois. *The Postmodern Condition: A Report on Knowledge*. Manchester: Manchester University Press, 1984.

MacCurdy, John. T. *The Psychology of War. 1918*. Reprint. Minneapolis, MN: Franklin Classics, 2018.

Manne, Kate. *Down Girl: The Logic of Misogyny*. Oxford: Oxford University Press, 2017. (케이트 맨,《다운 걸》, 서정아 옮김, 글항아리, 2023)

———. *Entitled: How Male Privilege Hurts Women*. New York: Crown, 2020. (케이트 맨,《남성 특권》, 하인혜 옮김, 오월의봄, 2021)

Mascheroni, Giovanna, and Donell Holloway. *The Internet of Toys: Practices, Affordances, and the Political Economy of Children's Smart Play*. London: Palgrave Macmillan, 2019.

McGill, Harold W. *Medicine and Duty: The World War I Memoir of Captain Harold W. McGill, Medical Officer, 31st Battalion, C.E.F.* Ed. Marjorie Barron Norris. Calgary, Canada: University of Calgary Press, 2007.

McNay, Lois. "Suffering, Silence, and Social Weightlessness: Honneth and Bourdieu on Embodiment and Power." In *Embodied Selves*, ed. Stella Gonzalez-Arnal, Gill Jagger, and Kathleen Lennon, 230-48. London: Palgrave Macmillan, 2012.

Meron, Theodor. *The Humanization of International Law*. Leiden, Netherlands: Martinus Nijhoff, 2006.

Micale, Mark. *Approaching Hysteria: Disease and Its Interpretations*. Princeton, NJ: Princeton University Press, 1995.

Mill, John Stuart. "Civilization." In *Essays on Politics and Culture,* ed. Gertrude Himmelfarb, 45-76. New York: Basic, 1963.

Mills, Charles. "White Ignorance." In *Race and Epistemologies of Ignorance,* ed. Shannon Sullivan and Nancy Tuana, 11-38. Albany: State University of New York Press, 2007.

Mondon, Aurelien, and Aaron Winter. *Reactionary Democracy: How Racism and the Populist Far Right Became Mainstream*. London: Verso, 2020.

Mosse, George Lachmann. *The Image of Man: The Creation of Modern Masculinity*. Oxford: Oxford University Press, 1998.

———. *Nationalism and Sexuality: Respectability and Abnormal Sexuality in Modern*

Europe. Madison: University of Wisconsin Press, 1985. (조지 L. 모스, 《내셔널리즘과 섹슈얼리티》, 서강여성문학연구회·공임순 옮김, 소명출판, 2004)

Moyn, Samuel. *The Last Utopia: Human Rights in History*. Cambridge, MA: Harvard University Press, 2010.

———. *Not Enough: Human Rights in an Unequal World*. Cambridge, MA: Belknap Press of Harvard University Press, 2018. (새뮤얼 모인, 《충분하지 않다》, 김대근 옮김, 글항아리, 2022)

Neer, Robert M. *Napalm*. Cambridge, MA: Harvard University Press, 2013.

Norris, Pippa, and Ronald Inglehart. *Cultural Backlash: Trump, Brexit, and Authoritarian Populism*. Cambridge: Cambridge University Press, 2019.

Oakeshott, Michael. *The Politics of Faith and the Politics of Scepticism*. Ed. Timothy Fuller. New Haven, CT: Yale University Press, 1996. (마이클 오크쇼트, 《신념과 의심의 정치학》, 박동천 옮김, 모티브북, 2015)

Orgad, Shani, and Rosalind Gill. *Confidence Culture*. Durham, NC: Duke University Press, 2021.

Ouditt, Sharon. *Fighting Forces, Women Writing: Identity and Ideology in the First World War*. London: Routledge, 2020.

Panizza, Francisco. *Introduction to Populism and the Mirror of Democracy*, ed. Francisco Panizza, 1-31. London: Verso, 2005.

Pinchevski, Amit. *Transmitted Wounds: Media and the Mediation of Trauma*. Oxford: Oxford University Press, 2019.

Regehr, Kaitlyn, and Jessica Ringrose. "Celebrity Victims and Wimpy Snowflakes: Using Personal Narratives to Challenge Digitally Mediated Rape Culture." In *Mediating Misogyny: Gender, Technology, and Harassment*, ed. Jacqueline Ryan Vickery and Tracy Everbach, 353-64. Cham, Switzerland: Springer, 2018.

Reid, Fiona. *Broken Men: Shell Shock, Treatment, and Recovery in Britain, 1914-1930*. Illus. ed. London: Continuum, 2010.

Retzepi, Andriani, Angelos Nastoulis, and Panayis Panagiotopoulos. "The 'Deserved' Victimhood of Far-Left Terrorism: Shame, Guilt, and Status Reversal." In *Interdisciplinary Applications of Shame/Violence Theory*, ed. Roman Gerodimos, 177-89. London: Palgrave Macmillan, 2022.

Rose, Nikolas. *Powers of Freedom: Reframing Political Thought*. Cambridge: Cambridge University Press, 1999.

Rosenberg, Jonathan. *How Far the Promised Land? World Affairs and the American Civil Rights Movement from the First World War to Vietnam*. Princeton, NJ: Princeton University Press, 2006.

Rothberg, Michael. *The Implicated Subject: Beyond Victims and Perpetrators*. Stanford, CA: Stanford University Press, 2019.

──. *Multidirectional Memory: Remembering the Holocaust in the Age of Decolonization*. Stanford, CA: Stanford University Press, 2009.

Roy, Arundhati. *War Talk*. Boston, MA: South End Press, 2003.

Said, Edward W. *Orientalism*. New York: Pantheon, 1978. (에드워드 W. 사이드, 《오리엔탈리즘》, 박홍규 옮김, 교보문고(교재), 2015)

Savage, Mike. *The Return of Inequality: Social Change and the Weight of the Past*. Cambridge, MA: Harvard University Press, 2021.

Scarry, Elaine. *The Body in Pain: The Making and Unmaking of the World*. Oxford: Oxford University Press, 1987.

Schaffer, Neal. *The Age of Influence: The Power of Influencers to Elevate Your Brand*. New York: HarperCollins Leadership, 2020.

Sharafutdinova, Gulnaz. *The Red Mirror: Putin's Leadership and Russia's Insecure Identity*. Oxford: Oxford University Press, 2020.

Showalter, Elaine. "Hysteria, Feminism, and Gender." In Sander Gilman, Helen King, Roy Porter, G..S. Rousseau, and Elaine Showalter, *Hysteria Beyond Freud*, 286-344. Berkeley: University of California Press, 1993.

Smith, Adam. *The Theory of Moral Sentiments*. 1759. Reprint. Oxford: Oxford University Press, 1976. (애덤 스미스, 《도덕감정론》, 박세일 옮김, 비봉출판사, 2009)

Snyder, Timothy. *On Tyranny: Twenty Lessons from the Twentieth Century*. New York: Crown/Random House, 2017. (티머시 스나이더, 《폭정》, 조행복 옮김, 열린책들, 2017)

──. *The Road to Unfreedom*. New York: Crown/Random House, 2018. (티머시 스나이더, 《가짜 민주주의가 온다》, 유강은 옮김, 2019)

Spelman, Elizabeth. *Fruits of Sorrow: Framing Our Attention to Suffering*. Boston, MA: Beacon, 2001.

Srinivasan, Amia. *The Right to Sex: Feminism in the Twenty-First Century*. New York: Farrar, Straus and Giroux, 2021. (아미아 스리니바산, 《섹스할 권리》, 김수민 옮김, 창비, 2022)

Stammers, Neil. *Human Rights and Social Movements*. London: Pluto, 2009.

Standifer, Leon.C. *Not in Vain: A Rifleman Remembers World War II*. Baton Rouge: Louisiana State University, 1992.

Stanley, Jason. *How Fascism Works: The Politics of Us and Them*. Illus. ed. New York: Random House, 2018. (제이슨 스탠리, 《우리와 그들의 정치》, 김정훈 옮김, 솔출판사, 2022)

Strachan, Hew. *The Direction of War: Contemporary Strategy in Historical Perspective*.

Cambridge: Cambridge University Press, 2013.
Stavrakakis, Yannis. "Jacques Lacan: Negotiating the Psychosocial in and Beyond Language." In *The Routledge Handbook of Language and Politics*, ed. Ruth Wodak and Bernhard Forchtner, 82-95. London: Routledge, 2017.
Traverso, Enzo. *The New Faces of Fascism: Populism and the Far Right*. London: Verso, 2019.
Tripodi, Francesca Bolla. *The Propagandists' Playbook: How Conservative Elites Manipulate Search and Threaten Democracy*. New Haven, CT: Yale University Press, 2022.
Turner, Bryan. *Vulnerability and Human Rights*. University Park: Pennsylvania State University Press, 2006.
Urbinati, Nadia. *Me the People: How Populism Transforms Democracy*. Cambridge, MA: Harvard University Press, 2019.
Van Dijck, Jose. *The Culture of Connectivity: A Critical History of Social Media*. Oxford: Oxford University Press, 2013.
Welland, Julia. "Compassionate Soldiering and Comfort." In *Emotions, Politics, and War*, ed. Linda Ahall and Thomas Gregory, 115-27. London: Routledge, 2015.
Westheider, James E. *Fighting on Two Fronts: African Americans and the Vietnam War*. New York: New York University Press, 1997.
Wieviorka, Annette. *The Era of the Witness*. Ithaca, NY: Cornell University Press, 2006.
Wilkerson, Isabel. *Caste: The Origins of Our Discontents*. New York: Random House, 2020. (이저벨 윌커슨, 《카스트》, 이경남 옮김, 알에이치코리아, 2022)
Williams, Raymond. *Keywords: A Vocabulary of Culture and Society*. Oxford: Oxford University Press, 2014. (레이먼드 윌리엄스, 《키워드》, 김성기·유리 옮김, 민음사, 2010)
Winter, Jay. *Remembering War: The Great War Between Memory and History in the 20th Century*. Annotated ed. New Haven, CT: Yale University Press, 2006.
―――. *Sites of Memory, Sites of Mourning: The Great War in European Cultural History*. Cambridge: Cambridge University Press, 1998.
Wodak, Ruth. *The Politics of Fear: The Shameless Normalization of Far-Right Discourse*. 2nd ed. Los Angeles: Sage, 2020.
―――. *The Politics of Fear: What Right-Wing Populist Discourses Mean*. Los Angeles: Sage, 2015.
Young, Dannagal Goldthwaite. *Irony and Outrage: The Polarized Landscape of Rage, Fear, and Laughter in the United States*. Oxford: Oxford University Press, 2020.
Zelizer, Barbie. *Remembering to Forget: Holocaust Memory Through the Camera's Eye*. Chicago: University of Chicago Press, 1998.

학술논문 및 기타 간행물

Alderman, Derek H., and G. Rebecca Dobbs. "Geographies of Slavery: Of Theory, Method, and Intervention." In "Geographies of Slavery," ed. Derek H. Alderman and G. Rebecca Dobbs. Special issue, *Historical Geography* 39 (2011): 29-40.

Alexander, Jeffrey C. "On the Social Construction of Moral Universals: The 'Holocaust' from War Crime to Trauma Drama." *European Journal of Social Theory* 5, no. 1 (2002): 5-85. https://doi.org/10.1177/1368431002005001001.

―――. "Social Subjectivity: Psychotherapy as Central Institution." *Thesis Eleven* 96 (2009): 128-34.

Allen, Irving M. "Posttraumatic Stress Disorder Among Black Vietnam Veterans." *Psychiatric Services* 37, no. 1 (1986): 55-61.

Arditi, Benjamin. "Populism as a Spectre of Democracy: A Response to Canovan." *Political Studies* 52, no. 1 (2003): 135-43. https://doi.org/10.1111/j.1467-9248.2004.00468.x.

―――. "Reflections on Violence." *Journal of International Affairs* 23, no. 1 (1969): 1-35. https://www.jstor.org/stable/95f4f82f-fc7d-3ce4-bebe-f5e0077edbfd.

―――. "Truth and Politics." *The New Yorker*, February 17, 1967. https://www.newyorker.com/magazine/1967/02/25/truth-and-politics.

Baer, Hester. "Redoing Feminism: Digital Activism, Body Politics, and Neoliberalism." *Feminist Media Studies* 16, no. 1 (2016): 17-34. https://doi.org/10.1080/14680777.2015.1093070.

Baker, Michael, and Andrew Anglemyer. "Successful Elimination of COVID-19 Transmission in New Zealand." *New England Journal of Medicine* 383 (2020): e56. https://www.nejm.org/doi/full/10.1056/NEJM c2025203.

Baker, Michael, Nick Wilson, and Andrew Anglemyer. "Excess Mortality due to COVID-19 in Germany." *Journal of Infection* 81, no. 5 (2020): 797-801. https://www.nejm.org/doi/full/10.1056/NEJMc2025203.

―――. "'Ruined' Lives: Mediated White Male Victimhood." *European Journal of Cultural Studies* 24, no. 1 (2021): 60-80. https://doi.org/10.1177/1367549420985840.

Banet-Weiser, Sarah, and Kathryn Clare Higgins. "Television and the 'Honest' Woman: Mediating the Labor of Believability." *Television&New Media* 23, no. 2 (2022): 127-47. https://doi.org/10.1177/15274764211045742.

Barrett, Frank J. "The Organizational Construction of Hegemonic Masculinity: The Case of the US Navy." *Gender, Work, &Organization* 3, no. 3 (1996): 129-42. https://doi.org/10.1111/j.1468.0432.1996.tb00054.x.

Bektas, Yakup. "The Crimean War as a Technological Enterprise." *Notes and Records:*

Royal Society Journal of the History of Science 71, no. 3 (2017): 233-62.

Berridge, Anne Louise. "Off the Chart: The Crimean War in British Public Consciousness." *19: Interdisciplinary Studies in the Long Nineteenth Century* 20 (2015): 1-23. https://doi.org/10.16995/ntn.726.

Blight, David W. "'For Something Beyond the Battlefield': Frederick Douglass and the Struggle for the Memory of the Civil War." *Journal of American History* 75, no. 4 (1989): 1156-78. https://doi.org/10.2307/1908634.

Boudreau, Tyler. "The Morally Injured." *Massachusetts Review* 52, nos. 3-4 (2011): 746-54. https://www.jstor.org/stable/23210143.

Bourke, Joanna. "Effeminacy, Ethnicity, and the End of Trauma: The Sufferings of 'Shell-Shocked' Men in Great Britain and Ireland, 1914-39." *Journal of Contemporary History* 35, no. 1 (2000): 57.69. https://www.jstor.org/stable/261181.

─────. "Fear and Anxiety: Writing About Emotion in Modern History." *History Workshop Journal* 55 (February 2003): 111-33. https://doi.org/10.1093/hwj/55.1.111.

Bratich, Jack. "'Give Me Liberty or Give Me COVID!': Anti-lockdown Protests as Necropopulist Downsurgency." *Cultural Studies* 35, nos. 2-3 (2021): 257-65. https://doi.org/10.1080/09502386.2021.1898016.

Brown, Alexander. "What Is Hate Speech? Part 1: The Myth of Hate." *Law and Philosophy* 36 (August 2017): 419-68. https://doi.org/10.1007/s10982-017-9297-1.

Brown, Wendy. "Wounded Attachments: Late Modern Oppositional Political Formations." *Political Theory* 21, no. 3 (1993): 390-410.

Brubaker, Rogers. "Paradoxes of Populism During the Pandemic." *Thesis Eleven* 164, no. 1 (2021): 73-87. https://doi.org/10.1177/0725513620970804.

Bulut, Ergin. "Interview with Safiya Noble: Algorithms of Oppression, Gender, and Race." *Moment Dergi* 5, no. 2 (2018): 294-301. https://dergipark.org.tr/en/download/article-file/653368.

Burke, Roland. "Emotional Diplomacy and Human Rights at the United Nations." *Human Rights Quarterly* 39 (May 2017): 273-95.

Buxton, Hilary. "Imperial Amnesia: Race, Trauma, and Indian Troops in the First World War." *Past&Present* 241, no. 1 (2018): 221-58. https://doi.org/10.1093/pastj/gty023.

Cammaerts, Bart. "The Abnormalisation of Social Justice: The 'Anti-woke Culture War' Discourse in the UK." *Discourse&Society* 33, no. 6 (2022): 730-43.

Canovan, Margaret. "Trust the People! Populism and the Two Faces of Democracy." *Political Studies* 47, no. 1 (1999): 2-16. https://doi.org/10.1111/1467-9248.00184.

Carden-Coyne, Ana. "Masculinity and the Wounds of the First World War: A Centenary Reflection." *Revue francaise de civilisation britannique*, online publication, May

1, 2015. https://doi.org/10.4000/rfcb.305.

Carney, Nikita. "All Lives Matter, but so Does Race: Black Lives Matter and the Evolving Role of Social Media." *Humanity&Society* 40, no. 2 (2016): 180-99. https://doi.org/10.1177/0160597616643868.

Carreira da Silva, Filipe, and Monica Brito Vieira. "Populism and the Politics of Redemption." *Thesis Eleven* 149, no. 1 (2018): 10-30. https://doi.org/10.1177/0725513618813374.

Carreira da Silva, Kumarini. "COVID-19 and the Mundane Practices of Privilege." *Cultural Studies* 35, nos. 2-3 (2021): 238-47. https://doi.org/10.1080/09502386.2021.1898034.

Cohen, Susan.A. "Abortion and Women of Color: The Bigger Picture." *Policy Review* 11, no. 3 (2008): 2-12. https://www.guttmacher.org/sites/default/files/article_files/gpr110302.pdf.

Cole, Alyson, and Sumru Atuk. "What's in a Hashtag? Feminist Terms for Tweeting in Alliance." *philoSOPHIA: A Journal of Continental Feminism* 9, no. 1 (2019): 26-52.

Coleman, Mathew. "Immigration Geopolitics Beyond the Mexico.US Border." *Antipode* 39, no. 1 (2007): 54-76. https://doi.org/10.1111/j.1467-8330.2007.00506.x.

Cook, Tim, Emira Kursumovic, and Simon Lennane. "Exclusive: Deaths of NHS Staff from COVID-19 Analysed." *HSJ: Health Services Journal*, April 22, 2020. https://www.hsj.co.uk/exclusive-deaths-of-nhs-staff-from-covid-19-analysed/7027471.article.

"COVID-19.Break the Cycle of Inequality." Editorial. *Lancet*, February 1, 2021. https://www.thelancet.com/journals/lanpub/article/PIIS2468.2667(21)00011-6/fulltext.

"The COVID-19 Infodemic." Collective editorial. *Lancet: Infectious Diseases* 20, no. 8 (2020): 875. https://www.thelancet.com/journals/laninf/article/PIIS1473-3099(20)30565-X/fulltext.

Cox, David. "Pandemic Reflections." *International Journal of Community and Social Development* 2, no. 3 (2020): 349-54. https://doi.org/10.1177/2516602620959506.

Crenshaw, Kimberle. "Demarginalizing the Intersection of Race and Sex: A Black Feminist Critique of Antidiscrimination Doctrine, Feminist Theory, and Antiracist Politics." *University of Chicago Legal Forum* 140 (1989): 139-67. https://philarchive.org/rec/CREDTI.

Crouthamel, Jason. "Male Sexuality and Psychological Trauma: Soldiers and Sexual Disorder in World War I and Weimar Germany." *Journal of the History of Sexuality* 17 (February.2008): 60-84. https://doi.org/10.1353/sex.2008.0006.

Dada, Sara, Henry Charles Ashworth, Marlene Joannie Bewa, and Roopa Dhatt. "Words

Matter: Political and Gender Analysis of Speeches Made by Heads of Government During the COVID-19 Pandemic." *BMJ Global Health* 6, no. 1 (2021): e003910. https://doi.org/10.1136/bmjgh-2020-003910.

Dahlgren, Peter. "Media, Knowledge, and Trust: The Deepening Epistemic Crisis of Democracy." *Javnost the Public* 25, nos. 1-2 (2018): 20-27. https://doi.org/10.1080/13183222.2018.1418819.

Danielsen, Ann Caroline, Marion Boulicault, Annika Gompers, Tamara Rushovich, Katherine. M. N. Lee, and Sarah S. Richardson. "How Cumulative Statistics Can Mislead: The Temporal Dynamism of Sex Disparities in COVID-19 Mortality in New York State." *International Journal of Environmental Research and Public Health* 19, no. 21 (2022): article 14066. https://doi.org/10.3390/ijerph192114066.

Das, Santanu. "Colors of the Past: Archive, Art, and Amnesia in a Digital Age." *American Historical Review* 124, no. 5 (2019): 1771-81. https://doi.org/10.1093/ahr/rhz1021.

———. "The Indian Sepoy in the First World War." *British Library Archive*, February 6, 2014. https://www.bl.uk/world-war-one/articles/the-indian-sepoy-in-the-first-world-war.

De Benedictis, Sara, Shani Orgad, and Catherine Rottenberg. "#MeToo, Popular Feminism, and the News: A Content Analysis of UK Newspaper Coverage." *European Journal of Cultural Studies* 22, nos. 5-6 (2019): 718-38. https://doi.org/10.1177/1367549419856831.

Delanty, Gerard. "Six Political Philosophies in Search of a Virus: Critical Perspectives on the Coronavirus Pandemic." *LEQS Paper* 156 (2020): 5-24. https://www.lse.ac.uk/european-institute/Assets/Documents/LEQS-Discussion-Papers/LEQSPaper156.pdf.

Demertzis, Nicolas, and Ron Eyerman. "COVID-19 as Cultural Trauma." *American Journal of Cultural Sociology* 8, no. 3 (2020): 428-50. https://doi.org/10.1057/s41290-020-00112-z.

Devakumar, Delan, Geordan Shannon, Sunil Bhopal, and Ibrahim Abdukar. "Racism and Discrimination in COVID-19 Responses." *Lancet*, April 11, 2020. https://www.thelancet.com/journals/lancet/article/PIIS0140-6736(20)30792-3/fulltext.

Dodman, Trevor. "'Belated Impress': River George and the African American Shell Shock Narrative." *African American Review* 44 (January 2011): 149-66. https://doi.org/10.1353/afa.2011.0023.

Douglass, Frederick. "The Claims of the Negro Ethnologically Considered" (1854). In *The Speeches of Frederick Douglass: A Critical Edition*, ed. John R. McKivigan, Julie Husband, and Heathe L. Kaufman, 116-50. New Haven, CT: Yale University

Press, 2018.

Dragiewicz, Molly, Jean Burgess, Ariadna Matamoros-Fernandez, Michael Salter, Nicolas P. Suzor, Delanie Woodlock, and Bridget Harris. "Technology Facilitated Coercive Control: Domestic Violence and the Competing Roles of Digital Media Platforms." *Feminist Media Studies* 18, no. 4 (2018): 609-25. https://doi.org/10.1080/14680777.2018.1447341.

Evanega, Sarah, Mark Lynas, Jordan Adams, and Karinne Smolenyak. "Coronavirus Misinformation: Quantifying Sources and Themes in the COVID-19 'Infodemic.'" *Journal of Medical Internet Research*, preprint publication, October 19, 2020. https://doi.org/10.2196/preprints.25143.

Evans, Brad, and Julian Reid. "Exhausted by Resilience: Response to the Commentaries." *Resilience* 3, no. 2 (2015): 154-59. https://doi.org/10.1080/21693293.2015.1022991.

Farias, Debora Barros Leal, Guilherme Casaroes, and David Magalhaes. "Radical Right Populism and the Politics of Cruelty: The Case of COVID-19 in Brazil Under President Bolsonaro." *Global Studies Quarterly* 2, no. 2 (2022): 1-13. https://doi.org/10.1093/isagsq/ksab048.

Farris, Samantha G., Mindy M. Kibbey, Erick J. Fedorenko, and Angelo M. DiBello. "A Qualitative Study of COVID-19 Distress in University Students." *Emerging Adulthood* 9, no. 5 (2021): 462-78. https://doi.org/10.1177/21676968211025128.

Farris, Sara, Nira Yuval-Davis, and Catherine Rottenberg. "The Frontline as Performative Frame: An Analysis of the UK COVID Crisis." *State Crime Journal* 10, no. 2 (2021): 284-303.

Felman, Shoshana. "Theaters of Justice: Arendt in Jerusalem, the Eichmann Trial, and the Redefinition of Legal Meaning in the Wake of the Holocaust." *Critical Inquiry* 27, no. 2 (2001): 201-38. https://www.jstor.org/stable/1344248.

Forster, Timon, and Mirko Heinzel. "Reacting, Fast and Slow: How World Leaders Shaped Government Responses to the COVID-19 Pandemic." *Journal of European Public Policy* 28, no. 8 (2021): 1299-320. https://doi.org/10.1080/13501763.2021.1942157.

Franke, Katherine.M. "Becoming a Citizen: Reconstruction Era Regulation of African American Marriages." *Yale Journal of Law&the Humanities* 11 (1991): 251-309.

Freelon, Deen, Charlton D. McIlwain, and Meredith Clark. "Beyond the Hashtags: #Ferguson, #Blacklivesmatter, and the Online Struggle for Offline Justice." Center for Media&Social Impact Publication, School of Communication, American University, 2016.

Galona, Yevgen. "From Ritual to Metaphor: The Semantic Shift in the Concept of 'Victim' and Medieval Christian Piety." *International Review of Victimology* 24, no. 1 (2018): 83-98. https://doi.org/10.1177/0269758017732923.

Garcia-Favaro, Laura, and Rosalind Gill. "'Emasculation Nation Has Arrived': Sexism Rearticulated in Online Responses to Lose the Lads' Mags Campaign." *Feminist Media Studies* 16 (November.2015): 379-97. https://doi.org/10.1080/14680777.2015.1105840.

Garrett, Laurie. "COVID-19: The Medium Is the Message." *Lancet* 395, no. 10228 (2020): 942-43. https://www.thelancet.com/journals/lancet/article/PIIS0140-6736(20)30600-0/fulltext.

Gerbaudo, Paolo. "The Pandemic Crowd: Protest in the Time of COVID19." *Journal of International Affairs* 73, no. 2 (2020): 61-76. https://www.jstor.org/stable/26939966.

Gerodimos, Roman. "Greece's Ongoing Tragedy." *Political Insight* 6, no. 3 (2015): 26-27. https://doi.org/10.1111/2041-9066.12111.

―――. "Humiliation, Shame, and Violence: Honor, Trauma, and Political Extremism Before and After the 2009 Crisis in Greece." *International Forum of Psychoanalysis* 31, no. 1 (2022): 34-45.

Al-Ghazzi, Omar. "We Will Be Great Again: Historical Victimhood in Populist Discourse." *European Journal of Cultural Studies* 24, no. 1 (2021): 45-59.

Gill, Rosalind, and Shani Orgad. "Confidence Culture and the Remaking of Feminism." *New Formations* 91 (April 2017): 16-34. https://doi.org/10.3898/NEWF:91.01.2017.

―――. "The Shifting Terrain of Sex and Power: From the 'Sexualization of Culture' to #MeToo." *Sexualities* 21, no. 8 (2018): 1313-24. https://doi.org/10.1177/1363460718794647.

Gilligan, Carol. "Moral Injury and the Ethic of Care: Reframing the Conversation About Differences." *Journal of Social Philosophy* 45, no. 1 (2014): 89-106. https://doi.org/10.1111/josp.12050.

Giroux, Henry A. "The Culture of Cruelty in Trump's America." *Truthout*, 2017. https://truthout.org/articles/the-culture-of-cruelty-in-trump-s-america/.

Gravelle, Timothy, Joseph Phillips, Jason Reifler, and Thomas J. Scotto. "Estimating the size of 'Anti-vax' and Vaccine Hesitant Populations in the US, UK, and Canada: Comparative Latent Class Modeling of Vaccine Attitudes." *Human Vaccines and Immunotherapeutics* 18, no. 1 (2022). https://doi.org/10.1080/21645515.2021.2008214.

Grossman, Daniel, Sarah Baum, Liza Fuentes, Kari White, Kristine Hopkins, Amanda Stevenson, and Joseph E. Potter. "Change in Abortion Services After Implementation of a Restrictive Law in Texas." *Contraception* 90, no. 5 (2014): 496-501. https://doi.org/10.1016/j.contraception.2014.07.006.

Grove, Kevin, Lauren Rickards, Ben Anderson, and Matthew Kearnes. "The Uneven Distribution of Futurity: Slow Emergencies and the Event of COVID-19." *Geographical Research* 60, no. 1 (2022): 6-17. https://doi.org/10.1111/1745-5871.12501.

Hall, Stuart. "On Postmodernism and Articulation: An Interview with Stuart Hall." Ed. Lawrence Grossberg. *Journal of Communication Inquiry* 10, no. 2 (1986): 45-60.

Halttunen, Karen. "Humanitarianism and the Pornography of Pain in Anglo-American Culture." *American Historical Review* 100, no. 2 (1995): 303-34. https://doi.org/10.2307/2169001.

Hao, Karen. "How Facebook and Google Fund Global Misinformation." *MIT Technology Review*, November 11, 2021. https://www.technologyreview.com/2021/11/20/1039076/facebook-google-disinformation-clickbait/.

Harding, Meghan. "Representation of Women in the Armed Forces." U.K. House of Commons Library, 2021. https://commonslibrary.parliament.uk/representation-of-women-in-the-armed-forces/.

Harman, Sophie, Parsa Erfani, Tinashe Goronga, Jason Hickel, Michelle Morse, and Eugene T. Richardson. "Global Vaccine Equity Demands Reparative Justice.Not Charity." *BMJ Global Health* 6 (2021): e006504. https://gh.bmj.com/content/bmjgh/6/6/e006504.full.pdf.

Harsin, Jayson. "Regimes of Posttruth, Postpolitics, and Attention Economies." *Communication, Culture, &Critique* 8, no. 2 (2015): 327-33.

———. "Toxic White Masculinity, Post-truth Politics, and the COVID-19 Infodemic." *European Journal of Cultural Studies* 23, no. 6 (2020): 1060-68. https://doi.org/10.1177/1367549420944934.

Hemmings, Robert. "'The Blameless Physician': Narrative and Pain, Sassoon and Rivers." *Literature and Medicine* 24, no. 1 (2005): 109-26. https://doi.org/10.1353/lm.2005.0026.

Henry, Nicola, and Anastasia Powell. "Embodied Harms: Gender, Shame, and Technology-Facilitated Sexual Violence." *Violence Against Women* 21, no. 6 (2015): 758-79. https://doi.org/10.1177/1077801215576581.

Higgins, Kathryn Claire. "Realness, Wrongness, Justice: Exploring Criminalization as a Mediated Politics of Vulnerability." PhD diss., *London School of Economics and Political Science*, 2022.

Hines, Sally. "The Feminist Frontier: On Trans and Feminism." *Journal of Gender Studies*

28, no. 2 (2019): 145-57.

———. "Sex Wars and (Trans) Gender Panics: Identity and Body Politics in Contemporary UK Feminism." *Sociological Review* 6, no. 4 (2020): 699-717. https://doi.org/10.1177/0038026120934684.

Hood, Caroline, and Alice Butler-Warke. "Living on the Edge: Spatial Exclusion Rendered Visible by the COVID-19 Pandemic." *Discover Society*, April 28, 2020. https://archive.discoversociety.org/2020/04/28 /living-on-the-edge-spatial-exclusion-rendered-visible-by-the-covid -19-pandemic/.

Hornsey, Matthew J., Matthew Finlayson, Gabrielle Chatwood, and Christopher T. Begeny. "Donald Trump and Vaccination: The Effect of Political Identity, Conspiracist Ideation, and Presidential Tweets on Vaccine Hesitancy." *Journal of Experimental Social Psychology* 88 (May 2020): article 103947. https://doi.org/10.1016/j.jesp.2019.103947.

Horwitz, Robert. "Politics as Victimhood, Victimhood as Politics." *Journal of Policy History* 30 (July 2018): 552-74. https://doi.org/10.1017/S0898030618000209.

Howard, Stephen. "The Vietnam Warrior: His Experience, and Implications for Psychotherapy." *American Journal of Psychotherapy* 30, no. 1 (1976): 121-35.

Hubner, Austin. "How Did We Get Here? A Framing and Source Analysis of Early COVID-19 Media Coverage." *Communication Research Reports* 38, no. 2 (2021): 112-20. https://doi.org/10.1080/08824096.2021.1894112.

Humphreys, Cathy, and Stephen Joseph. "Domestic Violence and the Politics of Trauma." *Women's Studies International Forum* 27 (2004): 559-70. https://doi.org/10.1016/j.wsif.2004.09.010.

Huszar, Ferenc, Sofia Ira Ktena, Conor O'Brien, Luca Belli, Andrew Schlaikjer, and Moritz Hardt. "Algorithmic Amplification of Politics on Twitter." *Proceedings of the National Academy of Sciences* 119 (January 2022): 1-6. https://doi.org/10.1073/pnas.2025334119.

Hutchings, Kimberly. "Making Sense of Masculinity and War." *Men and Masculinities* 10, no. 4 (2008): 389-404. https://doi.org/10.1177/1097184X07306740.

Illouz, va. "'That Shadowy Realm of the Interior': Oprah Winfrey and Hamlet's Glass." *International Journal of Cultural Studies* 2, no. 1 (1999): 109-31. https://doi.org/1 0.1177/136787799900200106.

Islam, Nazrul, Vladimir M. Shkolnikov, Rolando J. Acosta, Ilya Klimkin, Ichiro Kawachi, Rafael A. Irizarry, Gianfranco Alicandro, et al. "Excess Deaths Associated with COVID-19 Pandemic in 2020: Age and Sex Disaggregated Time Series Analysis in 29 High Income Countries." *British Medical Journal* 373, no. 1137 (2021).

https://www.bmj.com/content/373/bmj.n1137.

Jacoby, Tami Amanda. "A Theory of Victimhood: Politics, Conflict, and the Construction of Victim-Based Identity." *Millennium* 43, no. 2 (2015): 511-30. https://doi.org/10.1177/0305829814550258.

Jeffords, Susan. "Debriding Vietnam: The Resurrection of the White American Male." *Feminist Studies* 14, no. 3 (1988): 525-43.

Jenkinson, Jacqueline. "'All in the Same Uniform?' The Participation of Black Colonial Residents in the British Armed Forces in the First World War." *Journal of Imperial and Commonwealth History* 40, no. 2 (2012): 207-30. https://doi.org/10.1080/03086534.2012.697611.

Jerman, Jenna, Rachel K. Jones, and Tsuyoshi Onda. "Characteristics of U.S. Abortion Patients in 2014 and Changes Since 2008." *Working Paper* no. 29, Guttmacher Institute, New York, 2016. https://www.guttmacher.org/report/characteristics-us-abortion-patients-2014?utm_source=flin%20flon%20reminder&utm_campaign=flin%20flon%20reminder%3A%20outbound&utm_medium=referral.

Johnson, Carol, and Blair Williams. "Gender and Political Leadership in a Time of COVID." *Politics&Gender* 16, no. 4 (2020): 943-50. https://doi.org/10.1017/S1743923X2000029X.

Johnson, Paul Elliott. "The Art of Masculine Victimhood: Donald Trump's Demagoguery." *Women's Studies in Communication* 40, no. 3 (2017): 229-50. https://doi.org/10.1080/07491409.2017.1346533.

Jones, Edgar. "The Psychology of Killing: The Combat Experience of British Soldiers During the First World War." *Journal of Contemporary History* 41, no. 2 (2006): 229-46. https://www.jstor.org/stable/30036384.

Jones, Edgar, and Simon Wessely. "A Paradigm Shift in the Conceptualization of Psychological Trauma in the 20th Century." *Journal of Anxiety Disorders* 21, no. 2 (2007): 164-75. https://doi.org/10.1016/j.janxdis.2006.09.009.

Kalpokas, Ignas. "On Guilt and Post-truth Escapism: Developing a Theory." *Philosophy&Social Criticism* 44, no. 10 (2018): 1127-47. https://doi.org/10.1177/0191453718794752.

Kalyvas, Stathis, and Matthew Adam Kocher. "The Dynamics of Violence in Vietnam: An Analysis of the Hamlet Evaluation System (HES)." *Journal of Peace Research* 46, no. 3 (2009): 335-55. https://www.jstor.org/stable/25654409.

Kemp, Simon. "Digital 2021 October Global Statshot Report." *DataReportal—Global Digital Insights*, October 2021. https://datareportal.com/reports/digital-2021-october-global-statshot.

Kennedy, David. "Modern War and Modern Law." *International Legal Theory* 12, no. 55 (2006): 471-94. https://heinonline.org/HOL/Page?handle=hein.journals/intlt12&id=61&div=&collection=.

Kinnvall, Catarina. "Populism, Ontological Insecurity, and Hindutva: Modi and the Masculinization of Indian Politics." *Cambridge Review of International Affairs* 32, no. 3 (2019): 283-302.

Kissas, Angelos. "Performative and Ideological Populism: The Case of Charismatic Leaders on Twitter." Discourse&Society 31, no. 3 (2020): 268-84. https://doi.org/10.1177/0957926519889127.

Klinenberg, Eric, and Melina Sherman. "Face Mask Face-Offs: Culture and Conflict in the COVID-19 Pandemic." *Public Culture* 33, no. 3 (2021): 441-66. https://doi.org/10.1215/08992363-9262919.

Krasner, David. "Book Review: Oprah Winfrey and the Glamour of Misery: An Essay on Popular Culture by Eva Illouz." *African American Review* 38, no. 3 (2004): 539-41.

Krzyzanowski, Michal, and Ruth Wodak. "Right-Wing Populism in Europe&USA: Contesting Politics & Discourse Beyond 'Orbanism' and 'Trumpism.'" *Journal of Language and Politics* 16 (October 2017): 471-84. https://doi.org/10.1075/jlp.17042.krz.

Leask, Julie, Claire Hooker, and Catherine King. "Media Coverage of Health Issues and How to Work More Effectively with Journalists: A Qualitative Study." *BMC Public Health* 10, no. 1 (2010): 1-7.

Leed, Eric. "Fateful Memories: Industrialized War and Traumatic Neuroses." *Journal of Contemporary History* 35, no. 1 (2000): 85-100. https://doi.org/10.1177/002200940003500108.

Lilleker, Darren.G., and Thomas Stoeckle. "The Challenges of Providing Certainty in the Face of Wicked Problems: Analysing the UK Government's Handling of the. COVID-19 Pandemic." *Journal of Public Affairs* 2733 (2021): 1-10. https://www.ncbi.nlm.nih.gov/pmc/articles/PMC 8420585/#pa2733-note-0003.

Lim, Merlyna. "Clicks, Cabs, and Coffee Houses: Social Media and Oppositional Movements in Egypt, 2004-2011." *Journal of Communication* 62, no. 2 (2012): 231-48. https://doi.org/10.1111/j.1460.2466.2012.01628.x.

Lipi.ski, Artur, and Gabriella Szabo. "Heroisation and Victimisation: Populism, Commemorative Narratives, and National Days in Hungary and Poland." *Journal of Contemporary European Studies* 32, no. 1 (2023): 345-62.

Livingstone, Sonia. "Developing Social Media Literacy: How Children Learn to Interpret

Risky Opportunities on Social Network Sites." *Communications* 39 (September 2014): 283-303. https://doi.org/10.1515/commun-2014-0113.

Livingstone, Sonia, and Peter K. Smith. "Annual Research Review: Harms Experienced by Child Users of Online and Mobile Technologies: The Nature, Prevalence and Management of Sexual and Aggressive Risks in the Digital Age." *Journal of Child Psychology and Psychiatry* 55, no. 6 (2014): 635-54. https://doi.org/10.1111/jcpp.12197.

Livingstone, Sonia, and Amanda Third. "Children and Young People's Rights in the Digital Age: An Emerging Agenda." *New Media&Society* 19, no. 5 (2017): 657-70. https://doi.org/10.1177/1461444816686318.

Lucks, Daniel. "African American Soldiers and the Vietnam War: No More Vietnams." *The Sixties* 10, no. 2 (2017): 196-220. https://doi.org/10.1080/17541328.2017.1303111.

Lupton, Deborah, and Ben Williamson. "The Datafied Child: The Dataveillance of Children and Implications for Their Rights." *New Media&Society* 19, no. 5 (2017): 780-94. https://doi.org/10.1177/1461444816686328.

MacLeish, Kenneth. "On 'Moral Injury': Psychic Fringes and War Violence." *History of the Human Sciences* 31, no. 2 (2018): 128-46. https://doi.org/10.1177/0952695117750342.

Magelinski, Thomas, and Kathleen M. Carley. "Detecting Coordinated.Behavior in the Twitter Campaign to Reopen America." Paper presented at the Center for Informed Democracy&Social Cybersecurity Annual Conference, Carnegie Mellon University, Pittsburgh, PA, 2020. https://www.cmu.edu/ideas-social-cybersecurity/events/conference-archive/2020papers/magelinski_ideas_abstract_reopen.pdf.

Mandelbaum, Michael. "Vietnam: The Television War." *Daedalus* 111, no. 4 (1982): 157-69.

Marlier, Grant, and Neta Crawford. "Incomplete and Imperfect Institutionalisation of Empathy and Altruism in the 'Responsibility to Protect' Doctrine." *Global Responsibility to Protect* 5 (January 2013): 397-422. https://doi.org/10.1163/187598 4X-00504003.

Marshall, David. "Adam Smith and the Theatricality of Moral Sentiments." *Critical Inquiry* 10, no. 4 (1984): 592-613. https://www.jstor.org/stable/1343313.

Marwick, Alice, and Robyn Caplan. "Drinking Male Tears: Language, the Manosphere, and Networked Harassment." *Feminist Media Studies* 18, no. 4 (2018): 543-59.

Mbembe, Achille. "Necropolitics." *Public Culture* 15, no. 1 (2003): 11-40. https://doi.org/10.1215/08992363-15-1-11.

McCormick, Lisa. "Marking Time in Lockdown: Heroization and Ritualization in the UK

During the Coronavirus Pandemic." *American Journal of Cultural Sociology* 8, no. 3 (2020): 324-51. https://doi.org/10.1057/s41290-020-00117-8.

McMillan Cottom, Tressie. "Where Platform Capitalism and Racial Capitalism Meet: The Sociology of Race and Racism in the Digital Society." *Sociology of Race and Ethnicity* 6, no. 4 (2020): 441-49. https://doi.org/10.1177/2332649220949473.

McQueen, Fiona. "Male Emotionality: 'Boys Don't Cry' Versus 'It's Good to Talk.'" *NORMA* 12, nos. 3.4 (2017): 205-19. https://doi.org/10.1080/18902138.2017.1336877.

Meranze, Michael. "Distant Suffering: Morality, Media, and Politics." *History Workshop Journal* 53, no. 1 (2002): 252-58. https://doi.org/10.1093/hwj/53.1.252.

Meyer, Jessica. "Separating the Men from the Boys: Masculinity and Maturity in Understandings of Shell Shock in Britain." *Twentieth Century British History* 20, no. 1 (2009): 1-22. https://doi.org/10.1093/tcbh/hwn028.

Mitchell, Juliet. "Trauma, Recognition, and the Place of Language." *Diacritics* 28, no. 4 (1998): 121-33. https://doi.org/10.1353/dia.1998.0035.

Mkono, Muchazondida. "'Troll Alert!' Provocation and Harassment in Tourism and Hospitality Social Media." *Current Issues in Tourism* 21, no. 7 (2015): 791-804. https://doi.org/10.1080/13683500.2015 .1106447.

Moffitt, Benjamin, and Simon Tormey. "Rethinking Populism: Politics, Mediatisation, and Political Style." *Political Studies* 62, no. 2 (2014): 381-97. https://doi.org/10.1111/1467-9248.12032.

Moore, Suzanne. "On Talk Shows the Democracy of Pain Reigns Supreme." *New Statesman* 128, no. 4432 (1996): 17.

Naples, Nancy. "To Interpret the World and to Change It: An Interview with Nancy Fraser." *Signs: Journal of Women in Culture and Society* 29, no. 4 (2004): 1103-24. https://www.journals.uchicago.edu/doi/full/10.1086/382631.

Nash, Kate. "The Cultural Politics of Human Rights and Neoliberalism." *Journal of Human Rights* 18, no. 5 (2019): 490.505.

Negra, Diane, and Julia Leyda. "Querying 'Karen': The Rise of the Angry White Woman." *European Journal of Cultural Studies* 24, no. 1 (2021): 350-57. https://doi.org/10.1177/1367549420947777.

Nerlich, Brigitte, and Rusi Jaspal. "Social Representations of 'Social Distancing' in Response to COVID-19 in the UK Media." *Current Sociology* 69, no. 4 (2021): 566-83. https://doi.org/10.1177/0011392121990030.

Newsom, Kimmery, and Karen Myers-Bowman. "'I Am Not a Victim. I Am a Survivor': Resilience as a Journey for Female Survivors of Child Sexual Abuse." *Journal of Child Sexual Abuse* 26, no. 8 (2017): 927-47.

Norris, Pippa. "Varieties of Populist Parties." *Philosophy&Social Criticism* 45, nos. 9-10 (2019): 981-1012. https://doi.org/10.1177/0191453719872279.

Nye, Robert.A. "Western Masculinities in War and Peace." *American Historical Review* 112, no. 2 (2007): 417-38. https://www.jstor.org/stable/4136608.

O'Connor, Alison. "Coming Home to the Arts: Theatre as Reconnection." Paper presented at the Culture, Health, and Wellbeing International Conference, June 20-22, 2017, Bristol, U.K. https://pure.southwales.ac.uk/en/publications/coming-home-to-the-arts-theatre-as-reconnection.

O'Connor, Rory C., Karen Wetherall, Seonaid Cleare, Heather McClelland, Ambrose J. Melson, Claire L. Niedzwiedz, Ronan E. O'Carroll, et al. "Mental Health and Well-Being During the COVID-19 Pandemic: Longitudinal Analyses of Adults in the UK COVID-19 Mental Health & Wellbeing Study." *British Journal of Psychiatry: The Journal of Mental Science* 218, no. 6 (2021): 326-33. https://doi.org/10.1192/bjp.2020.212.

Olza, Ines, Veronika Koller, Iraide Ibarretxe-Antunano, Paula Perez-Sobrino, and Elena Semino. "The #ReframeCOVID Initiative: From Twitter to Society Via Metaphor." *Metaphor and the Social World* 11 (September 2021): 98-120. https://doi.org/10.1075/msw.00013.olz.

Orgad, Shani. "The Survivor in Contemporary Culture and Public Discourse: A Genealogy." *Communication Review* 12, no. 2 (2009): 132-61. https://doi.org/10.1080/10714420902921168.

Orgad, Shani, and Radha Sarma Hegde. "Crisis-Ready Responsible Selves: National Productions of the Pandemic." *International Journal of Cultural Studies* 25, nos. 3-4 (2022): 287-308. https://doi.org/10.1177/13678779211066328.

Pain, Rachel. "Intimate War." *Political Geography* 44 (January 2015): 64-73. https://doi.org/10.1016/j.polgeo.2014.09.011.

Paltrow, Lynn M., and Jeanne Flavin. "Arrests of and Forced Interventions on Pregnant Women in the United States, 1973-2005: Implications for Women's Legal Status and Public Health." *Journal of Health Politics, Policy, and Law* 38, no. 2 (2013): 299-343. https://doi.org/10.1215/03616878-1966324.

Pantti, Mervi, and Karin Wahl-Jorgensen. "On the Political Possibilities of Therapy News: Social Responsibility and the Limits of Objectivity in Disaster Coverage." *Communication Studies* 1, no. 1 (2007): 3-25.

Pascual-Ferra, Paola, Niel Alperstein, Daniel Barnett, and Rajiv Rimal. "Toxicity and Verbal Aggression on Social Media: Polarized Discourse on Wearing Face Masks During the COVID-19 Pandemic." *Big Data&Society*, Online First, June 10, 2021.

https://doi.org/10.1177/20539517211023533.

Phelan, Sean. "Neoliberalism, the Far Right, and the Disparaging of 'Social Justice Warriors.'" *Communication, Culture, &Critique* 12, no. 4 (2019): 455-75.

Phipps, Alison. "White Tears, White Rage: Victimhood and (as) Violence in Mainstream Feminism." *European Journal of Cultural Studies* 24, no. 1 (2021): 81-93. https://doi.org/10.1177/1367549420985852.

Piketty, Thomas. "Capital in the Twenty-First Century: A Multidimensional Approach to the History of Capital and Social Classes." *British Journal of Sociology* 65, no. 4 (2014): 736-47.

Rho, Hye Jin, Hayley Brown, and Shawn Fremstad. "A Basic Demographic Profile of Workers in Frontline Industries." U.S. Center for Economic and Policy Research, April 7, 2020. https://cepr.net/a-basic-demographic-profile-of-workers-in-frontline-industries/.

Ringrose, Jessica, and Emma Renold. "Slut-Shaming, Girl Power, and 'Sexualisation': Thinking Through the Politics of the International Slut-Walks with Teen Girls." *Gender and Education* 24, no. 3 (2012): 333-43.

Ristovska, Sandra. "Witnessing and the Failure of Communication." *Communication Review* 17, no. 2 (2014): 143-58. https://doi.org/10.1080/10714421.2014.901062.

Robinson, Lori, and Michael O'Hanlon. "Women Warriors: The Ongoing Story of Integrating and Diversifying the American Armed Forces." *Brookings Institute Report*, 2020. https://www.brookings.edu/essay/women-warriors-the-ongoing-story-of-integrating-and-diversifying-the-armed-forces/.

Roper, Michael. "Between Manliness and Masculinity: The 'War Generation' and the Psychology of Fear in Britain, 1914-1950." *Journal of British Studies* 4, no. 2 (2005): 343-62.

———. "Between the Psyche and the Social: Masculinity, Subjectivity, and the First World War Veteran." *Journal of Men's Studies* 15, no. 3 (2008): 251-70.

Rose, Nikolas. "Still 'Like Birds on the Wire'? Freedom After Neoliberalism." *Economy and Society* 46, nos. 3-4 (2017): 303-23. https://doi.org/10.1080/03085147.2017.1377947.

Rothschild, Emma. "The Theory of Moral Sentiments and the Inner Life." *Adam Smith Review* 5 (2010): 2425-36.

Rottenberg, Catherine. "Neoliberal Feminism and the Future of Human Capital." *Signs: Journal of Women in Culture and Society* 42, no. 2 (2017): 329-48. https://doi.org/10.1086/688182.

Roy, Arundhati. "Noam Chomsky, Neoliberalism, and the New War on Iraq." *Contempo-

rary Justice Review 6, no. 4 (2003): 32-27. https://doi.org/10.1080/1028258032000144767.

Rudwick, Elliott. "The Niagara Movement." *Journal of Negro History* 42, no. 3 (1957): 177-200.

Safari, Beata.A. "Intangible Privacy Rights: How Europe's GDPR Will Set a New Global Standard for Personal Data Protection." *Seton Hall Law Review* 47 (2016): 809-48.

———. "Orientalism." *Counterpunch*, August 5, 2003. https://www.counterpunch.org/2003/08/05/orientalism/.

Sanders, Rebecca. "Human Rights Abuses at the Limits of the Law: Legal Instabilities and Vulnerabilities in the 'Global War on Terror.'" *Review of International Studies* 44, no. 1 (2018): 2-23.

Saull, Richard. "Racism and Far Right Imaginaries Within Neoliberal Political Economy." *New Political Economy* 23, no. 5 (2018): 558-608.

Schneider, Shari Kessel, Lydia O'Donnell, Ann Stueve, and Robert W. S. Coulter. "Cyberbullying, School Bullying, and Psychological Distress: A Regional Census of High School Students." *American Journal of Public Health* 102, no. 1 (2012): 171-77. https://www.academia.edu/11327868/Cyberbullying_School_Bullying_and_Psychological_Distress_A_Regional_Census_of_High_School_Students.

Schradie, Jen. "'Give Me Liberty or Give Me COVID-19': Anti-lockdown Protesters Were Never Trump Puppets." *Communication and the Public* 5, nos. 3-4 (2020): 126-28. https://doi.org/10.1177/2057047320969433.

Schwarz, Elke. "Prescription Drones: On the Techno-biopolitical Regimes of Contemporary 'Ethical Killing.'" *Security Dialogue* 47, no. 1 (2016): 59-75. https://www.jstor.org/stable/26293585.

Semino, Elena. "'Not Soldiers but Fire-Fighters' Metaphors and COVID19." *Health Communication* 36, no. 1 (2021): 50-58. https://doi.org/10.1080/10410236.2020.1844989.

Sharma, Amalesh, and Sourav Bikash Borah. "COVID-19 and Domestic Violence: An Indirect Path to Social and Economic Crisis." *Journal of Family Violence* 37, no. 5 (2022): 759-65. https://doi.org/10.1007/s10896-020-00188-8.

Shelton, Taylor. "A Post-truth Pandemic?" *Big Data&Society* 7, no. 2 (2020): 1-6.

Smicker, Josh. "COVID-19 and 'Crisis as Ordinary': Pathological Whiteness, Popular Pessimism, and Pre-apocalyptic Cultural Studies." *Cultural Studies* 35, nos. 2-3 (2021): 291-305. https://doi.org/10.1080/09502386.2021.1898038.

Smiley, Calvin John, and David Fakunle. "From 'Brute' to 'Thug': The Demonization and

Criminalization of Unarmed Black Male Victims in America." *Journal of Human Behavior in the Social Environment* 26 (January 2016): 1-17. https://doi.org/10.1080/10911359.2015.1129256.

Smith, S. G., X. Zhang, K. C. Basile, M. T. Merrick, J. Wang, M. Kresnow, and J. Chen. The National Intimate Partner and Sexual Violence Survey(NISVS): 2015 Data Brief Updated Release. Atlanta, GA: National Center for Injury Prevention and Control, Centers for Disease Control and Prevention, 2018. https://www.nsvrc.org/sites/default/files/2021-04/2015data-brief508.pdf.

Sonnevend, Julia. "A Virus as an Icon: The 2020 Pandemic in Images." *American Journal of Cultural Sociology* 8 (2020): 451-61.

Spivak, Gayatri Chakravorty. "Three Women's Texts and a Critique of Imperialism." *Critical Inquiry* 12, no. 1 (1985): 243-61. https://www.jstor.org/stable/1343469.

Stavrakakis, Yannis, and Giorgos Katsambekis. "Left-Wing Populism in the European Periphery: The Case of SYRIZA." *Journal of Political Ideologies* 19, no. 2 (2014): 119-42.

Stavrakakis, Yannis, Giorgos Katsambekis, Alexandros Kioupkiolis, Nikos Nikisianis, and Thomas Siomos. "Populism, Anti-populism, and Crisis." *Contemporary Political Theory* 17 (2018): 4-27.

Steel, Zachary, Catherine.R. Bateman Steel, and Derrick Silove. "Human Rights and the Trauma Model: Genuine Partners or Uneasy Allies?" *Journal of Traumatic Stress* 22, no. 5 (2009): 358-65. https://doi.org/10.1002/jts.20449.

Steele, Brent. J. "'The Cruelty of Righteous People': Niebuhr on the Urgency of Cruelty." *Journal of International Political Theory* 17, no. 2 (2021): 203-20. https://doi.org/10.1177/1755088221989745.

Stein, Arlene. "Feminism, Therapeutic Culture, and the Holocaust in the United States: The Second-Generation Phenomenon." *Jewish Social Studies* 16, no. 1 (2009): 27-53. https://doi.org/10.2979/jss.2009.16.1.27.

Stiglitz, Joseph E. "COVID Has Made Global Inequality Much Worse." *Scientific American*, March 1, 2022. https://www.scientificamerican.com/article/covid-has-made-global-inequality-much-worse/.

Stith, Richard. "Abortion Is More Than a Murder: Nietzsche vs Christ." *New Oxford Review* 72 (November 2005). https://www.newoxfordreview.org/documents/abortion-is-more-than-murder/.

Stovall, Mady, Lissi Hansen, and Michelle van Ryn. "A Critical Review: Moral Injury in Nurses in the Aftermath of a Patient Safety Incident." *Journal of Nursing Scholarship* 52, no. 3 (2020): 320-28.

Summers, Jennifer, Hao-Yuan Cheng, Hsien-Ho Lind, Lucy Telfar Barnardf, Amanda Kvalsvig, Nick Wilson, and Michael G. Baker. "Potential Lessons from the Taiwan and New Zealand Health Responses to the COVID-19 Pandemic." *Lancet Regional Health* 4 (November 2020). https://www.sciencedirect.com/science/article/pii/S26666065203 00444.

Sweet, Paige L. "The Sociology of Gaslighting." *American Sociological Review* 84, no. 5 (2019): 851-75.

Syvertsen, Trine, and Gunn Enli. "Digital Detox: Media Resistance and the Promise of Authenticity." *Convergence* 26, nos. 5-6 (2020): 1269-83. https://doi.org/10.1177/1354856519847325.

Sznaider, Natan. "The Sociology of Compassion: A Study in the Sociology of Morals." *Journal for Cultural Research* 2, no. 1 (1998): 117-39.

Tambe, Ashwini. "Reckoning with the Silences of #MeToo." *Feminist Studies* 44, no. 1 (2018): 197-203.

Thomsen, Carly, Zach Levitt, Christopher Gernon, and Penelope Spencer. "Presence and Absence: Crisis Pregnancy Centers and Abortion Facilities in the Contemporary Reproductive Justice Landscape." *Human Geography* 16, no. 1 (2023): 64-74. https://doi.org/10.1177/19427786221109959.

Trott, Verity. "Networked Feminism: Counterpublics and the Intersectional Issues of #MeToo." *Feminist Media Studies* 21, no. 7 (2021): 1125-42. https://doi.org/10.10 80/14680777.2020.1718176.

Tuerkheimer, Debora. "Incredible Women: Sexual Violence and the Credibility Discount." *University of Pennsylvania Law Review* 166, no. 1 (2017): 1-56.

Uchida, Carina.M. "Constraints on Rape as a Weapon of War: A Feminist and Post-colonial Revision." *E-International Relations*, November 20, 2018. https://www.e-ir.info/2018/11/20/constraints-on-rape-as-a-weapon-of-war-a-feminist-and-post-colonial-revision/.

U. K. House of Commons Science and Technology Committee and Health and Social Care Committee. "Coronavirus: Lessons Learned to Date." 2021. https://committees.parliament.uk/publications/7496/documents /78687/default/.

Van Dijk, Jan. "Free the Victim: A Critique of the Western Conception of Victimhood." *International Review of Victimology* 16, no. 1 (2009): 1-33.

Williams, Chad. "World War I in the Historical Imagination of W. E. B Du Bois." *Modern American History* 1, no. 1 (2018): 3-22.

Winter, Jay. "Foreword: Historical Remembrance in the Twenty-First Century." In "Historical Remembrance in the Twenty-First Century," ed. Jay Winter. Special issue,

Annals of the American Academy of Political and Social Science 617, no. 1 (2015): 6-13. https://doi.org/10.1177/0002716207312761.

Wodak, Ruth. "Crisis Communication and Crisis Management During COVID-19." *Global Discourse* 11, no. 3 (2021): 329-53.

Wood, Helen, and Beverley Skeggs. "Clap for Carers? From Care Gratitude to Care Justice." *European Journal of Cultural Studies* 23, no. 4 (2020): 641-47. https://doi.org/10.1177/1367549420928362.

Woolf, Steven, Derek Chapman, and Roy Sabo. "Excess Deaths from COVID-19 and Other Causes." *JAMA* 324, no. 15 (2020): 1562-64. https://jamanetwork.com/journals/jama/fullarticle/2771761.

World Health Organization. COVID-19 Vaccine Delivery Partnership (2022): Situation Report. Geneva: World Health Organization, October 2022. file:///C:/Users/Health%20Policy/Downloads/CoVDP-SitRep_Issue8_October.pdf.

Yancy, Clyde. "COVID-19 and African Americans." *JAMA* 323, no. 19 (April 15, 2020): 1891-92. https://jamanetwork.com/journals/jama/full article/2764789.

Zuboff, Shoshana. "Big Other: Surveillance Capitalism and the Prospects of an Information Civilization." *Journal of Information Technology* 30, no. 1 (2015): 75-89. https://doi.org/10.1057/jit.2015.5.

Zucman, Gabriel. "Global Wealth Inequality." *Annual Review of Economics*, no. 11 (2019): 109-38.

미주

서문과 감사의 말

1. Hannah Arendt, *On Revolution*(1963; reprint, New York: Penguin, 2006); Luc Boltanski, *Distant Suffering: Morality, Media, and Politics*, trans. Graham D. Burchell (Cambridge: Cambridge University Press, 1999).
2. Eva Illouz, *Cold Intimacies: The Making of Emotional Capitalism*(Cambridge: Polity, 2007); and Illouz, *Saving the Modern Soul: Therapy, Emotions, and the Culture of Self- Help*(Berkeley: University of California Press, 2008).
3. Wendy Brown, *States of Injury: Power and Freedom in Late Modernity*(Princeton, NJ: Princeton University Press, 1995).
4. Judith Butler, Zeynep Gambetti, and Leticia Sabsay, eds., *Vulnerability in Resistance*(Durham, NC: Duke University Press, 2016).
5. Alyson M. Cole, *The Cult of True Victimhood: From the War on Welfare to the War on Terror*(Stanford, CA: Stanford University Press, 2007).

1장

1. "#WhyIDidntReport: The Hashtag Supporting Christine Blasey Ford," *BBC*, September 23, 2018, https://www.bbc.co.uk/news/world-us-canada-45621124.
2. Alana Abramson, "Read the Letter from Christine Blasey Ford's Lawyers Requesting an FBI Inquiry Into Kavanaugh Allegation," *Time*, September 18, 2018, http://time.com/5400239/christine-blasey-ford-investigation-letter/.
3. Kavanaugh, Cornyn, and Trump quoted in Maegan Vazquez, "Trump Is Casting Kavanaugh as a Victim. He's Felt the Same," CNN, October 3, 2018, https://edition.cnn.com/2018/10/03/politics/donald-trump-brett-kavanaugh-sexual-misconduct-allegations/index.html.
4. "Brett Kavanaugh's Supreme Court Confirmation Is Now the Ultimate Test of Political Power in 2018," *Time*, September 20, 2018, https://time.com/5401624/brett-kavanaugh-confirmation/; Emma Gray Ellis, "Blasey Ford-Kavanaugh Testimony Tells a Tale of Two Internets," *Wired*, September 27, 2018, https://www.wired.com/story/blasey-ford-kavanaugh-filter-bubbles/; Sheryl Gay Stolberg and Nicholas Fandos, "Brett Kavanaugh and Christine Blasey Ford Duel with Tears and Fury,"

New York Times, September 27, 2018, https://www.nytimes.com/2018/09/27/us/politics/brett-kavanaugh-confirmation-hearings.html.

5   Abramson, "Read the Letter from Christine Blasey Ford's Lawyers."
6   Kavanaugh quoted in Stolberg and Fandos, "Brett Kavanaugh and Christine Blasey Ford Duel with Tears and Fury."
7   Christine Hauser, "The Women Who Have Accused Brett Kavanaugh," *New York Times*, September 26, 2018, https://www.nytimes.com/2018/09/26/us/politics/brett-kavanaugh-accusers-women.html.
8   공화당과 민주당 상원의원들이 각자의 당리를 지지하는 가운데, 기존의 이데올로기적 배치가 이 결정을 판가름했다. 당시 공화당 상원의원이었던, 유일하게 당리에서 벗어나 행동하였던 플레이크 에이브램슨Flake Abramson는 이렇게 말했다. "이 기구의 많은 구성원이 당을 막론하고 이미 공청회 전에 공식적으로 입장을 결정했다. 그들은 아마 듣고 싶은 것만 듣고 나머지는 무시할 것이다. '뭐하러 구태여 청문회를 하는 거야?'라는 질문이 나옴 직하다."; 다음을 보라. Burgess Everett, "Flake: Kavanaugh Vote Will Be 'Forever Steeped in Doubt,'" *Politico*, September 26, 2018, https://www.politico.com/story/2018/09/26/flake-committee-kavanaugh-843579=.
9   가령 다음을 보라. Yasmeen Serhan, "An American Spectacle Grabs Attention Overseas: The 'Supreme Ordeal' of the Kavanaugh Hearings Dominated Headlines Beyond the United States," *Atlantic*, September 28, 2018, https://www.theatlantic.com/international/archive/2018/09/how-the-world-saw-the-kavanaugh-hearing/571633/.
10 서구 사회를 언급했다고 해서 피해자성이 남반구, 특히 권위주의적 포퓰리즘이라는 맥락에서 공적 문화의 지배적인 특징이 아니라는 뜻은 아니다. 가령 터키 에르도안 대통령의 피해자 화법에 관해서는 다음을 보라. Omar al-Ghazzi, "We Will Be Great Again: Historical Victimhood in Populist Discourse," *European Journal of Cultural Studies* 24, no. 1 (2021): 45-59. 인도의 나렌드라 모디 총리에 관해서는 다음을 보라. Catarina Kinnvall, "Populism, Ontological Insecurity, and Hindutva: Modi and the Masculinization of Indian Politics," *Cambridge Review of International Affairs* 32, no. 3 (2019): 283-302. 러시아의 블라디미르 푸틴에 관해서는 다음을 보라. Gulnaz Sharafutdinova, *The Red Mirror: Putin's Leadership and Russia's Insecure Identity* (Oxford: Oxford University Press, 2020). 폴란드와 헝가리 같은 유럽연합 소속 동유럽 국가의 포퓰리즘에서 나타난 피해자성의 이와 유사한 용례에 관해서는 다음을 보라. Artur Lipiski and Gabriella Szabo, "Heroisation and Victimisation: Populism, Commemorative Narratives, and National Days in Hungary and Poland," *Journal of Contemporary European Studies* 32, no. 1 (2023): 345-62. 하지만 나의 연구는 영국과 미국이라는 서구 사회의 두 주요 영어권 사회로 한

정되는데, 단지 내가 두 사회의 공적 담론에 경험적 접근을 하기가 용이하여 두 사회에 대해서는 더 자신 있게 말할 수 있기 때문이다.

11 Hughes quoted in Suzanne Moore, "On Talk Shows the Democracy of Pain Reigns Supreme," *New Statesman* 128, no. 4432 (1996): 17.

12 Didier Fassin and Richard Rechtman, *The Empire of Trauma: An Inquiry Into the Condition of Victimhood*, trans. Rachel Gomme(Princeton, NJ: Princeton University Press, 2009), 6.

13 Carolyn Dean, *The Moral Witness: Trials and Testimony After Genocide*(Ithaca, NY: Cornell University Press, 2019), 24.

14 미국에서는 가령 여성의 82퍼센트가 일정한 형태의 성적 괴롭힘이나 성폭행을 당했다고 응답했고, 강간 또는 강간 시도를 당한 적이 있는 경우는 5명 중 1명, 그중에서 이를 11~17살에 경험한 경우는 3명 중 1명이었다. 2018년 블래시 포드가 공개적으로 증언한 그 해에는 경찰에 자신이 당한 성폭행을 신고한 여성은 25퍼센트 정도뿐이었고, 허위 신고 비중은 2~10퍼센트로 감소했다. 다음을 보라. S. G. Smith et al., *The National Intimate Partner and Sexual Violence Survey(NISVS): 2015 Data Brief—Updated Release*(Atlanta, GA: National Center for Injury Prevention and Control, Centers for Disease Control and Prevention, 2018), https://www.nsvrc.org/sites/default/files/2021-04/2015data-brief508.pdf.

15 미국에서 와인스타인 추문과 제1차 미투 물결이 일어난 그다음 해에는 성적 괴롭힘 혐의가 공식적으로 제기되어 일자리를 잃은 남성 유명인의 수가 최소한 200명이었던 데 반해, 그 전 해에는 그 수가 30명에 못 미쳤다. Audrey Carlsen, Maya Salam, Cain Miller, Denise Lu, Ash Ngu, Jugal K. Patel, and Zach Wichter, "The Post-#MeToo Brought Down 201 Powerful Men. Nearly Half of Their Replacements Are Women," *New York Times*, October 23, 2018, https:// www.nytimes.com/interactive/2018/10/23/us/metoo-replacements .html.

16 Arendt, *On Revolution*; Brown, *States of Injury*; Wendy Brown, "Wounded Attachments: Late Modern Oppositional Political Formations," *Political Theory* 21, no. 3 (1993): 390-410; Cole, *The Cult of True Victimhood*.

17 가령 오늘날 미국 사회에서 소수인종 내부의 "피해자성 문화culture of victimhood"는 소수인종이 진실과 맺는 결합 있는 관계에 의지하고 있다는 브래들리 캠벨Bradley Campbell과 제이슨 매닝Jason Manning의 비판을 보라. Bradley Campbell and Jason Manning, *The Rise of Victimhood Culture: Microaggressions, Safe Spaces, and the New Culture Wars*(New York: Palgrave Macmillan, 2018). 이들은 이 소수자들의 "미묘한 차별microaggressions"에 대한 주장들과 저자들의 표현에 따르면 "허위 고발의 논리" 사이에 존재하는 유사성을 분석함으로써, 두 가지 모두가 소수자들이 피해를 입었다고 주장하는 폭력을 과장하거나 공적 문서로 입증하기를 거부함으로

써 작동한다고 주장한다. 이들은 허위 고발자들이 그러듯 "미묘한 차별에 대한 불만은 하나하나가 아무리 작은 일이라도 모두 더하면 심각해진다는 주장에 입각해서 소소한 모욕들을 양적으로 입증하는 방식으로 설득력 있는 주장을 펼치려 한다"(106)고 결론을 맺는다. 하지만 이 저자들은 주장의 미시적인 맥락에만 집중한 나머지 소수인종과 그 외 소수자 집단이 일상에서 겪는 비가시적인 폭력의 구조라는 거시 수준에 대한 분석을 놓치고 있다. 이 거시 수준은 소수자들의 사회적 맥락에 아주 현실적인 방식으로, 그러나 국지적인 교류에서는 관찰자들에게 확연하게 드러나지 않는 방식으로 영향을 미친다. 이것이 바로 고통과 피해자성 주장들을 인식론적 문제로 보는 것을 넘어 정치적 문제로 접근해야 하는 이유 중 하나다. 성폭력 고발과 논란이라는 맥락에서 신뢰성과 의심의 젠더화된 정치에 대한 이와 유사한 주장은 다음을 보라. Sarah Banet-Weiser and Kathryn Claire Higgins, *Believability: Sexual Violence, Media, and the Politics of Doubt*(Cambridge: Polity, 2023).

18 Arthur Brooks, "The Real Victims of Victimhood," *New York Times*, December 26, 2015, https://www.nytimes.com/2015/12/27/opinion/sunday/the-real-victims-of-victimhood.html.

19 Nancy Bermeo and Larry M. Bartels, eds., *Mass Politics in Tough Times: Opinions, Votes, and Protest in the Great Recession*, illus. ed.(Oxford: Oxford University Press, 2014); William Davies, "Destination Unknown," *London Review of Books* 14, no. 11 (2022), https://www.lrb.co.uk/the-paper/v44/n11/william-davies/destination-unknown.

20 Joseph Stiglitz, "COVID Has Made Global Inequality Much Worse," *Scientific American*, March 1, 2022, https://www.scientificamerican.com/article/covid-has-made-global-inequality-much-worse/. 다음도 보라. Richard Partington, "Rising Asset Wealth and Falling Real Wages 'Drive Inequality in Britain,'" *The Guardian*, November 9, 2022, https://www.theguardian.com/business/2022/nov/09/rising-asset-wealth-and-falling-real-wages-drive-inequality-in-britain.

21 Paulo Gerbaudo, "The Pandemic Crowd: Protest in the Time of COVID-19," *Journal of International Affairs* 73, no. 2 (2020): 65, https:// www.jstor.org/stable/26939966. 이 시대 구분은 사회학자 마이크 새비지Mike Savage의 분석을 따른다. 새비지는 불평등에 관한 연구를 시작하면서 "경제적·사회적 진전의 약속에 대한 새 천년의 의기양양한 고양감"이 큰 특징이었던 21세기의 첫 10년과, "2008년 금융 붕괴 이후 세계 전역에서 촉발된 긴축 정치의 낙진"과 "사회적 이동성, 건강, 정치, 웰빙 같은 영역에서 점점 심해지는 불화…가 자극한 불만감" 모두에 뿌리를 두고 있는 현 시기를 대비한다. Mike Savage, *The Return of Inequality: Social Change and the Weight of the Past*(Cambridge, MA:Harvard University Press,

2021), 2.
22 Peter Dahlgren, "Media, Knowledge, and Trust: The Deepening Epistemic Crisis of Democracy," *Javnost—the Public* 25, nos. 1-2 (2018): 20-27, https://doi.org/10.1080/13183222.2018.1418819.
23 Lawrence Grossberg, *Under the Cover of Chaos: Trump and the Battle for the American Right*(London: Pluto, 2018), 248.
24 Nicolas Demertzis, "Emotions and Populism," in *Emotion, Politics, and Society*, ed. Paul Hoggett, Simon Clarke, and Simon Thompson(London: Palgrave Macmillan, 2006), 111.
25 Brown, "Wounded Attachments," 401.
26 유럽연합이 부채 위기에 처했을 때 좌익 포퓰리즘 내에서 일어난 억울함으로서의 피해자성에 관한 비판적인 논의에 관해서는 다음을 보라. Yannis Stavrakakis and Giorgos Katsambekis, "Left-Wing Populism in the European Periphery: The Case of SYRIZA," *Journal of Political Ideologies* 19, no. 2 (2014): 119-42; Roman Gerodimos, "Greece's Ongoing Tragedy," *Political Insight* 6, no. 3 (2015): 26-27, https://doi.org/10.1111/2041-9066.12111; Gerodimos, "Humiliation, Shame, and Violence: Honor, Trauma, and Political Extremism Before and After the 2009 Crisis in Greece," *International Forum of Psychoanalysis* 31, no. 1 (2022): 34-45; Nicolas Demertzis, *The Political Sociology of Emotions: Essays on Trauma and Ressentiment*(London: Routledge, 2020); Andriani Retzepi, Angelos Nastoulis, and Panayis Panagiotopoulos, "The 'Deserved' Victimhood of Far-Left Terrorism: Shame, Guilt, and Status Reversal," in *Interdisciplinary Applications of Shame/Violence Theory*, ed. Roman Gerodimos(London: Palgrave Macmillan, 2022), 177-89.
27 Jason Stanley, *How Fascism Works: The Politics of Us and Them*, illus. ed. (New York: Random House, 2018), 73.
28 Richard Saull, "Racism and Far Right Imaginaries Within Neo-liberal Political Economy," *New Political Economy* 23, no. 5 (2018): 588.
29 Arlie Russell Hochschild, *Strangers in Their Own Land: Anger and Mourning on the American Right*, illus. ed. (New York: New Press, 2016), 421.
30 John Sides, "Resentful White People Propelled Trump to the White House—and He Is Rewarding Their Loyalty," *Washington Post*, August 3, 2017, https://www.washingtonpost.com/news/monkey-cage/wp/2017/08/03/resentful-white-people-propelled-trump-to-the-white-house-and-he-is-rewarding-their-loyalty/; Emily Badge, "Estranged in America: Both Sides Feel Lost and Left Out," *New York Times*, April 10, 2018, https://www.nytimes.com/2018/10/04/upshot/estranged-america-trump-polarization.html. 학술적인 문헌 가운데 신자유주의와 극우 세력의 관

계에 대한 것으로는 다음을 보라. Sean Phelan, "Neoliberalism, the Far Right, and the Disparaging of 'Social Justice Warriors,'" *Communication, Culture&Critique* 12, no. 4 (2019): 455-75; Lilie Chouliaraki and Myria Georgiou, *The Digital Border: Migration, Technology, Power*(New York: New York University Press, 2022).

31 Sarah Banet-Weiser, "Popular Feminism: Male Victimhood," *Los Angeles Review of Books*, February 22, 2019, https://lareviewofbooks.org/article/popular-feminism-male-victimhood/#!.

32 Jan Van Dijk, "Free the Victim: A Critique of the Western Conception of Victimhood," *International Review of Victimology* 16, no. 1 (2009): 1-33.

33 Yevgen Galona, "From Ritual to Metaphor: The Semantic Shift in the Concept of 'Victim' and Medieval Christian Piety," *International Review of Victimology* 24, no. 1 (2018): 83-98, https://doi.org/10.1177/0269758017732923.

34 Dean, *The Moral Witness*.

35 Paul Frosh and Amit Pinchevski, "Introduction: Why Witnessing? Why Now?," in *Media Witnessing: Testimony in the Age of Mass Communication*, ed. Paul Frosh and Amit Pinchevski (London: Palgrave Macmillan, 2009), 1-22.

36 Dean, *The Moral Witness*.

37 Shoshana Felman and Dori Laub, *Testimony: Crises of Witnessing in Literature, Psychoanalysis, and History*(New York: Routledge, 1992).

38 Annette Wieviorka, *The Era of the Witness*(Ithaca, NY: Cornell University Press, 2006).

39 Anna Hunter, "The Holocaust as the Ultimate Trauma Narrative," in *Trauma and Literature*, ed. J. Roger Kurtz (Cambridge: Cambridge University Press, 2018), 66.

40 Amit Pinchevski, *Transmitted Wounds: Media and the Mediation of Trauma*(Oxford: Oxford University Press, 2019).

41 Sandra Ristovska, "Witnessing and the Failure of Communication," *Communication Review* 17, no. 2 (2014): 150, https://doi.org/10.1080/10714421.2014.901062; 다음을 보라. Fassin and Rechtman, *The Empire of Trauma*.

42 Dean, *The Moral Witness*. 법률적인 골자에 대해서는 다음을 보라. United Nations Office on Genocide Prevention and the Responsibility to Protect, "Ratification of the Genocide Convention," convention signed December 9, 1948, https://www.un.org/en/genocideprevention/genocide-convention.shtml.

43 Shoshana Felman, "Theaters of Justice: Arendt in Jerusalem, the Eichmann Trial, and the Redefinition of Legal Meaning in the Wake of the Holocaust," *Critical Inquiry* 27, no. 2 (2001): 465, https://www.jstor.org/stable/1344248.

44 Felman, "Theaters of Justice," 465.

45 Daniel Levy and Natan Sznaider, "The Politics of Commemoration: The Holocaust, Memory, and Trauma," in *Handbook of Contemporary European Social Theory*, ed. Gerard Delanty(London: Routledge, 2006), 292.
46 Aimé Césaire, *Discourse on Colonialism*(New York: New York University Press, 2001), 36.
47 Dominick LaCapra, *Writing History, Writing Trauma*(Baltimore, MD: Johns Hopkins University Press, 2014), 174.
48 Stef Craps, *Postcolonial Witnessing: Trauma out of Bounds*(London: Palgrave Macmillan, 2013).
49 Jeffrey C. Alexander, "On the Social Construction of Moral Universals: The 'Holocaust' from War Crime to Trauma Drama," *European Journal of Social Theory* 5, no. 1 (2002): 6, https://doi.org/10.1177/1368431002005001001.
50 에메 세제르는 서구 근대성의 "시초 트라우마"라 할 수 있는 홀로코스트는 인종 문제로서는 예외적인 성격을 갖는다고 말한다. 식민주의적 고난에서처럼 백인이 흑인에게 가하는 폭력이 아니라 백인이 백인에게 가하는 폭력이라는 것이다. "그것은 그 자체로 범죄, 인간을 대상으로 한 범죄, 일반적으로 말하는 그런 인간의 굴욕이 아니다. 그것은 백인을 대상으로 한 범죄, 백인의 굴욕이며, 백인에게 그 전까지는 전적으로 알제리의 아랍인, 인도의 쿨리, 아프리카의 흑인에게만 행해지던 유럽의 식민주의적 절차가 적용되었다는 의미이다." Césaire, *Discourse on Colonialism*, 164.
51 Craps, *Postcolonial Witnessing*, 12. 바비 젤리저Barbie Zelizer는 잔혹행위를 담는 포토저널리즘에서 홀로코스트와 유사한 사진의 미학이 확산하는 현상과 관련하여 비슷한 지적을 한다. 그는 전 세계의 다른 잔혹행위에서 홀로코스트의 시각적인 견본을 폭넓게 사용하는 것은 홀로코스트를 연상시켜 각 잔혹행위의 극적인 효과를 증폭하려는 의도이지만, 결과적으로 다양한 맥락적 특징들을 지워버린다고 설명한다. 그는 이렇게 주장한다. "역설적으로 홀로코스트 사진들은 오늘날의 잔혹행위를 망각하기 위해 홀로코스트를 기억하도록 도움을 줬을지 모른다." Barbie Zelizer, *Remembering to Forget: Holocaust Memory Through the Camera's Eye*(Chicago: University of Chicago Press, 1998), 13.
52 Michael Rothberg, *Multidirectional Memory: Remembering the Holocaust in the Age of Decolonization*(Stanford, CA: Stanford University Press, 2009).
53 Jean-François Lyotard, *The Postmodern Condition: A Report on Knowledge*(Manchester: Manchester University Press, 1984).
54 Illouz, *Cold Intimacies*, 4.
55 Eva Illouz, *Oprah Winfrey and the Glamour of Misery: An Essay on Popular Culture*(New York: Columbia University Press, 2003); Illouz, *Cold Intimacies*; Illouz,

Saving the Modern Soul; Illouz, "The Culture of Management: Self-Interest, Empathy, and Emotional Control," in *An Introduction to Social Entrepreneurship: Voices, Preconditions, Contexts*, ed. Rafael Ziegler(Cheltenham, U.K.: Edward Elgar, 2009), 107-32.

56 Cathy Caruth, *Unclaimed Experience: Trauma, Narrative, and History*(Baltimore, MD: Johns Hopkins University Press, 2016).

57 Yannis Stavrakakis, "Jacques Lacan: Negotiating the Psychosocial in and Beyond Language," in *The Routledge Handbook of Language and Politics*, ed. Ruth Wodak and Bernhard Forchtner(London: Routledge, 2017), 83.

58 Juliet Mitchell, "Trauma, Recognition, and the Place of Language," *Diacritics* 28, no. 4 (1998): 121-33, https://doi.org/10.1353/dia.1998.0035.

59 Jeffrey C. Alexander, "Social Subjectivity: Psychotherapy as Central Institution," *Thesis Eleven* 96 (2009): 131.

60 Frank Furedi, *Therapy Culture: Cultivating Vulnerability in an Uncertain Age*(London: Routledge, 2003), 12.

61 Illouz, *Cold Intimacies*, 108.

62 Nikolas Rose, *Powers of Freedom: Reframing Political Thought*(Cambridge: Cambridge University Press, 1999).

63 애덤 스미스에게 있어 사랑스러움과 밉살맞지 않음은 좋은 시민의 두 가지 핵심적인 정서적 동력이다. "인간Man은 사랑받기를 욕망할 뿐 아니라 사랑스러운 사람이 되기를 자연스럽게 욕망한다." 나아가 그는 이렇게 말한다. "인간은 미움받기를 두려워할 뿐 아니라 밉살맞은 사람이 되는 것을 자연스럽게 두려워한다." 다음을 보라. Adam Smith, *The Theory of Moral Sentiments*(1759; reprint, Oxford: Oxford University Press, 1976), 113. 이 인용문은 자유주의적 시민성의 규범에는 늘 상냥한 민감성이 핵심이었음을 시사하지만, 이 시민적 규범의 핵심에는 타자의 고통이 자리한다. 스미스의 설명처럼 "타인의 괴로움이 우리에게 뼈저리게 느껴질 때 그것은… 마침내 우리에게 영향을 미치기 시작하고 그러면 우리는 그가 무엇을 느낄지 생각을 떠올리며 전율하고 진저리치기" 때문이다. (*The Theory of Moral Sentiments*, 9). 다음도 보라. Natan Sznaider, "The Sociology of Compassion: A Study in the Sociology of Morals," *Journal for Cultural Research* 2, no. 1 (1998): 122.

64 Smith, *The Theory of Moral Sentiments*, 9. 다음도 보라. David Marshall, "Adam Smith and the Theatricality of Moral Sentiments," *Critical Inquiry* 10, no. 4 (1984): 592-613, https://www.jstor.org/stable/1343313; and Emma Rothschild, "The Theory of Moral Sentiments and the Inner Life," *Adam Smith Review* 5(2010): 2425-36.

65 Boltanski, *Distant Suffering*, 88.

66 Frantz Fanon, *The Wretched of the Earth*, trans. Constance Farrington(New York:

Grove, 1963), 250.

67 Lilie Chouliaraki, *The Spectatorship of Suffering* (London: Sage, 2006); Chouliaraki, *The Ironic Spectator: Solidarity in the Age of Post-humanitarianism* (New York: Wiley, 2013).

68 Catherine Rottenberg, "Neoliberal Feminism and the Future of Human Capital," *Signs: Journal of Women in Culture and Society* 42, no. 2 (2017): 329-48, https://doi.org/10.1086/688182.

69 Eva Illouz, "'That Shadowy Realm of the Interior': Oprah Winfrey and Hamlet's Glass," *International Journal of Cultural Studies* 2, no. 1 (1999): 119, 123, 강조는 원문, https://doi.org/10.1177/136787799900200106.

70 David Krasner, "Book Review: *Oprah Winfrey and the Glamour of Misery: An Essay on Popular Culture* by Eva Illouz," *African American Review* 38, no. 3 (2004): 540.

71 Rosalind Gill and Shani Orgad, "The Shifting Terrain of Sex and Power: From the 'Sexualization of Culture' to #MeToo," *Sexualities* 21, no. 8 (2018): 1323, https://doi.org/10.1177/1363460718794647.

72 Catherine Rottenberg, "Can #MeToo Go Beyond White Neoliberal Feminism? Who Can Say #MeToo and Who Will Be Heard?," *Al Jazeera*, December 17, 2017, https://www.aljazeera.com/opinions/2017/12/13/can-metoo-go-beyond-white-neoliberal-feminism.

73 Bryan Turner, *Vulnerability and Human Rights* (University Park: Pennsylvania State University Press, 2006).

74 Samuel Moyn, *The Last Utopia: Human Rights in History* (Cambridge, MA: Harvard University Press, 2010), 26, 200.

75 Nancy Naples, "To Interpret the World and to Change It: An Interview with Nancy Fraser," *Signs: Journal of Women in Culture and Society* 29, no. 4 (2004): 1103-24, https://www.journals.uchicago.edu/doi/full/10.1086/382631.

76 Katherine M. Franke, "Becoming a Citizen: Reconstruction Era Regulation of African American Marriages," *Yale Journal of Law&the Humanities* 11 (1991): 251.

77 W. E. B. Du Bois, *Black Reconstruction in America: Toward a History of the Part Which Black Folk Played in the Attempt to Reconstruct Democracy in America, 1860-1880* (1935; reprint, London: Routledge, 2012), xv.

78 Kate Nash, "The Cultural Politics of Human Rights and Neoliberalism," *Journal of Human Rights* 18, no. 5 (2019): 491.

79 Samuel Moyn, *Not Enough: Human Rights in an Unequal World* (Cambridge, MA: Belknap Press of Harvard University Press, 2018), 7.

80　Moyn, *The Last Utopia*, 227.
81　Michael Meranze, "Distant Suffering: Morality, Media, and Politics," *History Workshop Journal* 53, no. 1 (2002): 254, https://doi.org/10.1093/hwj/53.1.252.
82　Boltanski, *Distant Suffering*, 63.
83　Mervi Pantti and Karin Wahl-Jorgensen, "On the Political Possibilities of Therapy News: Social Responsibility and the Limits of Objectivity in Disaster Coverage," *Communication Studies* 1, no. 1 (2007): 18.
84　Roland Burke, "Emotional Diplomacy and Human Rights at the United Nations," *Human Rights Quarterly* 39 (May 2017): 295.
85　Beata A. Safari, "Intangible Privacy Rights: How Europe's GDPR Will Set a New Global Standard for Personal Data Protection," *Seton Hall Law Review* 47 (2016): 809.
86　Moyn, *The Last Utopia*.
87　Chouliaraki, *The Ironic Spectator*, 13.
88　Arendt, *On Revolution*, 90.
89　Boltanski, *Distant Suffering*, 18.
90　Stuart Hall, "On Postmodernism and Articulation: An Interview with Stuart Hall," ed. Lawrence Grossberg, *Journal of Communication Inquiry* 10, no. 2 (1986): 53.
91　Erin Hanafy, "Christine Blasey Ford's Testimony Showed That Vulnerability Is Actually a Superpower," *Well+Good*, September 27, 2018, https://www.wellandgood.com/good-advice/christine-blasey-ford-vulnerability-strength/; Megan Garber, "For Christine Blasey Ford to Be Believable, She Had to Be 'Likable,'" *Atlantic*, September 27, 2018, https://www.theatlantic.com/entertainment/archive/2018/09/christine-blasey-ford-pernicious-demand-be-likable/571555/.
92　Hanafy, "Christine Blasey Ford's Testimony."
93　Alice Marwick and Robyn Caplan, "Drinking Male Tears: Language, the Manosphere, and Networked Harassment," *Feminist Media Studies* 18, no. 4 (2018): 543-59.
94　Grossberg, *Under the Cover of Chaos*, 248-49.
95　Simon Kemp, "Digital 2021 October Global Statshot Report," *DataReportal—Global Digital Insights*, October 2021, https://datareportal.com/reports/digital-2021-october-global-statshot.
96　Merlyna Lim, "Clicks, Cabs, and Coffee Houses: Social Media and Oppositional Movements in Egypt, 2004-2011," *Journal of Communication* 62, no. 2 (2012): 231, https://doi.org/10.1111/j.1460-2466.2012.01628.x.
97　Alyson Cole and Sumru Atuk, "What's in a Hashtag? Feminist Terms for Tweeting

in Alliance," *philoSOPHIA: A Journal of Continental Feminism* 9, no. 1 (2019): 26-52.
98   Marwick and Caplan, "Drinking Male Tears," 543.
99   Laura García-Favaro and Rosalind Gill, "'Emasculation Nation Has Arrived': Sexism Rearticulated in Online Responses to Lose the Lads' Mags Campaign," *Feminist Media Studies* 16 (November 2015): 388, https://doi.org/10.1080/14680777.2015.1105840.
100 Molly Dragiewicz et al., "Technology Facilitated Coercive Control: Domestic Violence and the Competing Roles of Digital Media Platforms," *Feminist Media Studies* 18, no. 4 (2018): 621, https://doi.org/10.1080/14680777.2018.1447341.
101 José van Dijck, *The Culture of Connectivity: A Critical History of Social Media* (Oxford: Oxford University Press, 2013).
102 Muchazondida Mkono, "'Troll Alert!': Provocation and Harassment in Tourism and Hospitality Social Media," *Current Issues in Tourism* 21, no. 7 (2015): 791-804, https://doi.org/10.1080/13683500.2015.1106447.
103 Van Dijck, *The Culture of Connectivity*, 13.
104 Alexander Brown, "What Is Hate Speech? Part 1: The Myth of Hate," *Law and Philosophy* 36 (August 2017): 419-68, https://doi.org/10.1007/s10982-017-9297-1.
105 Sonia Livingstone and Peter K. Smith, "Annual Research Review: Harms Experienced by Child Users of Online and Mobile Technologies: The Nature, Prevalence and Management of Sexual and Aggressive Risks in the Digital Age," *Journal of Child Psychology and Psychiatry* 55, no. 6 (2014): 635, https://doi.org/10.1111/jcpp.12197.
106 Shari Kessel Schneider et al., "Cyberbullying, School Bullying, and Psychological Distress: A Regional Census of High School Students," *American Journal of Public Health* 102, no. 1 (2012): 175, https://www.academia.edu/11327868/Cyberbullying_School_Bullying_and_Psychological_Distress_A_Regional_Census_of_High_School_Students.
107 물론 이 두 가지는 연결되어 있다. 그럼에도 분석적으로는 둘을 분리하는 것이 유용하다. 트라우마는 주로 피해자-가해자-시혜자라는 결합 속에서 피해에 관해 이야기하는 반면, 상해는 피해자성을 탈개별화하고 개인의 고통을 더 넓은 사회정치적 맥락에 위치시키기 때문이다.
108 Nicola Henry and Anastasia Powell, "Embodied Harms: Gender, Shame, and Technology-Facilitated Sexual Violence," *Violence Against Women* 21, no. 6 (2015): 758, https://doi.org/10.1177/1077801215576581.
109 디지털 시대의 부모 역할에 관한 구상은 다음을 보라. Giovanna Mascheroni and

Donell Holloway, *The Internet of Toys: Practices, Affordances, and the Political Economy of Children's Smart Play*(London: Palgrave Macmillan, 2019); "디지털 디톡스" 실행에 관해서는 다음을 보라. Trine Syvertsen and Gunn Enli, "Digital Detox: Media Resistance and the Promise of Authenticity," *Convergence* 26, nos. 5-6 (2020): 1269-83, https://doi.org/10.1177/13548 56519847325. 새로운 디지털 권리 담론과 개입 조치에 대해서는 다음을 보라. Sonia Livingstone, "Developing Social Media Literacy: How Children Learn to Interpret Risky Opportunities on Social Network Sites," *Communications* 39 (September 2014): 283-303, https://doi.org/10.1515/commun-2014-0113; and Sonia Livingstone and Amanda Third, "Children and Young People's Rights in the Digital Age: An Emerging Agenda," *New Media&Society* 19, no. 5 (2017): 657-70, https://doi.org/10.1177/1461444816686318.

110 Deborah Lupton and Ben Williamson, "The Datafied Child: The Dataveillance of Children and Implications for Their Rights," *New Media&Society* 19, no. 5 (2017): 780-94, https://doi.org/10.1177/1461444816686328.

111 Shoshana Zuboff, "Big Other: Surveillance Capitalism and the Prospects of an Information Civilization," *Journal of Information Technology* 30, no. 1 (2015): 76, 85, https://doi.org/10.1057/jit.2015.5.

112 소통 행위가 사회의 권력 관계에 깊이 뿌리내리고 있다는 점은 숱한 비판적·포스트구조주의적 해석법의 공통된 전제이다. 이런 해석법들은 고난의 주장들이 어떻게 주체성과 공동체의 형성에 참여하는가라는 질문을 던지기 때문이다. 다음을 보라. Lois McNay, "Suffering, Silence, and Social Weightlessness: Honneth and Bourdieu on Embodiment and Power," in *Embodied Selves*, ed. Stella Gonzalez-Arnal, Gill Jagger, and Kathleen Lennon(London: Palgrave Macmillan, 2012), 230; Judith Butler, *Precarious Life: The Powers of Mourning and Violence*(London: Verso, 2004); and Chouliaraki, *The Spectatorship of Suffering*.

113 McNay, "Suffering, Silence, and Social Weightlessness," 230.

114 Robin Pogrebin and Kate Kelly, "Brett Kavanaugh Fit in with the Privileged Kids. She Did Not," *New York Times*, September 14, 2019, https://www.nytimes.com/2019/09/14/sunday-review/brett-kavanaugh-deborah-ramirez-yale.html.

115 가부장제의 신뢰성의 정치에 관해서는 다음을 보라. Leigh Gilmore, *Tainted Witness: Why We Doubt What Women Say About Their Lives*(New York: Columbia University Press, 2017); and Banet-Weiser and Higgins, *Believability*.

116 John Cassidy, "The Other Problem with Brett Kavanaugh's Supreme Court Nomination: Privilege," *The New Yorker*, September 21, 2018, https://www.newyorker.com/news/our-columnists/how-brett-kavanaughs-hobbled-nomination-puts-american-privilege-on-trial; Stephanie Kirchgaessner, "FBI Director Faces New Scrutiny

Over Investigation of Brett Kavanaugh," *The Guardian*, September 14, 2021, https://www.theguardian.com/us-news/2021/sep/14/brett-kavanaugh-fbi-investigation-documents. 다음도 보라. "FBI Failed to Fully Investigate Kavanaugh Allegations, Say Democrats," *The Guardian*, July 22, 2021, https://www.theguardian.com/us-news/2021/jul /22/brett-kavanaugh-sexual-misconduct-allegations-fbi-senators.

117 Sara Ahmed, *The Cultural Politics of Emotion* (Edinburgh: Edinburgh University Press, 2004), 120, 강조는 원문.

118 Tami Amanda Jacoby, "A Theory of Victimhood: Politics, Conflict, and the Construction of Victim-Based Identity," *Millennium* 43, no. 2 (2015): 517, https://doi.org/10.1177/0305829814550258.

119 Meghan Chakrabarti, "In 'Thick,' Tressie McMillan Cottom Looks at Beauty, Power, and Black Womanhood in America," *On Point*, WBUR, January 21, 2019, https://www.google.co.uk/amp/s/amp.wbur.org/onpoint/2019/05/27/thick-tressie-mcmillan-cottom.

120 Edward W. Said, *Orientalism* (New York: Pantheon, 1978), xxiii.

121 2002년 〈가디언〉의 한 기사에서 에릭 홉스봄은 "파국의 시대"에 관한 자신의 주장을 다음과 같이 요약했다. "20세기에는 역사적으로 가장 많은 살인이 일어났다. 20세기의 전쟁에 의한, 또는 그와 관련된 총 사망자는 1억 8,700만 명으로 추정되는데, 이는 1913년 전 세계 인구의 10퍼센트를 넘는다. 20세기는 1914년에 시작된 전쟁을 필두로 세계에서 조직적인 군대가 일으키는 갈등이 없는 시기가 없거나 짧게 이어질 뿐, 전쟁이 거의 중단된 적이 없는 시대였다. 20세기는 세계전쟁에 의해, 다시 말해서 영토적인 국가 또는 국가들의 동맹 사이에서 벌어진 전쟁에 지배당한 시기였다." 다음을 보라. Eric Hobsbawm, "War and Peace," *The Guardian*, February 3, 2003, https://www.theguardian.com/education/2002/feb/23/artsandhumanities.highereducation.

122 Caruth, *Unclaimed Experience*, 12.

2장

1 Peter Jackson, *They Shall Not Grow Old, documentary* (WingNut Films, 2018). 다음도 보라. Richard Brody, "'They Shall not Grow Old' Reviewed: The Indelible Voices in Peter Jackson's Documentary," *The New Yorker*, February 19, 2019, https://www.newyorker.com/culture /the-front-row/they-shall-not-grow-old-reviewed-the-indeliblevoices-in-peter-jacksons-first-world-war-documentary.

2   Thomas Gibbons-Neff, "Haunted by Their Decisions in War," *Washington Post*, March 6, 2015, https://www.washingtonpost.com/opinions/haunted-by-their-decisions-in-war/2015/03/06/db1cc404-c129-11e4-9271-610273846239_story.html?utm_term =6a14a7c0adb.

3   Tyler Boudreau, "The Morally Injured," *Massachusetts Review* 52, nos. 3-4 (2011): 754, https://www.jstor.org/stable/23210143. 초점과 주장이 다르긴 하나, 묵묵한 고난에서 트라우마의 인정으로 넘어간 이와 유사한 역사에 관해서는 다음을 보라. Fassin and Rechtman, *Empire of Trauma*.

4   Santanu Das, "Colors of the Past: Archive, Art, and Amnesia in a Digital Age," *American Historical Review* 124, no. 5 (2019): 1772, https://doi.org/10.1093/ahr/rhz1021.

5   Das, "Colors of the Past," 1775. 다음도 보라. Vasja Badalič, *The War Against Civilians: Victims of the "War on Terror" in Afghanistan and Pakistan* (Cham, Switzerland: Springer International, 2019).

6   Joanna Bourke, "Fear and Anxiety: Writing About Emotion in Modern History," *History Workshop Journal* 55 (February 2003): 111-33, https://doi.org/10.1093/hwj/55.1.111; Yuval Noah Harari, *Renaissance Military Memoirs: War, History, and Identity, 1450–1600* (Suffolk, U.K.: Boydell and Brewer, 2004).

7   많은 여성이 양차 세계대전에서(그보다 훨씬 앞선 크림전쟁과 미국 남북전쟁에서도) 복무했지만 대체로 간호사와 보조 일꾼 역할이었다. 미국의 군사학교에 여성이 처음으로 입학한 것은 것은 1970년대였다. 1990년대까지도 공군과 해군의 전투임무에 여성이 배치되지는 않았지만 말이다. 오늘날에는 미군 전투부대원의 16퍼센트가, 영국에서는 11.8퍼센트가 여성이다. 다음을 보라. Lori Robinson and Michael O'Hanlon, "Women Warriors: The Ongoing Story of Integrating and Diversifying the American Armed Forces," Brookings Institute Report, 2020, https://www.brookings.edu/essay women-warriors-the-ongoing-story-of-integrating-and-diversifying-the-armed-forces/; Meghan Harding, "Representation of Women in the Armed Forces," U.K. House of Commons Library, 2021, https://commonslibrary.parliament.uk/representation-of-women-in-the-armed-forces/.

8   전쟁의 고난이 주로 남성적인 성격을 띤다는 주장은 헤게모니적 남성성에 관한 기존의 정의에 의지한다. 프랭크 바렛Frank Barrett에 따르면 "'헤게모니적 남성성'이라는 용어는 주변화되고 종속적인 여성성의 이미지와 그 외 다른 남성성의 이미지와의 관계 속에서 이상화된 특수한 남성성의 이미지를 일컫는다. 오늘날의 서구 문화에서 헤게모니를 쥐고 있는 이상적인 남성성은 독립적이고, 위험을 감수할 줄 알고, 공격적이고, 이성애자이고, 합리적인 남성이다." Frank J. Barrett, "The Organizational Construction of Hegemonic Masculinity: The Case of the US Navy," *Gender, Work,&Organization* 3, no. 3 (1996): 130, https://doi.org/10.1111/j.1468-

0432.1996.tb00054.x. "헤게모니적"이라는 개념은 늘 대안이 등장할 역사적 가능성—이 장 전반에서 추적하는 변화의 과정—을 시사하긴 하지만 킴벌리 허칭스Kimberly Hutchings는 "남성성의 공식적인 속성들이 그것으로 하여금 전쟁을 보고 이해할 수 있는 프리즘 역할을 할 수 있게" 만드는 한 이런 형태의 남성성과 전쟁 사이에는 더 꾸준하고 구성 요소적인 관계가 존재한다고 주장한다. Kimberly Hutchings, "Making Sense of Masculinity and War," *Men and Masculinities* 10, no. 4 (2008): 390, https://doi.org/10.1177/1097184X07306740.

9 전쟁 트라우마와 재남성화에 관한 여러 문헌 중에서 제1차 세계대전에 관해서는 다음을 보라. Jason Crouthamel, "Male Sexuality and Psychological Trauma: Soldiers and Sexual Disorder in World War I and Weimar Germany," *Journal of the History of Sexuality* 17(February 2008): 60-84. 제2차 세계대전의 경우는 다음을 보라. Christina Sharon Jarvis, *The Male Body at War: American Masculinity and Embodiment During World War II*(University Park: Pennsylvania State University Press, 2000). 베트남전쟁에 관해서는 다음을 보라. Susan Jeffords, "Debriding Vietnam: The Resurrection of the White American Male," *Feminist Studies* 14, no. 3 (1988): 525-43. 21세기의 전쟁에 관해서는 다음을 보라. Thomas Bjerre, "From Warrior Heroes to Vulnerable Boys: Debunking 'Soldierly Masculinity' in Tim Hetherington's Infidel Photos," in *Visualizing War: Emotions, Technologies, Communities*, ed. Anders Engberg-Pedersen and Kathrin Maurer(London: Routledge, 2017), 146-64.

10 Elaine Showalter, "Hysteria, Feminism, and Gender" in Sander Gilman et al., *Hysteria Beyond Freud*(Berkeley: University of California Press, 1993), 286-344.

11 Suzie Grogan, *Shell Shocked Britain: The First World War's Legacy for Britain's Mental Health*, illus. ed.(Barnsley, U.K.: Pen&Sword, 2014), 80.

12 Ruth Leys, "Traumatic Cures: Shell Shock, Janet, and the Question of Memory," in *Tense Past: Cultural Essays in Trauma and Memory*, ed. Paul Antze and Michael Lambek(London: Routledge, 1996), 110.

13 Alison S. Fell and Christine E. Hallett, *First World War Nursing: New Perspectives*(London: Routledge, 2013), 3.

14 Sharon Ouditt, *Fighting Forces, Writing Women: Identity and Ideology in the First World War*(London: Routledge, 2020).

15 Grogan, *Shell Shocked Britain*, 101. 오늘날 가정폭력과 전쟁 트라우마의 관계에 대해서는 다음을 보라. Rachel Pain, "Intimate War," *Political Geography* 44(January 2015): 64-73, https://doi.org/10.1016/j.polgeo.2014.09.011.

16 Diane Enns, *The Violence of Victimhood*(University Park: Pennsylvania State University Press, 2012), 81.

17　Arlene Stein, "Feminism, Therapeutic Culture, and the Holocaust in the United States: The Second-Generation Phenomenon," *Jewish Social Studies* 16, no. 1 (2009): 30, https://doi.org/10.2979/jss.2009.16.1.27. 제2물결 페미니즘의 피해자성 서사에 대한 비평은 다음을 보라. Brown, *States of Injury*.

18　Cathy Humphreys and Stephen Joseph, "Domestic Violence and the Politics of Trauma," *Women's Studies International Forum* 27(2004): 561, https://doi.org/10.1016/j.wsif.2004.09.010. 다음도 보라. Judith L. Herman, *Trauma and Recovery: The Aftermath of Violence—from Domestic Abuse to Political Terror*(New York: Basic, 1992).

19　Rosemary Kellison, *Expanding Responsibility for the Just War: A Feminist Critique*(Cambridge: Cambridge University Press, 2018), 5. 전시의 강간은 "도덕적 상해"라는 서구적 개념화를 탈식민주의적으로 확장해야 할 필요성에 관해서는 다음을 보라. Carina M. Uchida, "Constraints on Rape as a Weapon of War: A Feminist and Post-colonial Revision," *E-International Relations*, November 20, 2018, https://www.e-ir.info/2018/11/20/constraints-on-rape-as-a-weapon-of-war-a-feminist-and-post-colonial-revision/. "도덕적 상해"가 가부장적 관습이라는 페미니즘의 비평으로는 다음을 보라. Carol Gilligan, "Moral Injury and the Ethic of Care: Reframing the Conversation About Differences," *Journal of Social Philosophy* 45, no. 1 (2014): 89-106, https://doi.org/10.1111/josp.12050

20　세계대전과 베트남전쟁에서 나타난 서구 군대의 식민주의적 역학에 관해서는 이미 상당한 양의 학제적 연구 결과가 있다. 가령 다음을 보라. Santanu Das, ed., *Race, Empire, and First World War Writing*(Cambridge: Cambridge University Press, 2011); Daniel Kryder, *Divided Arsenal: Race and the American State During World War II*(Cambridge: Cambridge University Press, 2001); and James E. Westheider, *Fighting on Two Fronts: African Americans and the Vietnam War*(New York: New York University Press, 1997). 하지만 군인의 피해자성이라는 문화적 구성물에 대한 기존의 연구들은 대체로 인종중심적인 관점을 채택하지 않는다. 가령 다음을 보라. Leys, "Traumatic Cures"; Eric Leed, *No Man's Land: Combat and Identity in World War 1*(Cambridge: Cambridge University Press, 1979); Leed, "Fateful Memories: Industrialized War and Traumatic Neuroses," *Journal of Contemporary History* 35, no. 1 (2000): 85-100, https://doi.org/10.1177/002200940003500108; Joanna Bourke, "Effeminacy, Ethnicity, and the End of Trauma: The Sufferings of 'Shell-Shocked' Men in Great Britain and Ireland, 1914-39," *Journal of Contemporary History* 35, no. 1 (2000): 57-69, https://www.jstor.org/stable/261181; Bourke, "Fear and Anxiety"; Paul Fussell, *The Great War and Modern Memory*(London: Sterling , 2009); and Jay Winter, *Sites of Memory, Sites of*

Mourning: The Great War in European Cultural History(Cambridge: Cambridge University Press, 1998).

21   Karen Halttunen, "Humanitarianism and the Pornography of Pain in Anglo-American Culture," *American Historical Review* 100, no. 2 (1995): 320, https://doi.org/10.2307/2169001.

22   John Stuart Mill, "Civilization," in *Essays on Politics and Culture*, ed. Gertrude Himmelfarb(New York: Basic, 1963), 64.

23   18세기 이후 사회계급과 사회운동의 역학 변화와의 관계 속에서 근대의 남성성이 변모하는 과정에 관해서는 다음을 보라. George Lachmann Mosse, *The Image of Man: The Creation of Modern Masculinity*(Oxford: Oxford University Press, 1998). 20세기 남성성의 혼종적인 성격에 관해서는 다음을 보라. Robert A. Nye, "Western Masculinities in War and Peace," *American Historical Review* 112, no. 2 (2007): 421, https://www.jstor.org/stable/4136608. 오늘날 유독한 남성성의 지배적인 존재감에 대해서는 다음을 보라. Paul Elliott Johnson, "The Art of Masculine Victimhood: Donald Trump's Demagoguery," *Women's Studies in Communication* 40, no. 3 (2017): 229-50, https://doi.org/10.1080/07491409.2017.1346533. 오늘날의 미디어에서 군인이 금욕적인 남성성과 취약성이 혼재된 모습으로 재현되는 것에 대해서는 다음을 보라. Bjerre, "From Warrior Heroes to Vulnerable Boys."

24   Ana Carden-Coyne, "Masculinity and the Wounds of the First World War: A Centenary Reflection," *Revue française de civilisation britannique*, online publication, May 1, 2015, https://doi.org/10.4000/rfcb.305.

25   Elaine Scarry, *The Body in Pain: The Making and Unmaking of the World*(Oxford: Oxford University Press, 1987), 63.

26   Harari, *Renaissance Military Memoirs*, 104. 17세기의 기사도 문화에 관해서는 다음을 보라. Leo Braudy, *From Chivalry to Terrorism: War and the Changing Nature of Masculinity*(New York: Knopf, 2003).

27   Harari, *Renaissance Military Memoirs*, 140.

28   Christopher Coker, *Humane Warfare*(London: Routledge, 2001); Moyn, *The Last Utopia*.

29   사실 최초의 산업화된 근대적 갈등은 크림전쟁(1853~1856년)이었고, 그 충격적인 사망자 수(제1차 세계대전 때는 전투원의 11퍼센트였던데 반해 크림전쟁에서는 19퍼센트가 사망했다)는 최초의 통합 군사병원 설립으로 이어졌는데, 플로렌스 나이팅게일이 이에 크게 기여했다. 다음을 보라. Orlando Figes, *Crimea*(London: Penguin, 2011); and Yakup Bektas, "The Crimean War as a Technological Enterprise," *Notes and Records: Royal Society Journal of the History of Science* 71, no. 3 (2017): 233-62. 또한 이는 앙리 뒤낭Henry Dunant이 이끄는 적십자의 설립으로도

이어졌다. 적십자는 전 세계 전쟁터에서 어느 편인지와 무관하게 부상자를 돕는 최초의 인도주의 조직이다. 다음을 보라. James Crossland, *War, Law, and Humanity: The Campaign to Control Warfare, 1853–1914*(London: Bloomsbury, 2018). 하지만 —역시 "정상범위를 벗어난" 전쟁으로도 알려진 크림전쟁과는 달리—미국 남북전쟁은 광범위하고도 지속적인 방식으로 추모 행위를 이어오고 있다는 사실 때문에 이 장의 초점이 되었다. 다음을 보라. Anne Louise Berridge, "Off the Chart: The Crimean War in British Public Consciousness," *19: Interdisciplinary Studies in the Long Nineteenth Century* 20(2015): 1-23, https://doi.org/10.16995/ntn.726.

30 Christon I. Archer, *World History of Warfare*(Lincoln: University of Nebraska Press, 2002), 413-14.

31 Quoted in DeAnne Blanton and Lauren Cook Wike, *They Fought Like Demons: Women Soldiers in the American Civil War*(Baton Rouge: Louisiana State University Press, 2002), 194.

32 Gugliotta Guy, "New Estimate Raises Civil War Death Toll," *New York Times*, April 2, 2012, https://www.nytimes.com/2012/04/03/science/civil-war-toll-up-by-20-percent-in-new-estimate.html.

33 기사도정신에 관해서는 다음을 보라. Braudy, From *Chivalry to Terrorism*.

34 Jessica Meyer, "Separating the Men from the Boys: Masculinity and Maturity in Understandings of Shell Shock in Britain," *Twentieth Century British History* 20, no. 1 (2009): 5, https://doi.org/10.1093/tcbh/hwn028.

35 Drew Gilpin Faust, *This Republic of Suffering*(New York: Knopf Doubleday, 2008), xiv, 189.

36 Charles Mills, "White Ignorance," in *Race and Epistemologies of Ignorance*, ed. Shannon Sullivan and Nancy Tuana(Albany: State University of New York Press, 2007), 11-38.

37 Faust, *This Republic of Suffering*, 47.

38 Margaret Humphreys, *Intensely Human: The Health of the Black Soldier in the American Civil War*, illus. ed.(Baltimore, MD: Johns Hopkins University Press, 2008), 6.

39 David W. Blight, "'For Something Beyond the Battlefield': Frederick Douglass and the Struggle for the Memory of the Civil War," *Journal of American History* 75, no. 4 (1989): 1158, https://doi.org/10.2307/1908634.

40 Isabel Wilkerson, *Caste: The Origins of Our Discontents*(New York: Random House, 2020), xx.

41 W. E. B. Du Bois, *Worlds of Color*(1925; reprint, Edinburgh: Mainstream/Random

House, 1961), 352.
42 Mills, "White Ignorance."
43 Derek H. Alderman and Rebecca Dobbs, "Geographies of Slavery: Of Theory, Method, and Intervention," in "Geographies of Slavery," ed. Derek H. Alderman and G. Rebecca Dobbs, special issue, *Historical Geography* 39(2011): 29-40.
44 Gaines M. Foster, *Ghosts of the Confederacy: Defeat, the Lost Cause, and the Emergence of the New South, 1865–1913*(1985; reprint, New York: Oxford University Press, 1987), 196.
45 Nye, "Western Masculinities in War and Peace," 421.
46 Edgar Jones and Simon Wessely, "A Paradigm Shift in the Conceptualization of Psychological Trauma in the 20th Century," *Journal of Anxiety Disorders* 21, no. 2 (2007): 164-75, https://doi.org/10.1016/j.janxdis.2006.09.009.
47 Michael Roper, "Between the Psyche and the Social: Masculinity, Subjectivity, and the First World War Veteran," *Journal of Men's Studies* 15, no. 3 (2008): 254.
48 George Lachmann Mosse, *Nationalism and Sexuality: Respectability and Abnormal Sexuality in Modern Europe*(Madison: University of Wisconsin Press, 1985).
49 John T. MacCurdy, *The Psychology of War*(1918; reprint, Minneapolis, MN: Franklin Classics, 2018), quoted in Bourke, "Effeminacy, Ethnicity, and the End of Trauma," 58.
50 Leed, *No Man's Land*, 164.
51 F. G. Chandler, "Memories of August 1917: Extract from a Doctor's Diary," *London Hospital Gazette*, 1918, 4, Imperial War Museum, London, quoted in Edgar Jones, "The Psychology of Killing: The Combat Experience of British Soldiers During the First World War," *Journal of Contemporary History* 41, no. 2 (2006): 231, https://www.jstor.org /stable/30036384.
52 Leon C. Standifer, *Not in Vain: A Rifleman Remembers World War II*(Baton Rouge: Louisiana State University Press, 1992), 30-31, quoted in Leed, "Fateful Memories," 86.
53 Leed, "Fateful Memories," 95.
54 Bourke, "Effeminacy, Ethnicity, and the End of Trauma."
55 Mark Micale, *Approaching Hysteria: Disease and Its Interpretations*(Princeton, NJ: Princeton University Press, 1995), 168; "그들보다 먼저 비슷한 상황을 겪은 여자들처럼"이라는 말은 내가 추가한 것이다. 서부전선에서 돌아온 셸 쇼크 병사들을 치료한 캐나다 의사 해롤드 맥길은 이 분열적인 증상을 다음과 같이 설명했다. "피해자들은 가장 섬세한 도덕적 용기를 가진 남자들이었고, 이는 사실 셸 쇼크가 일어날 수 있는 토대가 되었다. 그 남자의 육체적 본성 전체가 폭격의 광경과 그 소리를

못 견뎌했다. 이 남자가 부동자세를 유지하는 부대에 속해서 가만히 앉아 반격할 기회도 없이 벌을 받아야 하는 상황이라면 이는 훨씬 심해졌다. 뾰족한 강철 조각들이 인간의 생살을 찢는다는 생각과 그것이 실제로 벌어진 광경은 소름끼쳤다. 이 남자의 모든 태생적인 육체적 충동은 이 남자로 하여금 몸을 피하도록, 필요하면 도망치도록 부추겼다. 반면 그의 정신적 용기, 자신의 의무에 대한 충직함, 그가 받은 훈련은 그에게 자리를 지키라고 강요했다. 그 결과 갈등 때문에 신경계가 붕괴했고 병사는 횡설수설하는 미치광이가 되었다." Harold W. McGill, *Medicine and Duty: The World War I Memoir of Captain Harold W. McGill, Medical Officer, 31st Battalion, C.E.F.*, ed. Marjorie Barron Norris(Calgary, Canada: University of Calgary Press, 2007), 172.

56 Crouthamel, "Male Sexuality and Psychological Trauma."

57 일레인 쇼월터Elaine Showalter가 보여주듯 1916년 "전쟁신경증" 사례는 영국 전쟁 사상자의 40퍼센트를 차지했고 1919년에는 이미 영국에서 군대 내 정신질환자를 치료하는 정신병원이 12곳이었다. 다음을 보라. Showalter, "Hysteria, Feminism, and Gender," 321.

58 Fussell, *The Great War and Modern Memory*; Winter, *Sites of Memory, Sites of Mourning*.

59 고귀하고 자기희생적인 병사라는 기사도적 이상은 윌프레드 오언Wilfred Owen의 시 '달콤하고 명예로운 일Dulce et decorum est'(1920년)에서는 조롱의 대상이 되었고, 영국, 프랑스, 독일의 제1차 세계대전 참전 군인들의 문학 정전에서는 불멸의 생명을 얻었다. 다음을 보라. Samuel Hynes, *The Soldiers' Tale: Bearing Witness to Modern War*(New York: Allen Lane, 1997).

60 Scarry, The Body in Pain, 77.

61 Emma Hutchison, *Affective Communities in World Politics*(Cambridge: Cambridge University Press, 2016).

62 Michael Roper, "Between Manliness and Masculinity: The 'War Generation' and the Psychology of Fear in Britain, 1914-1950," *Journal of British Studies* 4, no. 2 (2005): 348.

63 Robert Hemmings, "'The Blameless Physician': Narrative and Pain, Sassoon and Rivers," *Literature and Medicine* 24, no. 1 (2005): 114, https://doi.org/10.1353/lm.2005.0026.

64 Winter, Sites of Memory, Sites of Mourning; Jay Winter, Remembering War: The Great War Between Memory and History in the 20th Century, annotated ed. (New Haven, CT: Yale University Press, 2006); Winter, "Foreword: Historical Remembrance in the Twenty-First Century," in "Historical Remembrance in the Twenty-First Century," ed. Jay Winter, special issue, *Annals of the American Academy*

of *Political and Social Science* 617, no. 1 (2015): 6-13, https://doi.org/10.1177/0002716207312761.
65 Roger Luckhurst, *The Trauma Question*(London: Routledge, 2008), 5.
66 Fiona Reid, *Broken Men: Shell Shock, Treatment, and Recovery in Britain, 1914-1930*, illus. ed. (London: Continuum, 2010), 14.
67 Jacqueline Jenkinson, "'All in the Same Uniform?' The Participation of Black Colonial Residents in the British Armed Forces in the First World War," *Journal of Imperial and Commonwealth History* 40, no. 2 (2012): 207-30, https://doi.org/10.1080/03086534.2012.697611.
68 Hilary Buxton, "Imperial Amnesia: Race, Trauma, and Indian Troops in the First World War," *Past&Present* 241, no. 1 (2018): 225, https://doi.org/10.1093/pastj/gty023.
69 Trevor Dodman, "'Belated Impress': River George and the African American Shell Shock Narrative," *African American Review* 44(January 2011): 149-66, https://doi.org/10.1353/afa.2011.0023.
70 Thomas Lacquer, "Memory and Naming in the Great War," in *Commemorations: The Politics of National Identity*, ed. John R. Gillis(1994; reprint, Princeton, NJ: Princeton University Press, 1996), 150-67.
71 Imperial War Graves Commission, response to the "Historical Inequalities in the Commemoration of the Dead" report(2020), composed by an independent Special Committee of experts and chaired by Sir Tim Hitchens, https://www.cwgc.org/non-commemorationreport/our-response/.
72 Michèle Barrett, *Casualty Figures: How Five Men Survived the First World War*(London: Verso, 2007), 465. 이 삭제 이면에서 2014년에 발견된 서부전선의 인도 군대가 어떤 일을 겪었는지 알려주는 새로운 증거, 바로 인도 군인 또는 세포이 **Sepoy**(영국이 인도를 식민 지배할 당시, 동인도회사가 영국인 장교 아래에 둔 인도인 용병을 뜻하는 말. '병사'를 뜻하는 페르시아어에서 유래하였다—옮긴이)들이 집에 보낸 편지들은 전쟁에 복무했음에도 오랫동안 그 사실이 망각되어 제대로 된 평가를 받아보지 못한 병사들에 관해 복잡하면서도 감동적인 그림을 그려낸다. 산타누 다스는 이렇게 주장한다. "인도 세포이가 명성을 쫓는 충직한 신민 또는 토착민 출신의 불운한 전쟁 피해자라는 전형적인 시각을 뛰어 넘어, 그들을 여러 문화와 제도와 사람들과 협상을 벌이는 복잡하고 지적인 개인으로 바라보는 것이 중요하다." Santanu Das, "The Indian Sepoy in the First World War," British Library Archive, February 6, 2014, https://www.bl.uk/world-war-one/articles/the-indian-sepoy-in-the-first-world-war. 이와 유사하게 32만 명의 인도 펀자브주 출신 병사들에 관한 기록은 —97년 동안 어둠 속에 묻혀 있다가—2016년에야 발견되어 그 내용이 확인되었다. 영국 펀자브

문화유산협회의 의장은 이렇게 말했다. "펀자브는 제1차 세계대전 기간 동안 인도군의 주요 징집 기지였다. 그런데 그 개인들의 기여는 대체로 인정받지 못했다. 대부분의 경우 우리는 그들의 이름조차 알지 못했다." Quoted in Rajeev Syal, "Records of 320,000 Punjab Soldiers from First World War Uncovered," *The Guardian*, November 10, 2021, https://amp.theguardian.com/world/2021/nov/10/records-of-320000-punjab-soldiers-from-first-world-war-uncovered.

73 Imperial War Graves Commission, response to the "Historical Inequalities in the Commemoration of the Dead" report.

74 미군 내 인종분리정책은 트루먼 대통령이 미군 내 평등한 처우에 관한 행정명령을 발행한 1948년에 공식적으로 종식되었지만(http://www.Army.Mil /blackamericans), 군대 내부의 차별은 베트남전쟁에서도 나타났고 오늘날에도 여전히 존재한다. 다음을 보라. Westheider, *Fighting on Two Fronts*.

75 Ron Eyerman, *Memory, Trauma, and Identity* (London: Palgrave Macmillan, 2019).

76 Hynes, *The Soldiers' Tale*, 178

77 베트남전쟁의 텔레비전 중계가 여론에 미친 영향에 관해서는 다음을 보라. Daniel Hallin, *The Uncensored War: The Media and Vietnam* (Berkeley: University of California Press, 1989); and Michael Mandelbaum, "Vietnam: The Television War," *Daedalus* 111, no. 4 (1982): 157-69.

78 David E. Kaiser, *American Tragedy: Kennedy, Johnson, and the Origins of the Vietnam War* (Cambridge, MA: Harvard University Press, 2000); Charles R. Figley, *Stress Disorders Among Vietnam Veterans: Theory, Research* (London: Routledge, 2014).

79 Peter Arnett, *Live from the Battlefield: From Vietnam to Baghdad: 35 Years in the World's War Zones* (New York: Simon&Schuster, 1994).

80 Stathis Kalyvas and Matthew Adam Kocher, "The Dynamics of Violence in Vietnam: An Analysis of the Hamlet Evaluation System(HES)," *Journal of Peace Research* 46, no. 3 (2009): 338, https://www.jstor.org/stable/25654409.

81 Braudy, *From Chivalry to Terrorism*, 529.

82 Coker, *Human Warfare*, 35- 36.

83 Hynes, *The Soldiers' Tale*, 180.

84 Stephen Howard, "The Vietnam Warrior: His Experience, and Implications for Psychotherapy," *American Journal of Psychotherapy* 30, no. 1 (1976): 124.

85 Eyerman, *Memory, Trauma, and Identity*, 167.

86 네이팜탄의 사용에 관해서는 다음을 보라. Robert M. Neer, *Napalm* (Cambridge, MA: Harvard University Press, 2013).

87 Fassin and Rechtman, *The Empire of Trauma*, 95.
88 Chad Williams, "World War I in the Historical Imagination of W. E. B. Du Bois," *Modern American History* 1, no. 1 (2018): 3-22.
89 Kalyvas and Kocher, "The Dynamics of Violence in Vietnam," 338.
90 Irving M. Allen, "Posttraumatic Stress Disorder Among Black Vietnam Veterans," *Psychiatric Services* 37, no. 1 (1986): 55.
91 Daniel Lucks, "African American Soldiers and the Vietnam War: No More Vietnams," *The Sixties* 10, no. 2 (2017): 197, https://doi.org/10.1080/17541328.2017.1303111.
92 Martin Luther King Jr., "The World House," in *Where Do We Go from Here: Chaos or Community?*(1967), introduction by Vincent Harding, foreword by Coretta Scott King(Boston, MA: Beacon, 2010), 201.
93 Jonathan Rosenberg, *How Far the Promised Land? World Affairs and the American Civil Rights Movement from the First World War to Vietnam*(Princeton, NJ: Princeton University Press, 2006), 5. 보편적인 인간성의 원칙으로서의 인권과 흑인해방투쟁의 연결 고리는 프레드릭 더글라스의 초창기 수사법에서도 나타났다. 그는 이렇게 적었다. "인권은 공통의 기반 위에 서 있다. 한 종류의 인간 가족을 위해 인권을 지지하고 유지하고 방어하는 모든 이유는, 모든 인간 가족을 위해서도 인권을 지지하고 유지하고 방어한다. 모든 인류는 공통된 본성에서 비롯된 동일한 욕구를 가지고 있기 때문이다." Frederick Douglass, "The Claims of the Negro Ethnologically Considered"(1854), in *The Speeches of Frederick Douglass: A Critical Edition*, ed. John R. McKivigan, Julie Husband, and Heather L. Kaufman(New Haven, CT: Yale University Press, 2018), 147. "흑인을 위해 공세적으로 그리고 무조건적으로 인권을 요구한 최초의 흑인 조직"인 나이아가라 운동Niagara Movement에 참여했던 W. E. B. 듀 보이스의 글에서도 이와 동일한 연결 고리가 존재했다. 다음을 보라. Elliott Rudwick, "The Niagara Movement," *Journal of Negro History* 42, no. 3 (1957): 177. 흑인지위향상협회의 설립자였던 듀 보이스는 여러 대륙에서 흑인의 투쟁을 세계화한 운동인 범아프리카주의의 씨앗 역시 뿌렸다. 다음을 보라. W. E. B. Du Bois, *On Sociology and the Black Community*, ed. Dan Green and Edwin Driver(Chicago: University of Chicago Press, 1978), 23-27. 1960년대와 베트남전쟁 기간 동안 민권운동 내에서 일어난 급진적인 흑인해방운동(말콤 엑스)과 흑인지위향상협회(킹) 사이의 긴장과 분열에 대한 자세한 설명은 다음을 보라. Jonas Gilbert, *Freedom's Sword: The NAACP and the Struggle Against Racism in America, 1909-1969*(New York: Routledge, 2006).
94 앞서 언급했다시피 트라우마의 법적인 이해는 홀로코스트를 둘러싼 아이히만 재판에서 처음으로 확립되었지만, 이 재판은 군인보다는 유대인과 그 외 소수자 집

단 생존자에 관심을 두었다.
95 Illouz, *Cold Intimacies*, 59. 외상후스트레스장애에 시달리는 사람을 치료가 필요한 트라우마를 입은 사람으로서, 동시에 국가의 보호와 보상을 받을 자격이 있는 법적인 주체로서 인정하는 현상의 금전적 함의에 대해서는 다음을 보라. Jones and Wessely, "A Paradigm Shift." 재처리 스틸^{Zachary Steel}, 캐서린 베이트먼 스틸^{Catherine Bateman Steel}, 데릭 실러브^{Derrick Silove}는 외상후스트레스장애가 "정신의학 연구자와 인권옹호자들에게 인권 남용과 조직화된 폭력에 관련된 심리적 결과를 기록하고 정량화할 수 있는 새로운 도구를 제공했다"고 주장한다. Zachary Steel, Catherine R. Bateman Steel, and Derrick Silove, "Human Rights and the Trauma Model: Genuine Partners or Uneasy Allies?," *Journal of Traumatic Stress* 22, no. 5 (2009): 360, https://doi.org/10.1002/jts.20449.
96 가령 다음을 보라. Illouz, "'That Shadowy Realm of the Interior.'"
97 Moyn quoted in Robert Kaplan, *"Humane: How the United States Abandoned Peace and Reinvented War* by Samuel Moyn," *New York Times*, September 21, 2021, https://www.nytimes.com/2021/09/14/books/review/humane-samuel-moyn.html.
98 Hew Strachan, *The Direction of War: Contemporary Strategy in Historical Perspective*(Cambridge: Cambridge University Press, 2013).
99 Coker, *Human Warfare*, 453.
100 리비아 또는 선택적으로 시리아에 맞서는 포스트 아랍의 봄 동맹 같은 더 최근의 전쟁들 역시 "보호의 책임"이라는 국제연합 독트린의 이름으로, 즉 자국민을 대상으로 한 카다피와 아사드의 공격을 누그러뜨리겠다는 명목으로 발발했다(Strachan, *The Direction of War*). 이 모든 "인도주의적" 분쟁은 더 이상 초강대국의 경쟁에 의지하지 않는 대신, 직업 군인을 통해서나 국제연합, 북대서양조약기구, 유럽연합 같은 초국가적 제도의 형식적인 사법권하에서 안보 권한을 확산하려는 특정 국가 권력들의 다극적 네트워크라는 거버넌스를 통해 유지되는 포스트 냉전 세계질서의 일환으로 볼 필요가 있다. 다음을 보라. Grant Marlier and Neta Crawford, "Incomplete and Imperfect Institutionalisation of Empathy and Altruism in the 'Responsibility to Protect' Doctrine," *Global Responsibility to Protect* 5(January 2013): 397-422, https://doi.org/ 10.1163/1875984X -00504003.
101 Coker, *Human Warfare*, 133.
102 Mathew Coleman, "Immigration Geopolitics Beyond the Mexico-US Border," *Antipode* 39, no. 1 (2007): 54-76, https://doi.org/10.1111/j.1467-8330.2007.00506.x.
103 Walt Napier, "A Short History of Integration in the US Armed Forces," U.S. Department of Defense, July 1, 2021, https://www.af.mil/News/Commentaries/Display/Article/2676311/a-short-history-of-integration-in-the-us-armed-forces/&c-

d=17&hl=el&ct=clnk&gl=uk.

104 Arundhati Roy, "Noam Chomsky, Neoliberalism, and the New War on Iraq," *Contemporary Justice Review* 6, no. 4 (2003): 321, 강조는 원문, https://doi.org/10.1080/1028258032000144767.

105 Boudreau, "The Morally Injured."

106 Mady Stovall, Lissi Hansen, and Michelle van Ryn, "A Critical Review: Moral Injury in Nurses in the Aftermath of a Patient Safety Incident," *Journal of Nursing Scholarship* 52, no. 3 (2020): 320.

107 Wood quoted in Kenneth MacLeish, "On 'Moral Injury': Psychic Fringes and War Violence," *History of the Human Sciences* 31, no. 2 (2018): 128, https://doi.org/10.1177/0952695117750342.

108 Julia Welland, "Compassionate Soldiering and Comfort," in *Emotions, Politics, and War*, ed. Linda Åhäll and Thomas Gregory(London: Routledge, 2015), 125.

109 Alison O'Connor, "Coming Home to the Arts: Theatre as Reconnection," paper presented at the Culture, Health, and Wellbeing International Conference, June 20-22, 2017, Bristol, U.K., https://pure.southwals.ac.uk/en/publications/coming-home-to-the-arts-theatre-as-reconnection.

110 Brock and Litini quoted in Adam Eriksen, "Demons of War. A Silent Killer for Soldiers: Moral Injury," *Sojourners*, June 25, 2015, https://sojo.net/articles/demons-war. 다음도 보라. Rita Brock and Gabriella Litini, *Soul Repair: Recovering from Moral Injury After War*(Boston, MA: Beacon, 2013); and O'Connor, "Coming Home to the Arts."

111 Rebecca Sanders, "Human Rights Abuses at the Limits of the Law: Legal Instabilities and Vulnerabilities in the 'Global War on Terror,'" *Review of International Studies* 44, no. 1 (2018): 2-23.

112 Elizabeth Spelman, *Fruits of Sorrow: Framing Our Attention to Suffering*(Boston, MA: Beacon, 2001), 118, quoted in Welland, "Compassionate Soldiering and Comfort," 125.

113 Elke Schwarz, "Prescription Drones: On the Techno-biopolitical Regimes of Contemporary 'Ethical Killing,'" *Security Dialogue* 47, no. 1 (2016): 59-75, https://www.jstor.org/stable/26293585.

114 다음을 보라. Andrew Hoskins, "Digital War," in *Routledge Handbook of Humanitarian Communication*, ed. Lilie Chouliaraki and Anne Vestergaard(London: Routledge, 2022), 66-86.

115 여기에 제시된 수치에 관해서는 다음을 보라. Costs of War on Terror, online project, Watson Institute of International and Public Affairs, Brown University, https://

watson.brown.edu/costsofwar/.

116 David Kennedy, "Modern War and Modern Law," *International Legal Theory* 12, no. 55 (2006): 471-94, https://heinonline.org/HOL/Page?handle=hein.journals/intlt12&id=61&div=&collection=.

117 영국 군대 내에서 지속적으로 이어지는 인종주의적 관행에 대해서는 가령 다음을 보라. Balissa Greene, "A Study of the British Army: White, Male, and Little Diversity," *LSE Blog*, December 16, 2016, https://www.lse.ac.uk/News/Research-Highlights/Society-media-and-science/British-Army. 미국 군대에 관해서는 여러 자료 중에서도 다음을 보라. Kat Stafford and James Laporta, "Military Still Grappling with Racism, Extremism, Investigation Finds," *Newshour*, PBS, December 29, 2021, https://www.pbs.org/newshour/nation/military-still-grappling-with-racism-and-extremism-investigation-finds.

118 Eric Hobsbawm, *Age of Extremes: A History of the World, 1914-1991* (1994; reprint, London: Abacus, 1995); Hobsbawm titles part 1 of his book "The Age of Catastrophe."

119 Scarry, *The Body in Pain*.

120 Theodor Meron, *The Humanization of International Law* (Leiden, Netherlands: Martinus Nijhoff, 2006).

121 Fiona McQueen, "Male Emotionality: 'Boys Don't Cry' Versus 'It's Good to Talk,'" *NORMA* 12, nos. 3-4 (2017): 205-19, https://doi.org/10.1080/18902138.2017.1336877. 영국과 미국에서 참전 군인의 정신건강 캠페인은 전쟁 트라우마 경험과의 관계에서 감정 표출하기와 감정 부정하기 사이의 핵심적인 긴장이 유발하는 해로운 영향에 정확하게 초점을 맞춘다. 예를 들어 다음을 보라. "Mental Health in the Military: Where Are We Now?," *PsychCentral*, May 24, 2022, https://psychcentral.com/ptsd/mental-health-in-the-military; and "Royals Push for More Military Mental Health Awareness," *ForcesNet*, February 28, 2018, https://www.forces.net/news/royals-push-more-military-mental-health-awareness.

122 Kate Manne, *Entitled: How Male Privilege Hurts Women* (New York: Crown, 2020); Tressie McMillan Cottom, "Where Platform Capitalism and Racial Capitalism Meet: The Sociology of Race and Racism in the Digital Society," *Sociology of Race and Ethnicity* 6, no. 4 (2020): 441-49, https://doi.org/10.1177/2332649220949473.

3장

1. "Speech: Prime Minister's Statement on Coronavirus(COVID-19)," Gov. UK, March 12, 2020, https://www.gov.uk/government/speeches/pm-statement-on-coronavirus-12-march-2020.

2. Johnson quoted in Tim Adams, "A Year After Johnson's Swaggering Greenwich Speech, 100,000 Dead," *The Guardian*, January 31, 2021, https://www.theguardian.com/politics/2021/jan/31/a-year-after-johnsons-swaggering-greenwich-speech-and-100000-dead.

3. Trump quoted in Brad Brooks, "Like the Flu? Trump's Coronavirus Messaging Confuses Public, Pandemic Researchers Say," *Reuters*, March 13, 2020, https://www.reuters.com/article/us-health-coronavirus-mixed-messages-idUSKBN2102GY.

4. Trump quoted in Aaron Blake and J. M. Rieger, "Timeline: The 201 Times Trump Has Downplayed the Coronavirus Threat," *Washington Post*, November 3, 2020, https://www.washingtonpost.com/politics/2020/03/12/trump-coronavirus-timeline/.

5. World Health Organization, WHO Coronavirus(COVID-19) Dash-board, https://covid19.who.int/.U.K. deaths include those of Northern Ireland.

6. U.K. House of Commons Science and Technology Committee and Health and Social Care Committee, "Coronavirus: Lessons Learned to Date," 2021, https://committees.parliament.uk/publications/7496/documents/78687/default/; 다음도 보라. U.K. COVID-19 Public Inquiry, 2023, https://covid19.public-inquiry.uk/. 2023년 가을에 실시된 조사를 다루는 이 자료는 코로나19에 대응하는 영국 정부의 태도에서 주를 이룬 무능함, 무관심, 부패의 깊이를 더욱 심도 깊게 폭로했다. Congressional investigation quoted in Rich Mendez, "Trump Officials Bragged About Pressuring CDC to Alter COVID-19 Reports, Emails Reveal," CNBC, April 9, 2021, https://www.cnbc.com/2021/04/09/trump-officials-bragged-about-pressuring-cdc-to-alter-covid-reports-emails-reveal-.html.

7. Nazrul Islam et al., "Excess Deaths Associated with COVID-19 Pandemic in 2020: Age and Sex Disaggregated Time Series Analysis in 29 High Income Countries," *British Medical Journal* 373, no. 1137 (2021), https://www.bmj.com/content/373/bmj.n1137.

8. 가령 다음을 보라. Sheryl Gay Stolberg and Noa Weiland, "Study Finds 'Single Largest Driver' of Coronavirus Misinformation: Trump," *New York Times*, September 30, 2020, https://www.nytimes.com/2020/09/30/us/politics/trump-coronavirus-misinformation.html; "The COVID-19 Infodemic," collective editorial, *Lancet: Infectious*

Diseases 20, no. 8 (2020): 875, https://www.thelancet.com/journals/laninf/article/PIIS1473-3099(20)30565-X/fulltext; and Laurie Garrett, "COVID-19: The Medium Is the Message," *Lancet* 395, no. 10228 (2020): 942-43, https://www.thelancet.com/journals/lancet/article/PIIS0140-6736(20)30600-0/fulltext.

9   전 세계 여러 나라에서 권위주의적 포퓰리즘 정부가 지배력을 행사하고는 있지만, 이들 모두가 팬데믹에 동일한 대응을 한 것은 아니다. 미국이나 영국과는 다르게 일부 정부는 확실하게 보호주의적인 정책을 실시했다. 포퓰리즘 정부 내에서의 여러 차이에 대해서는 가령 다음을 보라. Pippa Norris, "Varieties of Populist Parties," *Philosophy&Social Criticism* 45, nos. 9-10 (2019): 981-1012, https://doi.org/10.1177/0191453719872279. 영국과 미국은 역사적, 정치적, 문화적 차이가 있음에도 불구하고 로저스 브루베이커가 말한 "반지성주의, 자유지상주의적 반국가주의, 독립성이라는 신화"를 지향한다는 유사성이 있는데, 세 가지 모두가 코로나19 관련 담론과 정책에도 큰 영향을 미쳤다. Rogers Brubaker, "Paradoxes of Populism During the Pandemic," *Thesis Eleven* 164, no. 1 (2021): 74, https://doi.org/10.1177/0725513620970804.

10 코로나19 1차 유행기는 공식적으로는 2020년 3~6월이다. 이때 영국에서는 첫 전국적 봉쇄조치가, 미국에서는 가장 많은 봉쇄조치가 시행됐지만 이 시기의 소통 전략들은 그 시기 이전(정상상태화)과 이후(혼돈초래)에도 쭉 이어진다. 그러므로 이 글은 2020년 2~9월에 발표된 존슨과 트럼프의 공식 연설, 기자회견문, 뉴스 인터뷰 등의 텍스트에 의지한다. 2021년 4월까지도 국지적인 봉쇄조치(미국과 영국)와 전국적인 봉쇄조치(영국)가 일어났지만 이는 분석에 포함되지 않는다.

11 예를 들어 다음을 보라. Steven Levitsky and Daniel Ziblatt, *How Democracies Die* (New York: Crown, 2018); Timothy Snyder, *On Tyranny: Twenty Lessons from the Twentieth Century* (New York: Crown/Random House, 2017); Snyder, *The Road to Unfreedom* (New York: Crown/Random House, 2018); Grossberg, *Under the Cover of Chaos*; Aurelien Mondon and Aaron Winter, *Reactionary Democracy: How Racism and the Populist Far Right Became Mainstream* (London: Verso, 2020); and Ruth Ben-Ghiat, *Strongmen: How They Rise, Why They Succeed, How They Fall* (London: Profile, 2000).

12 Mondon and Winter, *Reactionary Democracy*, 5. 권위주의적 포퓰리즘의 끈질긴 득세에 관해서는 다음을 보라. Tom Nichols, "The Authoritarian Right Is Regrouping," *Atlantic*, November 29, 2022, https://www.theatlantic.com/newsletters/archive/2022/11/the-authoritarian-right-is-regrouping/672286/; Nichols, "Never Trump Means Never: Opposing Trumpism Is About More Than Rejecting One Man," *Atlantic*, November 28, 2022, https://www.theatlantic.com/newsletters/archive/2022/11/never-trump-means-never/672295/; Ido Vock, "Europe's Far-Right

Parties Are Learning from One Another," *New Statesman*, December 3, 2022, https://www.newstatesman.com/world/europe/2022/12/europe-far-right-parties-cas-mudde; Pedro Marques, "To the Far Right: Bella Ciao. Will Europe Manage to Survive the Attacks on Democracy from Within?," *Politico*, November 18, 2022, https://www.politico.eu/article/giorgia-meloni-italy-prime-minister-democracy-attacks-european-union/.

13 Pippa Norris and Ronald Inglehart, *Cultural Backlash: Trump, Brexit, and Authoritarian Populism*(Cambridge: Cambridge University Press, 2019), 8.

14 Francisco Panizza, introduction to *Populism and the Mirror of Democracy*, ed. Francisco Panizza(London: Verso, 2005), 3.

15 마이클 카진Michael Kazin은 이 책에서 다루는 고통의 정치의 유산과 포퓰리즘의 관계를 언급하지는 않지만, 나와 유사하게 포퓰리즘을 "19세기에 깊이 뿌리내리고 있는 끈질긴, 하지만 변형 가능한 정치적 수사법"으로, 이를 통해 국민들의 "집단적인 고충과 낙관적인 희망"을 결합시킬 가능성을 품고 있는 것으로 정의한다. Michael Kazin, *The Populist Persuasion: An American History*(Ithaca, NY: Cornell University Press, 1995), 5-6.

16 자유주의 정치 담론의 구성 요소로서 실용주의와 구원의 관계에 대해서는 다음을 보라. Margaret Canovan, "Trust the People! Populism and the Two Faces of Democracy," *Political Studies* 47, no. 1 (1999): 2-16, https://doi.org/10.1111/1467-9248.00184. 마거릿 캐노번Margaret Canovan은 마이클 오크쇼트Michael Oakeshott의 "민주주의의 두 얼굴"— 즉 믿음의 정치와 의심의 정치— 주장을 변형하여 포퓰리즘을 민주주의 정치에 내재하는 체결 능력으로 이론화한다. 다음을 보라. Michael Oakeshott, *The Politics of Faith and the Politics of Scepticism*, ed. Timothy Fuller(New Haven, CT: Yale University Press, 1996), 21-38. 캐노번의 정의를 이용하여 "불시 등장"과 "수시 출몰"로서의 "유령의 반복"이라는 관점에서 포퓰리즘과 자유주의 정치의 관계에 접근하는 입장은 다음을 보라. Benjamín Arditi, "Populism as a Spectre of Democracy: A Response to Canovan," *Political Studies* 52, no. 1 (2003): 135-43, https://doi.org/10.1111/j.1467-9248.2004.00468.x. 아르디티는 캐노번처럼 포퓰리즘을 "민주주의 정치 내부의 주변부"로 다루면서도 캐노번의 주장을 변형해서 포퓰리즘의 이중성을 포착한다. 그는 이렇게 말한다. "포퓰리즘은 민주주의의 거친 주변부에 세 들어 있는 재현의 차원이자 참여의 양상이지만 더 많은 불안을 조장할 수 있다. 정치적 민주주의 내부에서 번성하지만 동시에 민주주의의 강적으로 탈바꿈할 수 있기 때문이다."(143)

17 Filipe Carreira da Silva and Mónica Brito Vieira, "Populism and the Politics of Redemption," *Thesis Eleven* 149, no. 1 (2018): 21, https://doi.org/10.1177/07255136188 13374.

18 Nadia Urbinati, *Me the People: How Populism Transforms Democracy* (Cambridge, MA: Harvard University Press, 2019), 47.

19 "Trump Inauguration: President Vows to End 'American Carnage,'" *BBC News*, January 21, 2017, https://www.bbc.co.uk/news/world-us-canada-38688507; "Prime Minister Johnson's Brexit Address," *Reuters*, February 1, 2020, https://www.reuters.com/article/uk-britain-eu-johnson-address-idUSKBN1ZU31M. 다음도 보라. Ruth Wodak, *The Politics of Fear: What Right-Wing Populist Discourses Mean* (Los Angeles: Sage, 2015); Wodak, *The Politics of Fear: The Shameless Normalization of Far-Right Discourse*, 2nd ed.(Los Angeles: Sage, 2020); and Wodak, "Crisis Communication and Crisis Management During COVID-19," *Global Discourse* 11, no. 3 (2021): 329-53.

20 Nicolas Demertzis and Ron Eyerman, "COVID-19 as Cultural Trauma," *American Journal of Cultural Sociology* 8, no. 3 (2020): 428-50, https://doi.org/10.1057/s41290-020-00112-z.

21 Brubaker, "Paradoxes of Populism During the Pandemic," 80.

22 팬데믹 기간 동안 구원과 실용주의는 세계적으로 국가라는 맥락에서 여러 정치 담론 속에 다양한 형태로 체결되었다. 가령 공중보건이라는 다른 국가적 담론들은 바이러스의 위협을 전적으로 인정하면서도 목숨을 구할 수 있다는 희망적인 구원의 비전을 폐기하지 않는 실용주의적인 고통의 체결을 이용했다. 죽음이 불가피하다고 인정하지 않으면서도 감염을 완화하는 공중보건 조치를 통해 바이러스를 물리치기 위한 선제적인 행동을 모색했던 것이다. "뉴질랜드의 저신다 아던, 독일의 메르켈, 타이완의 차이잉원 같은 정상들"은 "세계에서 가장 주목받는 일부 남성 정상들의 속 빈 강정 같은 접근법"과는 다른 "효율적인 메시지 전달과 결단력 있는 조치"로 칭송을 받았다고 캐럴 존슨Carol Johnson과 블레어 윌리엄스Blair Williams는 말한다. 이 정상들의 구원의 서사는 존슨의 진술 같은 냉소적인 숙명론에 빠져 국민들을 희생시키지 않고 오히려 국민들을 지켜냈다. 다음을 보라. Carol Johnson and Blair Williams, "Gender and Political Leadership in a Time of COVID," *Politics&Gender* 16, no. 4 (2020): 946, https://doi.org/10.1017/S1743923X2000029X. 다음도 보라. Timon Forster and Mirko Heinzel, "Reacting, Fast and Slow: How World Leaders Shaped Government Responses to the COVID-19 Pandemic," *Journal of European Public Policy* 28, no. 8 (2021): 1299-320, https://doi.org/10.1080/13501763.2021.1942157. 코로나19 1차 유행기에 뉴질랜드의 대응에 관해서는 다음을 보라. Michael Baker and Andrew Anglemyer, "Successful Elimination of COVID-19 Transmission in New Zealand," *New England Journal of Medicine* 383 (2020): e56, https://www.nejm.org/doi/full/10.1056/NEJMc2025203. 독일의 대응에 관해서는 다음을 보라. Michael Baker, Nick Wilson, and Andrew Anglemyer, "Excess Mortality

due to COVID-19 in Germany," *Journal of Infection* 81, no. 5 (2020): 797-801, https://www.nejm.org/doi/full/10.1056/NEJMc2025203. 대만의 대응에 관해서는 다음을 보라. Jennifer Summers et al., "Potential Lessons from the Taiwan and New Zealand Health Responses to the COVID-19 Pandemic," *Lancet Regional Health* 4 (November 2020), https://www.sciencedirect.com/science/article/pii/S2666606520300444.

23 포퓰리즘의 수행성에 관해서는 다음을 보라. Benjamin Moffitt and Simon Tormey, "Rethinking Populism: Politics, Mediatisation, and Political Style," *Political Studies* 62, no. 2 (2014): 381-97, https://doi.org/10.1111/1467-9248.12032; Yannis Stavrakakis et al., "Populism, Anti-populism, and Crisis," *Contemporary Political Theory* 17 (2018): 4-27; Angelos Kissas, "Performative and Ideological Populism: The Case of Charismatic Leaders on Twitter," *Discourse&Society* 31, no. 3 (2020): 268-84, https://doi.org/10.1177/0957926519889127. 포퓰리즘의 담론 이론에서 체결의 용법에 대해서는 다음을 보라. Ernesto Laclau, "Populism: What's in a Name?," in *Populism and the Mirror of Democracy*, ed. Panizza, 103-14. 라클라우는 포퓰리즘의 담론적 체결이 끝없이 이어질 수 있음을 이야기하면서 "고립된 내용 안에서, 그것들(정치적 기표들)이 차별적으로 또는 동질적으로 체결되는 방식을 예측할 방법은 없다"고 말한다. "그것은 역사적 맥락에 달려 있기" 때문이다. ("Populism," 109).

24 Patrick Cockburn, "Donald Trump's Megalomania and Boris Johnson's Incompetence Have Increased the Coronavirus Death-Toll," *Independent*, May 15, 2020, https://www.independent.co.uk/voices/trump-boris-johnson-coronavirus-death-toll-a9517321.html.

25 경제개발협력기구[OECD]의 2022년 코로나19 보고서는 이 지점을 분명하게 드러낸다. "젊은이, 교육 수준이 낮은 사람들, 이주자, 소수인종/민족, 저임금 노동자는 원격으로는 불가능한 일자리에서 과대한 비중을 차지했고 이 때문에 팬데믹이 시작되었을 때 감염이나 실직 위험에 더 많이 노출되었다. 이런 위험한 직업에 고용된 많은 이들이 팬데믹 기간 내내 필수 상품과 서비스를 전달하기 위해 계속해서 물리적인 직장에서 일하고 다른 사람들과 접촉한 최전방 노동자들이었다. 실제로 팬데믹은 일의 중요도나 관련된 위해에 걸맞은 질을 보장하지 못하는 저임금 일자리에 채용된 최전방 노동자들에게 이 사회가 얼마나 의존하고 있는지를 부각했다. 위험한 일자리에 고용된 일부 노동자들은 고용과 소득에서 특히 큰 손실을 겪었다. 이주자와 소수인종, 소수민족 노동자들도 초기에 더 심대한 타격을 받았고 회복 속도도 더 느린 실정이다." 다음을 보라. "OECD Policy Responses to Coronavirus. The Unequal Impact of COVID-19: A Spotlight on Frontline Workers, Migrants, and Racial/Ethnic Minorities," *OECD*, March 17, 2022.

26 초기 포퓰리즘의 계보를 제시하는 것은 내 주장의 범위를 넘어서지만, 여러 설명

가운데서도 에릭 보너Eric Bonner의 설명은 (표현 방식의 차이는 있지만) 과거의 포퓰리즘과 현재의 포퓰리즘 모두 감정자본주의의 전제들에 유사하게 자리를 잡고 있음을 시사한다. 다음을 보라. Eric Bonner, "From Modernity to Bigotry," in *Critical Theory and Authoritarian Populism*, ed. Jeremiah Morelock (London: University of Westminster Press, 2018), 85-105. 특히 19세기와 20세기의 근대성에 대한 보너의 주장은 특권 상실 때문에 정치적 불만을 품는 새로운 인물상인 "외골수bigot"를 중심으로 역전된 피해자성의 기제가 이 외골수의 고충의 정치에서 핵심이라고 설명한다. 근대성이라는 정치적 주제를 불만과 격분이라는 측면에서 파악하는, 그러므로 고난과 특권의 역학을 통해 정치를 이해하는 이런 근본적인 감각은 포퓰리즘의 정동적 소통이 감정자본주의에 뿌리를 두고 있음을 시사한다.

27 가령 영국에서 봉쇄회의론자(하지만 이들이 반드시 극우 세력은 아니었다)는 인구의 16퍼센트밖에 되지 않았는데, 이는 유럽에서 가장 낮은 비중에 속했다. 다음을 보라. Eir Nolsoe, "Britons Are Among the Least Lockdown Sceptical Nationalities in a Survey of 20 European Countries," *YouGov*, August 17, 2021, https://yougov.co.uk/topics/politics/articles-reports/2021/08/17/how-many-europeans-are-sceptical-lockdowns-and-hea. 정치 지형이 영국보다 훨씬 양극화된 미국에서도 1차 유행기에는 다수가 봉쇄조치를 지지하는 것으로 나타났다(2020년 3월 26일, 전체 인구의 71퍼센트가 봉쇄조치를 지지했는데, 민주당원과 민주당에 우호적인 무당 성향의 경우는 81퍼센트로, 61퍼센트로 나타난 공화당원과 공화당에 우호적인 무당 성향의 경우보다 높은 비중이었다). 다음을 보라. Pew Research Center, "Public Views of the Coronavirus's Impact on the U.S.," March 26, 2020, https://www.pewresearch.org/politics/2020/03/26/public-views-of-the-coronaviruss-impact-on-the-u-s/. 하지만 극우 세력들이 자극한 온라인상의 봉쇄반대 운동은 이미 2020년 4월부터 조직되기 시작했다. 전략대화연구소Institute of Strategic Dialogue에 따르면 (미시건의 울버린와치맨Wolverine Watchman 같은) 군사 조직, 프라우드 보이스Proud Boys, 큐어넌QAnon 운동의 구성원들로 구성된 "봉쇄반대 운동은" 지역 집회에서 곳곳에 흩어져 있는 이런 집단을 동원한, "주 차원의 국지적인 반대라고 설명하는 것이 제일 적합하다." "이런 집회들은 시민과 극단적인 집단들에게 주 의사당 바깥에서 군복 차림에 화기를 치켜들고 저항할 기회를 제공했다." (Institute of Strategic Dialogue, "Anti-lockdown Activity: United States Country Profile," The Future of Extremism, 2021, https://www.isdglobal.org/wp-content/uploads/2022/03/Anti-lockdown-U.S.-briefing.pdf). 이런 소수의 목소리가 증폭되는 현상에 관한 논평은 다음을 보라. Jamelle Bouie, "The Anti-lockdown Protesters Have a Twisted Conception of Liberty," *New York Times*, May 8, 2020, https://www.nytimes.com/2020/05/08/opinion/sunday/anti-lockdown-protesters.html.

28 Trump quoted in "Why It's Too Early to Compare COVID-19 with the Flu," PBS,

February 28, 2020, https://www.pbs.org/newshour/health/why-its-too-early-to-compare-covid-19-with-the-flu; Boris Johnson, interview on *This Morning*, ITV, March 5, 2021, https://www.youtube.com/watch?v=vOHiaPwtGl4.

29   Zoe Tidman, "Coronavirus: Trump Shakes Hands with Crowd of Supporters Despite White House Telling Elderly to Avoid Contact," *Independent*, March 11, 2020, https://www.independent.co.uk/news/world/americas/us-politics/coronavirus-trump-handshake-florida-white-house-us-cases-outbreak-a9393281.html.

30   Ruth Garland and Darren Lilleker, "From Consensus to Dissensus: The UK's Management of a Pandemic in a Divided Nation," in *Political Communication in the Time of Coronavirus*, ed. Peter Aelst and Jay G. Blumler(New York: Routledge, 2021), 17-32.

31   Stephen Grey and Andrew MacAskill, "RPT Special Report. Johnson Listened to His Scientists About Coronavirus—but They Were Slow to Sound the Alarm," *Reuters*, April 7, 2020, https://www.reuters.com/article/health-coronavirus-britain-path/rpt-special-report-johnson-listened-to-his-scientists-about-coronavirus-but-they-were-slow-to-sound-the-alarm-idUKL4N2BV54X.

32   Johnson, interview on *This Morning*, March 5, 2021. "집단면역"에 관해서는 가령 다음을 보라. Secunder Kermani, "Coronavirus: Whitty and Vallance Faced 'Herd Immunity' Backlash, Emails Show," *BBC News*, September 23, 2020, https://www.bbc.co.uk/news/uk-politics-54252272; Ed Yong, "The UK's 'Herd Immunity' Debacle," *Atlantic*, March 20, 2020, https://www.theatlantic.com/health/archive/2020/03/coronavirus-pandemic-herd-immunity-uk-boris-johnson/608065/; "The Government's Herd Immunity Plan Is Callous and Dangerous. Readers Respond to Boris Johnson's Apparent Strategy to Tackle the COVID-19 Outbreak," *The Guardian*, March 15, 2020, https://www.theguardian.com/world/2020/mar/15/the-governments-herd-immunity-plan-is-callous-and-dangerous; C. O'Grady, "The U.K. Backed Off on Herd Immunity. To Beat COVID-19, We'll Ultimately Need It," *National Geographic*, March 20, 2020, https://www.nationalgeographic.com/science/article/uk-backed-off-on-herd-immunity-to-beat-coronavirus-we-need-it; and Christian Aschwanden, "The False Promise of Herd Immunity for COVID-19," *Nature*, October 21, 2020, https://www.nature.com/articles/d41586-020-02948-4. 이 접근법을 꺼린 백악관의 태도에 관해서는 다음을 보라. Julian Borgen, "Trump Team Thought UK Officials 'out of Their Minds' Aiming for Herd Immunity, Book Says," *The Guardian*, August 22, 2021, https://www.the guardian.com/world/2021/aug/19/us-trump-johnson-herd-immunity-aftershocks-book.

33   Gavin Yanem and Clare Wenham, "The U.S. and U.K. Were the Two Best Prepared

Nations to Tackle a Pandemic—What Went Wrong?," *Time*, July 1, 2020, https://time.com/5861697/us-uk-failed-coronavirus-response/.

34 영국에 관해서는 다음을 보라. Tom Gillespie, "COVID-19: More Than 20,000 Lives Could Have Been Saved If First Lockdown Was Introduced a Week Earlier," *Sky News*, June 23, 2020, https://news.sky.com/story/Covid-19-more-than-20-000-lives-could-have-been-saved-if-first-lockdown-was-introduced-a-week-earlier-report-says-12340094. 미국에 관해서는 다음을 보라. "Earlier Coronavirus Lockdown Could Have Saved 36,000 Lives," *BBC News*, May 22, 2020, https://www.bbc.co.uk/news/world-us-canada-52757150.

35 Report quoted in "UK's 'Policy Approach of Fatalism' Early in Pandemic Was Major Error, Lawmakers Say," *Reuters*, October 12, 2021, https://www.reuters.com/world/uk/uks-policy-approach-fatalism-early-pandemic-was-major-error-lawmakers-say-2021-10-11/.

36 Austin Hubner, "How Did We Get Here? A Framing and Source Analysis of Early COVID-19 Media Coverage," *Communication Research Reports* 38, no. 2 (2021): 118, https://doi.org/10.1080/08824096.2021.1894112.

37 Brigitte Nerlich and Rusi Jaspal, "Social Representations of 'Social Distancing' in Response to COVID-19 in the UK Media," *Current Sociology* 69, no. 4 (2021): 574, https://doi.org/10.1177/0011392121990030.

38 Rose, Powers of Freedom; Nikolas Rose, "Still 'Like Birds on the Wire'? Freedom After Neoliberalism," *Economy and Society* 46, nos. 3-4 (2017): 303-23, https://doi.org/10.1080/03085147.2017.1377947.

39 Trump quoted in Matthew Perrone and Calvin Woodward, "Trump Claims Rising Suicides If U.S. Stays Shut," *Associated Press*, March 24, 2020, https://apnews.com/article/ap-fact-check-virus-outbreak-donald-trump-us-news-politics-34f0d353e3cf9b507bed8815ff25b21b. 팬데믹 기간 동안 실제로는 자살이 감소했음을 보여주는 미국통계센터U.S. National Center of Statistics의 데이터도 보라. "Suicide in the U.S. Declined During the Pandemic," *CDC*, November 5, 2021, https://www.cdc.gov/nchs/pressroom/podcasts/2021/20211105/20211105.htm.

40 Amalesh Sharma and Sourav Bikash Borah, "COVID-19 and Domestic Violence: An Indirect Path to Social and Economic Crisis," *Journal of Family Violence* 37, no. 5 (2022): 759-65, https://doi.org/10.1007/s10896-020-00188-8.

41 국가와 개인의 자유 사이의 경계에 관한 다른 문제의식 때문에 역시 봉쇄반대 입장을 지지했던 자유지상주의적 좌파(의 일부 분파들)에 관해서는 다음을 보라. Giorgio Agamben, *Where Are We Now? The Epidemic as Politics* (London: Rowman and Littlefield, 2021). 자유지상주의적 입장에 대한 비판적인 논의는 여러 가지가

있지만 그중에서도 다음을 보라. Gerard Delanty, "Six Political Philosophies in Search of a Virus: Critical Perspectives on the Coronavirus Pandemic," *LEQS Paper* 156 (2020): 5-24, https://www.lse.ac.uk/european-institute/Assets/Documents/LEQS-Discussion-Papers/LEQSPaper156.pdf.

42 Johnson quoted in Kevin Rawlinson, "'This Enemy Can Be Deadly': Boris Johnson Invokes Wartime Language," *The Guardian*, March 17, 2020, https://www.theguardian.com/world/2020/mar/17/enemy-deadly-boris-johnson-invokes-wartime-language-coronavirus.

43 Sara Dada et al., "Words Matter: Political and Gender Analysis of Speeches Made by Heads of Government During the COVID-19 Pandemic," *BMJ Global Health* 6, no. 1 (2021): e003910, https://doi.org/10.1136/bmjgh-2020-003910; Brian Bennett and Tessa Berenson, "'Our Big War': As Coronavirus Spreads, Trump Refashions Himself as a Wartime President," *Time*, March 19, 2020, https://time.com/5806657/donald-trump-coronavirus-war-china/.

44 Trump quoted in "Coronavirus: Trump Puts U.S. on War Footing to Combat Outbreak," *BBC Canada*, March 19, 2020, https://www.bbc.co.uk/news/world-us-canada-51955450.

45 Elena Semino, "'Not Soldiers but Fire- Fighters'—Metaphors and COVID-19," *Health Communication* 36, no. 1 (2021): 51, https://doi.org/10.1080/10410236.2020.1844989.

46 Inés Olza et al., "The #ReframeCOVID Initiative: From Twitter to Society Via Metaphor," *Metaphor and the Social World* 11 (September 2021): 98-120, https://doi.org/10.1075/msw.00013.olz.

47 Julia Sonnevend, "A Virus as an Icon: The 2020 Pandemic in Images," *American Journal of Cultural Sociology* 8 (2020): 451-61.

48 가령 다음을 보라. "UK Government Evokes Wartime Blitz Spirit for Fight Against Coronavirus," *Reuters*, March 15, 2020, https://www.reuters.com/article/health-coronavirus-britain-idUSL8N2B80B1; and "Why Has Britain Become Numb to the Horror of Deaths Caused by Incompetence?," *The Guardian*, January 7, 2021, https://www.theguardian.com/commentisfree/2021/jan/07/britain-deaths-incompetence-coronavirus-boris-johnson.

49 Sam Wood, "The Reality of Blitz Spirit During COVID-19," University of Kent News Centre, 2021, https://www.kent.ac.uk/news/society/25315/expert-comment-the-reality-of-blitz-spirit-during-covid-19.

50 Lisa McCormick, "Marking Time in Lockdown: Heroization and Ritualization in the UK During the Coronavirus Pandemic," *American Journal of Cultural Sociology* 8,

no. 3 (2020): 324-51, https://doi.org/10.1057/s41290-020-00117-8.
51 다음에 나오는 트럼프 집회 현장의 클립. Devan Cole and Tara Subramanim, "Trump on COVID Death Toll: 'It Is What It Is,'" *CNN*, September 3, 2020, https://edition.cnn.com/2020/08/04/politics/trump-covid-death-toll-is-what-it-is/index.html.
52 Rob Merrick, "Boris Johnson Accused of Lacking Compassion for Coronavirus Victims After Making 'Calvin Klein Briefs' Joke," *Independent*, July 15, 2020, https://www.independent.co.uk/news/uk/politics/boris-johnson-keir-starmer-calvin-klein-briefs-pmqs-coronavirus-a9620371.html.
53 Jayson Harsin, "Toxic White Masculinity, Post truth Politics, and the COVID-19 Infodemic," *European Journal of Cultural Studies* 23, no. 6 (2020): 1062, https://doi.org/10.1177/1367549420944934; Christina Cauterucci, "The Masculine Bluster of Trump's Coronavirus Hand-Shaking Tour," *Slate*, March 13, 2020, https://slate.com/news-and-politics/2020/03/trump-still-shaking-hands-coronavirus-handshake.amp.
54 Purnell quoted in Robert Mendick and Harry Yorke, "The Inside Story of Boris Johnson's Coronavirus Battle," *Telegraph*, April 6, 2020, https://www.telegraph.co.uk/politics/2020/04/06/inside-story-boris-johnsons-coronavirus-battle/.
55 Elisabeth Mahase, "COVID-19: Neglect Was One of Biggest Killers in Care Homes During Pandemic, Report Finds," *BMJ*, December 2021, https://www.bmj.com/content/375/bmj.n3132.
56 다음에 인용된 트럼프의 말. Quin Forgey, "'It Affects Virtually Nobody': Trump Downplays Virus Threat to Young People," *Politico*, September 22, 2020, https://www-politico-com.translate.goog/news/2020/09/22/trump-downplays-coronavirus-threat-young-people-419883?_x_tr_sl=en&_x_tr_tl=el&_x_tr_hl=el&_x_tr_pto=op,sc. 비인간적인 위계질서의 영국 사례로는 다음을 보라. Savitri Hensman, "Whose Views, and Lives, Truly Count? The Meaning of Co-production Against a Background of Worsening Inequalities," in *COVID-19 and Co-production in Health and Social Care Research, Policy, and Practice, vol. 1: The Challenges and Necessity of Co-production*, ed. Peter Beresford et al.(Cambridge: Policy, 2021), 19-27; and Caroline Hood and Alice Butler-Warke, "Living on the Edge: Spatial Exclusion Rendered Visible by the COVID-19 Pandemic," *Discover Society*, April 28, 2020, https://archive.discoversociety.org/2020/04/28/living-on-the-edge-spatial-exclusion-rendered-visible-by-the-covid-19-pandemic/.
57 Cockburn, "Donald Trump's Megalomania and Boris Johnson's Incompetence."
58 Delan Devakumar et al., "Racism and Discrimination in COVID-19 Responses,"

Lancet, April 11, 2020, https://www.thelancet.com/journals/lancet/article/PIIS0140-6736(20)30792-3/fulltext; David Smith, "Trump Falsely Ties Climbing COVID-19 Cases to Black Lives Matter Protests," The Guardian, July 23, 2022, https://www.theguardian.com/us-news/2020/jul/22/trump-coronavirus-briefing-black-lives-matter-protests.

59 Peter Walker, Rajiv Syal, and Heather Stewart, "Boris Johnson Under Pressure to Apologise for Care Home 'Insult,'" The Guardian, July7, 2020, https://www.theguardian.com/society/2020/jul/07/care-home-chief-denounces-clumsy-and-cowardly-boris-johnson-comments.

60 Samantha G. Farris et al., "A Qualitative Study of COVID-19 Distress in University Students," Emerging Adulthood 9, no. 5 (2021): 462-78, https://doi.org/10.1177/21676968211025128. "우리 돌봄노동자들에게 박수를" 캠페인은 전 국민에게 현관 밖으로 나가서 몇 분 동안 박수를 치며 영국 국민건강보험의 노고에 감사를 표하는 활동이었다. 이는 2020년 3월 26년에 시작되어 코로나19 1차 유행기에 10주간 이어졌다. 이 캠페인 웹사이트는 다음과 같다. https://clapforourcarers.co.uk/.

61 David Cox, "Pandemic Reflections," International Journal of Community and Social Development 2, no. 3 (2020): 349-54, https://doi.org/10.1177/2516602620959506.

62 Jasper Jolly, "Number of Billionaires in UK Reached New Record During COVID Crisis," The Guardian, May21, 2021, https://www.theguardian.com/business/2021/may/21/number-of-billionaires-inuk-reached-new-record-during-covid-pandemic; Helen Wood and Beverley Skeggs, "Clap for Carers? From Care Gratitude to Care Justice," European Journal of Cultural Studies 23, no. 4 (2020): 641-47, https://doi.org/10.1177/1367549420928362.

63 Shani Orgad and Radha Sarma Hegde, "Crisis-Ready Responsible Selves: National Productions of the Pandemic," International Journal of Cultural Studies 25, nos. 3-4 (2022): 287-308, https://doi.org/10.1177/13678779211066328.

64 Farris et al., "A Qualitative Study of COVID-19 Distress."

65 "COVID-19—Break the Cycle of Inequality," editorial, Lancet, February 1, 2021, https://www.thelancet.com/journals/lanpub/article/PIIS2468-2667(21)00011-6/fulltext.

66 Clyde Yancy, "COVID-19 and African Americans," JAMA 323, no. 19(April 15, 2020): 1891-92, https://jamanetwork.com/journals/jama/fullarticle/2764789; Peter Dizikes, "Study: Sex Differences in COVID-19 Mortality Vary Across Racial Divides," MIT News, April 21, 2021, https://news.mit.edu/2021/sex-covid-19-mortality-0421.

67 Denise Obinna, "Essential and Undervalued: Health Disparities of African American Women in the COVID-19 Era," PubMed, January 20, 2021, https://pubmed.ncbi.nlm.nih.gov/33190539/. 필수노동자들의 인구학적 붕괴에 관해서는 다음을 보라. Hye Jin Rho, Hayley Brown, and Shawn Fremstad, "A Basic Demographic Profile of Workers in Frontline Industries," U.S. Center for Economic and Policy Research, April 7, 2020, https://cepr.net/a-basic-demographic-profile-of-workers-in-frontline-industries/. 코로나19 1차 유행기 동안 미국에서 업무상의 접촉으로 사망을 유발한 인종주의나, 코로나19 입원자와 사망자 가운데 흑인의 비율이 터무니없이 높아지게 만든 의학적·문화적 서사와 관행에 관한 연구의 개괄은 다음을 보라. "There Is No Stopping COVID-19 Without Stopping Racism," *BMJ Opinion*, June 5, 2020, https://blogs.bmj.com/bmj/2020/06/05/there-is-no-stopping-covid-19-without-stopping-racism/.

68 "Speech: Prime Minister's Statement on Coronavirus."

69 가령 "공공회계위원회Public Accounts Committee는 팬데믹에 대처하라며 기업에 내준 대출금의 상환불이행과 사기 때문에 약 260억 파운드가 유실되었다고 강조했다." 다음을 보라. "UK Will Be Exposed to Paying Pandemic Cost Risks for Decades—Report," *Reuters*, July 25, 2021.

70 Grey and MacAskill, "RPT Special Report. Johnson Listened to His Scientists About Coronavirus."

71 Trump quoted in Daniel Wolfe and Daniel Dale, "'It's Going to Disappear': A Timeline of Trump's Claims That COVID-19 Will Vanish," *CNN*, October 31, 2020, https://edition.cnn.com/interactive/2020/10/politics/covid-disappearing-trump-comment-tracker/. 확진자와 사망자의 수치는 다음을 보라. Steven Woolf, Derek Chapman, and Roy Sabo, "Excess Deaths from COVID-19 and Other Causes," *JAMA* 324, no. 15 (2020): 1562-64, https://jamanetwork.com/journals/jama/fullarticle/2771761.

72 World Health Organization, *Infodemic*, https://www.who.int/health-topics/infodemic#tab=tab_1.

73 Joe Sommerlad, "Ivermectin: Why Are U.S. Anti-vaxxers Touting a Horse Dewormer as a Cure for COVID?," *Independent*, September 7, 2020, https://www.independent.co.uk/news/health/ivermectin-covid-joe-rogan-anti-vaxx-b1915539.html; Jeff Tollefson, "How Trump Damaged Science—and Why It Could Take Decades to Recover," *Nature*, October 5, 2020, https://www.nature.com/articles/d41586-020-02800-9.

74 Sommerlad, "Ivermectin"; Stephen Buranyi, "Scathing COVID-19 Book from Lancet Editor—Rushed but Useful," book review of Richard Horton, The COVID-19 Catastrophe: What's Gone Wrong and How to Stop It Happening Again, *Nature*, June

18, 2020, https://www.nature.com/articles/d41586-020-01839-y.

75 "Exclusive: Review Contradicts Boris Johnson on Claims He Ordered Early Lockdown at UK Care Homes," *Reuters*, May 15, 2020, https://www.reuters.com/article/us-health-coronavirus-britain-carehomes-idUSKBN22R1O2.

76 Ignas Kalpokas, "On Guilt and Post-truth Escapism: Developing a Theory," *Philosophy&Social Criticism* 44, no. 10 (2018): 1127-47, https://doi.org/10.1177/0191453718794752.

77 Harsin, "Toxic White Masculinity."

78 2019년 이후로 백신에 반대하는 온라인상의 언설은 "팔로잉을 최소한 780만 명 증가"시켰고, 이로써 소셜미디어 회사는 연 수입 10억 달러를 더 벌었다. Talha Burki, "The Online Anti-vaccine Movement in the Age of COVID-19," *Lancet Digital Health*, October 2020, https://www.thelancet.com/journals/landig/article/PIIS2589-7500(20)30227-2/fulltext.

79 Karen Hao, "How Facebook and Google Fund Global Misinformation," *MIT Technology Review*, November 11, 2021, https://www.technologyreview.com/2021/11/20/1039076/facebook-google-disinformation-clickbait/; Taylor Shelton, "A Post-truth Pandemic?," *Big Data&Society* 7, no. 2 (2020): 1-6, https://doi.org/10.1177/2053951720965612.

80 Sarah Evanega et al., "Coronavirus Misinformation: Quantifying Sources and Themes in the COVID-19 'Infodemic,'" *Journal of Medical Internet Research*, preprint publication, October 19, 2020, https:/doi.org/10.2196/preprints.25143.

81 Matthew J. Hornsey et al., "Donald Trump and Vaccination: The Effect of Political Identity, Conspiracist Ideation, and Presidential Tweets on Vaccine Hesitancy," *Journal of Experimental Social Psychology* 88 (May 2020): article 103947, https://doi.org/10.1016/j.jesp.2019.103947.

82 Owen Dyer, "COVID-19: Trump Stokes Protests Against Social Distancing Measures," *BMJ*, April 21, 2020, https://www.bmj.com/content/369/bmj.m1596; Francesca Bolla Tripodi, *The Propagandists' Playbook: How Conservative Elites Manipulate Search and Threaten Democracy* (New Haven, CT: Yale University Press, 2022), 5.

83 Paola Pascual-Ferrá et al., "Toxicity and Verbal Aggression on Social Media: Polarized Discourse on Wearing Face Masks During the COVID-19 Pandemic," *Big Data&Society*, Online First, June 10, 2021, https://doi.org/10.1177/20539517211023533; Dyer, "COVID-19."

84 Jack Bratich, "'Give Me Liberty or Give Me COVID!': Anti-lockdown Protests as Necropopulist Downsurgency," *Cultural Studies* 35, nos. 2-3 (2021): 264, https://doi.

org/10.1080/09502386.2021.1898016.

85 보리스 존슨의 2, 3차 봉쇄조치에 반대했던 저항 집단인 보수당의 코로나 회복모임COVID Recovery Group의 봉쇄반대 입장에 관해서는 다음을 보라. "Coronavirus: Scores of Rebel Tory MPs Launch Anti-lockdown Campaign Group," *Sky News*, November 11, 2020, https://news.sky.com/story/coronavirus-scores-of-rebel-tory-mps-launch-anti-lockdown-campaign-group-12129631. 파올로 제르바우도 역시 영국의 봉쇄반대 운동이 미국 정치에서 크게 영향을 받았다고 설명한다. 가령 2021년 4월 말 런던 중심가에서 벌어진 '1만의 힘 자유를 위해 단결하라' 행진에는 트럼프, 큐어넌, 경찰을 지지하는 메시지뿐만 아니라 빌 게이츠가 후원하는 백신 프로그램, 5G 기반 시설, 세계화 일반에 반대하는 많은 메시지가 포함되었다. 다음을 보라. Gerbaudo, "The Pandemic Crowd."

86 Johnson quoted in "Ancient British Rights to a Drink in the Pub Have to Be Suspended: Johnson," *Reuters*, March 20, 2020, https://www.reuters.com/article/world/ancient-british-rights-to-a-drink-in-the-pub-have-to-be-suspended-johnson-idUSKBN21732E/. 다음도 보라. Darren G. Lilleker and Thomas Stoeckle, "The Challenges of Providing Certainty in the Face of Wicked Problems: Analysing the UK Government's Handling of the COVID-19 Pandemic," *Journal of Public Affairs* 2733 (2021): 1-10, https://www.ncbi.nlm.nih.gov/pmc/articles/PMC8420585/#-pa2733-note-0003. 영국 정부의 초기 계획은 (가령 시장에서의) 표준적인 정부 개입 조치의 대안을 실행하여 사람들에게 의사 결정을 강요하거나 그 권한을 강제하거나 박탈하지 않고 일상생활에서 사람들이 내리는 선택에 영향을 미치고자 하는 행동과학 중심의 전문가 자문 모임인 "넛지" 팀의 지지를 받았으며, 〈가디언〉의 한 기사는 이 전략을 요약 정리했다. 행동이해팀Behavioural Insights Team의 수장인 데이비드 핼펀 박사Dr. David Halpern는 〈BBC〉 뉴스에서 이렇게 말했다. "우리가 예상하는 대로 이 전염병이 진행되고 확산할 경우, 어느 시점이 오면 여러분은 고치에 들어가 숨고 싶을 것이며, 신체적 약자 집단이 기본적으로 그 병에 걸리지 않도록 그들을 보호하다가 나머지 인구 집단에서 집단면역이 이루어졌을 때 고치에서 나오게 하고 싶어 할 것이다." 다음에서 인용. Sarah Boseley, "Herd Immunity: Will the UK's Coronavirus Strategy Work?," *The Guardian*, March 13, 2020, https://www.theguardian.com/world/2020/mar/13/herd-immunity-will-the-uks-coronavirus-strategy-work.

87 다음에 인용된 존슨의 말. Julian Baggini, "'Freedom-Loving Brits'? It's Not That Simple, Prime Minister," *The Guardian*, September 23, 2020, https://www.theguardian.com/commentisfree/2020/sep/23/freedom-loving-brits-prime-minister-state-conservative. 코로나19에 관한 보건부장관 맷 핸콕Matt Hancock의 진술도 보라. "최근 몇 주 동안 우리는 국민건강보험과 사랑하는 이들을 보호하기 위해 역

사적인 자유를 침해해왔다. 하지만 우리의 목표는 자유여야 한다. 바이러스로부터의 자유. 그렇다. 우리는 안전해질 때까지는 조치를 해제하지 않을 것이다. 하지만 우리는 사회적 자유와 경제적 자유의 회복에도 신경을 쓴다. 모든 시민이 자기가 원하는 대로 할 권리에도 말이다." "Health and Social Care Secretary's Statement on Coronavirus (COVID-19): 1 May 2020," Gov.UK, May 1, 2020, https://www.gov.uk/government/speeches/health-and-social-care-secretarys-statement-on-coronavirus-covid-19-1-may-2020.

88 Julie Leask, Claire Hooker, and Catherine King, "Media Coverage of Health Issues and How to Work More Effectively with Journalists: A Qualitative Study," *BMC Public Health* 10, no. 1 (2010): 1-7. 자유에 관한 이런 자유지상주의적 담론은 바이러스의 유일한 통제자로서의 개인에게 방점을 찍는 존슨의 태도에서 훨씬 분명하게 나타났다. 가령 2020년 5~11월 국민건강보험의 봉쇄조치 이후 주요 전략을 소개하면서 그는 이렇게 말했다. "경각심을 유지하라. 바이러스를 통제하라. 목숨을 지켜라." 개인의 자율성이라는 신자유주의 논리를 완벽하게 연상시키는 이 담론은 자기규율과 자기관리(손을 씻어라, 집 밖에 나가지 마라) 능력으로 정의되는 이상적인 "기업가 정신"을 널리 퍼뜨리는 한편, 자국민을 돌보고 보호하기 위해 직접 복지체제를 동원해야 하는 국가의 책임에서 관심이 멀어지게 만들었다. 다음을 보라. Orgad and Hedge, "Crisis-Ready Responsible Selves."

89 Paige L. Sweet, "The Sociology of Gaslighting," *American Sociological Review* 84, no. 5 (2019): 851-75.

90 "The Impact of COVID-19 on Women," United Nations Policy Brief, 2020, https://www.unwomen.org/en/digital-library/publications/2020/04/policy-brief-the-impact-of-covid-19-on-women. 팬데믹 기간 내내 젠더와 인종 격차를 만들어낸 기존의 구조적 불평등이라는 맥락 속에서 질병과 죽음에 대한 노출이 이렇듯 불평등하다는 점에 대해서는 이미 분석이 이루어졌다. 여러 자료가 있지만 그중에서도 다음을 보라. Rory C. O'Connor et al., "Mental Health and Well-Being During the COVID-19 Pandemic: Longitudinal Analyses of Adults in the UK COVID-19 Mental Health&Wellbeing Study," *British Journal of Psychiatry: The Journal of Mental Science* 218, no. 6 (2021): 326-33, https://doi.org/10.1192/bjp.2020.212; Obinna, "Essential and Undervalued"; Ann Caroline Danielsen et al., "How Cumulative Statistics Can Mislead: The Temporal Dynamism of Sex Disparities in COVID-19 Mortality in New York State," *International Journal of Environmental Research and Public Health* 19, no. 21 (2022): article 14066, https://doi.org/10.3390/ijerph192114066; Vanessa Williams, "Disproportionately Black Counties Account for Over Half of Coronavirus Cases in the U.S. and Nearly 60% of Deaths, Study Finds," *Washington Post*, May 20, 2020, https://www.washingtonpost.com/na-

tion/2020/05/06/study-finds-that-disproportionately-black-counties-account-more-than-half-covid-19-cases-us-nearly-60-percent-deaths/.

91 차이는 있지만 양국 국민의 다수가 백신을 강하게 지지하거나 우려가 있음에도 백신을 지지하는 백신 찬성 범주에 속했다(영국은 76퍼센트, 미국은 60퍼센트). 미국인의 7퍼센트와 영국인의 3퍼센트만이 백신 반대 범주에 속했다. Timothy Gravelle et al., "Estimating the Size of 'Anti-vax' and Vaccine Hesitant Populations in the US, UK, and Canada: Comparative Latent Class Modeling of Vaccine Attitudes," *Human Vaccines and Immunotherapeutics* 18, no. 1 (2022), https://doi.org/10.1080/21645515.2021.2008214.

92 Kevin Grove et al., "The Uneven Distribution of Futurity: Slow Emergencies and the Event of COVID-19," *Geographical Research* 60, no. 1 (2022): 13, https://doi.org/10.1111/1745-5871.12501.

93 Josh Smicker, "COVID-19 and 'Crisis as Ordinary': Pathological Whiteness, Popular Pessimism, and Pre-apocalyptic Cultural Studies," *Cultural Studies* 35, nos. 2-3 (2021): 293, https://doi.org/10.1080/09502386.2021.1898038.

94 Thomas Magelinski and Kathleen M. Carley, "Detecting Coordinated Behavior in the Twitter Campaign to Reopen America," paper presented at the Center for Informed Democracy&Social-Cybersecurity Annual Conference, Carnegie Mellon University, Pittsburg, PA, 2020, https://www.cmu.edu/ideas-social-cybersecurity/events/conference-archive/2020papers/magelinski_ideas_abstract_reopen.pdf.

95 Eric Klinenberg and Melina Sherman, "Face Mask Face-Offs: Culture and Conflict in the COVID-19 Pandemic," *Public Culture* 33, no. 3 (2021): 441-66, https://doi.org/10.1215/08992363-9262919.

96 Jen Schradie, "'Give Me Liberty or Give Me COVID-19': Anti-lockdown Protesters Were Never Trump Puppets," *Communication and the Public* 5, nos. 3-4 (2020): 128, https://doi.org/10.1177/2057047320969433.

97 Kumarini Carreira da Silva, "COVID-19 and the Mundane Practices of Privilege," *Cultural Studies* 35, nos. 2-3 (2021): 243, https://doi.org/10.1080/09502386.2021.1898034.

4장

1 Olsen quoted in Kate Zernike, Mitch Smith, and Luke Vander Ploeg, "Oklahoma Legislature Passes Bill Banning Almost All Abortions," *New York Times*, May 19, 2022, https://www.nytimes.com/2022/05/19/us/oklahoma-ban-abortions.html.

2 Serrin Foster, "What About Rape? What If It Was Your Daughter Who Was Raped?," Feminists for Life, n.d., 강조는 원문, https://www.feministsforlife.org/what-about-rape/.

3 Kate Manne, "Women's Lives, Rapists' Laws: Remembering Who Brett Kavanaugh Is, One of the Men Now Presiding Over the Bodies of Girls, Women, and Others Who Can Get Pregnant," *More to Hate*, June 25, 2022, https://katemanne.substack.com/p/womens-lives-rapists-laws?utm_source=email.

4 Richard Stith, "Abortion Is More Than a Murder. Nietzsche vs Christ," *New Oxford Review* 72 (November 2005), https://www.newoxfordreview.org/documents/abortion-is-more-than-murder/.

5 Susan A. Cohen, "Abortion and Women of Color: The Bigger Picture," *Policy Review* 11, no. 3 (2008): 5, https://www.guttmacher.org/sites/default/files/article_files/gpr110302.pdf.

6 Jenna Jerman, Rachel K. Jones, and Tsuyoshi Onda, "Characteristics of U.S. Abortion Patients in 2014 and Changes Since 2008," *Working Paper* no. 29, Guttmacher Institute, New York, 2016, https://www.guttmacher.org/report/characteristics-us-abortion-patients-2014?utm_source=flin20flon%20reminder&utm_campaign=flin%20flon%20reminder%3A%20outbound&utm_medium=referral. 다음도 보라. Carly Thomsen et al., "Presence and Absence: Crisis Pregnancy Centers and Abortion Facilities in the Contemporary Reproductive Justice Landscape," *Human Geography* 6, no. 1 (2023): 64-74, https://doi.org/10.1177/19427786221109959.

7 3장의 미주 25번을 보라.

8 Daniel Grossman et al., "Change in Abortion Services After Implementation of a Restrictive Law in Texas," *Contraception* 90, no. 5 (2014): 496-501, https://doi.org/10.1016/j.contraception.2014.07.006.

9 새뮤얼 알리토 판사가 내세운 판례 번복 사유 역시 이를 보여준다: 다음을 보라. Catriona Stewart, "Overturning *Roe vs Wade*: Causing Women's Deaths Is Not 'Pro-life,'" *Herald Scotland*, July 3, 2020, https://www.heraldscotland.com/opinion/20119223.overturning-roe-vs-wade-causing-womens-deaths-not-pro-life/.

10 도덕적 서사에서 피해자성 주장의 프레이밍에 대해서는 다음도 보라. Kate Manne, *Down Girl: The Logic of Misogyny* (Oxford: Oxford University Press, 2017), 223-28.

11 이런 배타적인 고통의 정치는 터프(트랜스젠더 배제 급진페미니즘) 활동가들의 트랜스젠더 권리에 관한 공적 담론의 구조에서도 확인된다. 여성은 트랜스남성의 잠재적 피해자라는 주장은 트랜스젠더들의 자기결정권을 박탈하며 그들을 타자화하고 차별하는 근거로 작용하기 때문이다. 여러 자료가 있지만 그중에서도 다음을 보라. Sally Hines, "The Feminist Frontier: On Trans and Feminism," *Journal of Gender Studies* 28, no. 2 (2019): 145-57.

12 Lynn M. Paltrow and Jeanne Flavin, "Arrests of and Forced Interventionson Pregnant Women in the United States, 1973-2005: Implications for Women's Legal Status and Public Health," *Journal of Health Politics, Policy, and Law* 38, no. 2 (2013): 335, https://doi.org/10.1215/03616878-1966324.

13 Placards shown in Jim Powell, "Americans Take to Streets Across US to Protest for Abortion Rights—in Pictures," *The Guardian*, June 25, 2022, https://www.theguardian.com/world/gallery/2022/jun/25/abortion-rights-protes-roe-v-wade-us-in-pictures.

14 Gerbaudo, "The Pandemic Crowd," 65.

15 Lauren Berlant, *The Female Complaint: The Unfinished Business of Sentimentality in American Culture* (Durham, NC: Duke University Press, 2008), 3. 강조는 원문.

16 Neil Stammers, *Human Rights and Social Movements* (London: Pluto, 2009), 1.

17 Sara De Benedictis, Shani Orgad, and Catherine Rottenberg, "#MeToo, Popular Feminism, and the News: A Content Analysis of UK Newspaper Coverage," *European Journal of Cultural Studies* 22, nos. 5-6 (2019): 718-38, https://doi.org/10.1177/1367549419856831.

18 Rottenberg, "Neoliberal Feminism"; Shani Orgad and Rosalind Gill, *Confidence Culture* (Durham, NC: Duke University Press, 2021); Verity Trott, "Networked Feminism: Counterpublics and the Intersectional Issues of #MeToo," *Feminist Media Studies* 21, no. 7 (2021): 1125-42, https://doi.org/10.1080/14680777.2020.1718176.

19 Hester Baer, "Redoing Feminism: Digital Activism, Body Politics, and Neoliberalism," *Feminist Media Studies* 16, no. 1 (2016): 17, https://doi.org/10.1080/14680777.2015.1093070.

20 Cole, *The Cult of True Victimhood*, 4.

21 Robert Horwitz, "Politics as Victimhood, Victimhood as Politics," *Journal of Policy History* 30 (July 2018): 564, https://doi.org/10.1017/S0898030618000209.

22 Alito quoted in Aziz Huq, "Alito's Case for Overturning Roe Is Weak for a Reason," *Politico*, March 5, 2022, https://www.politico.com/news/magazine/2022/05/03/alito-case-roe-wade-weak-law-supreme-court-00029653.

23 Bratich, "'Give Me Liberty or Give Me COVID!,'" 261; Smicker, "COVID-19 and 'Cri-

sis as Ordinary.'"

24 David Leonhardt, "Red COVID: COVID's Partisan Pattern Is Growing More Extreme," *New York Times*, September 27, 2021, https://www.nytimes.com/2021/09/27/briefing/covid-red-states-vaccinations.html. 이러한 무관심은 마스크반대 집단의 높은 사망률로 이어졌다.

25 Gerbaudo, "The Pandemic Crowd"; William Davies, *The Limits of Neoliberalism: Authority, Sovereignty, and the Logic of Competition* (London: Sage, 2016).

26 Neal Schaffer, *The Age of Influence: The Power of Influencers to Elevate Your Brand* (New York: HarperCollins Leadership, 2020).

27 Melissa Block, "Strict Border Policies Contribute to Rising Immigrant Deaths," *NPR*, July 2, 2022, https://www.npr.org/2022/07/02/1109557989/strict-border-policies-contribute-to-rising-immigrant-deaths.

28 Thomas Piketty, "Capital in the Twenty-First Century: A Multidimensional Approach to the History of Capital and Social Classes," *British Journal of Sociology* 65, no. 4 (2014): 744. 다음도 보라. Gabriel Zucman, "Global Wealth Inequality," *Annual Review of Economics*, no. 11 (2019): 109-38. 유용한 저널리즘 저술로는 다음을 보라. Nick Hanauer and David M. Rolf, "The Top 1% of Americans Have Taken $50 Trillion from the Bottom 90%—and That's Made the U.S. Less Secure," *Time*, September 17, 2020, https://time.com/5888024/50-trillion-income-inequality-america/.

29 United Nations High Commissioner for Refugees, "UK Migration and Economic Development Partnership with Rwanda," April 2022, https://www.unhcr.org/uk/uk-immigration-and-asylum-plans-some-questions-answered-by-unhcr.html.

30 Emily Head, "Life Expectancy Declining in Many English Communities Even Before Pandemic," *Imperial News*, October 12, 2021, https://www.imperial.ac.uk/news/231119/life-expectancy-declining-many-english-communities/; Veena Raleigh, "What Is Happening to Life Expectancy in England?," *Kings Fund*, August 10, 2022, https://www.kingsfund.org.uk/publications/whats-happening-life-expectancy-england; Paul Butler, "Over 330,000 Excess Deaths in Great Britain Linked to Austerity, Finds Study," *The Guardian*, October 5, 2022, https://www.theguardian.com/business/2022/oct/05/over-330000-excess-deaths-in-great-britain-linked-to-austerity-finds-study; "Working Family Poverty Hits Record High, Fuelled by Rising Housing Costs and Childcare Challenges," Institute for Public Policy Research, May 26, 2021, https://www.ippr.org/news-and-media/press-releases/revealed-working-family-poverty-hits-record-high-fuelled-by-rising-housing-costs-and-childcare-challenges.

31　Piketty, "Capital in the Twenty First Century," 47.
32　Sophie Harman et al., "Global Vaccine Equity Demands Reparative Justice—Not Charity," *BMJ Global Health* 6 (2021): e006504, https://gh.bmj.com/content/bmjgh/6/6/e006504.full.pdf. 다음도 보라. World Health Organization, *COVID-19 Vaccine Delivery Partnership(2022): Situation Report*(Geneva: World Health Organization, October 2022), file:///C:/Users/Health%20Policy/Downloads/CoVDP-SitRep_Issue-8_October.pdf.
33　Allegra Stratton, "David Cameron: Tory Party Is 'Modern and Compassionate,'" *The Guardian*, October 2, 2011, https://www.theguardian.com/politics/2011/oct/02/cameron-tory-party-modern-compassionate; "Rishi Sunak's First Speech as Prime Minister," Conservatives, the Conservative Party's official website, October 25, 2022, https://www.conservatives.com/news/2022/rishi-sunak-s-first-speech-as-prime-minister.
34　Polly Toynbee, "The Middle Class Are About to Discover the Cruelty of Britain's Benefits System," *The Guardian*, March 24, 2020, https://www.theguardian.com/commentisfree/2020/mar/24/britain-benefits-rishi-sunak-claimants-austerity.
35　Brent J. Steele, "'The Cruelty of Righteous People': Niebuhr on the Urgency of Cruelty," *Journal of International Political Theory* 17, no. 2 (2021): 205, https://doi.org/10.1177/1755088221989745.
36　자기만족적인 온라인 행동주의에 관해서는 다음을 보라. Chouliaraki and Vestergaard, *Routledge Handbook of Humanitarian Communication*.
37　Ferenc Huszár et al., "Algorithmic Amplification of Politics on Twitter," *Proceedings of the National Academy of Sciences* 119 (January 2022): 1, https://doi.org/10.1073/pnas.2025334119.
38　Phelan, "Neoliberalism."
39　Debora Barros Leal Farias, Guilherme Casarões, and David Magalhães, "Radical Right Populism and the Politics of Cruelty: The Case of COVID-19 in Brazil Under President Bolsonaro," *Global Studies Quarterly* 2, no. 2 (2022): 3, https://doi.org/10.1093/isagsq/ksab048.
40　Henry A. Giroux, "The Culture of Cruelty in Trump's America," Truthout, 2017, https://truthout.org/articles/the-culture-of-cruelty-in-trump-s-america/. 다음도 보라. Wodak, *The Politics of Fear: What Right-Wing Populist Discourses Mean*; Michal Krzyzanowski and Ruth Wodak, "Right-Wing Populism in Europe&USA: Contesting Politics&Discourse Beyond 'Orbanism' and 'Trumpism,'" *Journal of Language and Politics* 16 (October 2017): 471-84, https://doi.org/10.1075/jlp.17042.krz.

41 Enzo Traverso, *The New Faces of Fascism: Populism and the Far Right* (London: Verso, 2019), 261.

42 Bratich, "'Give Me Liberty or Give Me COVID!,'" 261.

43 Said, *Orientalism*; Gayatri Chakravorty Spivak, "Three Women's Texts and a Critique of Imperialism," *Critical Inquiry* 12, no. 1 (1985): 243-61, https://www.jstor.org/stable/1343469; Achille Mbembe, "Necropolitics," *Public Culture* 15, no. 1 (2003): 11-40, https://doi.org/10.1215/08992363-15-1-11.

44 Fanon, *The Wretched of the Earth*, 252.

45 Edward Said, "Orientalism," *Counterpunch*, August 5, 2003, https://www.counterpunch.org/2003/08/05/orientalism/.

46 Bart Cammaerts, "The Abnormalisation of Social Justice: The 'Anti-woke Culture War' Discourse in the UK," *Discourse&Society* 33, no. 6 (2022): 730.

47 Manne, *Down Girl*, 88.

48 Sarah Banet-Weiser, "'Ruined Lives': Mediated White Male Victimhood," *European Journal of Cultural Studies* 24, no. 1 (2021): 60, https://doi.org/10.1177/1367549420985840.

49 Diane Negra and Julia Leyda, "Querying 'Karen': The Rise of the Angry White Woman," *European Journal of Cultural Studies* 24, no. 1 (2021): 352, https://doi.org/10.1177/1367549420947777.

50 Ruby Hamad, *White Tears/Brown Scars: How White Feminism Betrays Women of Color* (Melbourne: Melbourne University Press, 2019); Alison Phipps, "White Tears, White Rage: Victimhood and (as) Violence in Mainstream Feminism," *European Journal of Cultural Studies* 24, no. 1 (2021): 81-93, https://doi.org/10.1177/1367549420985852.

51 Calvin John Smiley and David Fakunle, "From 'Brute' to 'Thug': The Demonization and Criminalization of Unarmed Black Male Victims in America," *Journal of Human Behavior in the Social Environment* 26 (January 2016): 1-17, https://doi.org/10.1080/10911359.2015.1129256; Amia Srinivasan, *The Right to Sex: Feminism in the Twenty-First Century* (New York: Farrar, Straus and Giroux, 2021).

52 Srinivasan, *The Right to Sex*; Jessica Ringrose and Emma Renold, "Slut-Shaming, Girl Power, and 'Sexualisation': Thinking Through the Politics of the International Slutwalks with Teen Girls," *Gender and Education* 24, no. 3 (2012): 333-43.

53 Mary Beard, *Women&Power: A Manifesto* (London: Profile, 2017).

54 Leigh Gilmore, "Policing Truth: Confession, Gender, and Autobiographical Authority," in *Autobiography and Postmodernism,* ed. Gerald Peters, Kathleen Ashley, and Leigh Gilmore (Boston: University of Massachusetts Press, 1994), 54.

55 Debora Tuerkheimer, "Incredible Women: Sexual Violence and the Credibility Discount," *University of Pennsylvania Law Review* 166, no. 1 (2017): 1-56.

56 Criminal Injuries Helpline, *Sexual Assault Stats and Facts*, 2023, blog, https://criminalinjurieshelpline.co.uk/blog/sexual-assault-data-stats/.

57 Eliana Docterman, "The Depp-Heard Trial Perpetuates the Myth of the Perfect Victim," *Time*, June 2, 2022, https://time.com/6183505/amber-heard-perfect-victim-myth-johnny-depp/; Ashley Collman, "Amber Heard Lost Her Defamation Case with Johnny Depp Because She Wasn't Believable and Not as Big of a Star, Experts Say," *Insider*, June 2, 2022, https://www.insider.com/why-amber-heard-lost-her-defamation-trial-with-johnny-depp-2022-6.

58 Jessica Valenti, "The Memeification of Amber Heard: When Misogyny Is Masked as Moral Righteousness," *Abortion, Every Day*, June 2, 2022, https://jessica.substack.com/p/the-memeification-of-amber-heard?s=w.

59 Kate Manne, "Why the Internet Sided with Johnny Depp," *The Nation*, June 6, 2022, https://www.thenation.com/article/society/amber-heard-johnny-depp-defamation/.

60 Natasha N. Korecki and Christopher Cadelago, "With a Hand from Trump, the Right Makes Rittenhouse a Cause Célèbre," *Politico*, January 9, 2020, https://www.politico.com/news/2020/09/01/trump-rittenhouse-kenosha-support-407106.

61 Akin Olla, "The People Kyle Rittenhouse Shot Can't Be Called 'Victims,' a Judge Says. Surprised?," *The Guardian*, October 31, 2021, https://www.theguardian.com/commentisfree/2021/oct/31/kyle-rittenhouse-shot-victims-judge.

62 다음에 인용된 판사의 말. Paul Butler, "Are the Men Kyle Rittenhouse Killed Victims? Not According to the Judge," *Washington Post*, October 29, 2021, https://www.washingtonpost.com/opinions/2021/10/29/are-men-kyle-rittenhouse-killed-victims-not-according-judge/.

63 Butler, "Are the Men Kyle Rittenhouse Killed Victims?"

64 Butler, "Are the Men Kyle Rittenhouse Killed Victims?" 흑인 신체의 언어적 범죄화는 다음을 보라. Smiley and Fakunle, "From 'Brute' to 'Thug.'"

65 Cammaerts, "The Abnormalisation of Social Justice."

66 Kaitlyn Regehr and Jessica Ringrose, "Celebrity Victims and Wimpy Snowflakes: Using Personal Narratives to Challenge Digitally Mediated Rape Culture," in *Mediating Misogyny: Gender, Technology, and Harassment*, ed. Jacqueline Ryan Vickery and Tracy Everbach (Cham, Switzerland: Springer, 2018), 361.

67 Ulrich Baer, "What 'Snowflakes' Get Right About Free Speech," *New York Times*, April 24, 2017, https://newseumed.org/sites/default/files/2019-06/What%20

%E2%80%98Snowflakes%E2%80%99%20Get%20Right%20About%20Free%20Speech%20-%20The%20New%20York%20Times.pdf.
68 Phelan, "Neoliberalism," 467.
69 Tim Cook, Emira Kursumovic, and Simon Lennane, "Exclusive: Deaths of NHS Staff from COVID-19 Analysed," *HSJ: Health Services Journal*, April 22, 2020, https://www.hsj.co.uk/exclusive-deaths-of-nhs-staff-from-covid-19-analysed/7027471. article.
70 Sara Farris, Nira Yuval-Davis, and Catherine Rottenberg, "The Front-line as Performative Frame: An Analysis of the UK COVID Crisis," *State Crime Journal* 10, no. 2 (2021): 284.
71 Shani Orgad, "The Survivor in Contemporary Culture and Public Discourse: A Genealogy," *Communication Review* 12, no. 2 (2009): 132-61, https://doi.org/10.1080/10714420902921168; Cole, *The Cult of True Victimhood*; Brad Evans and Julian Reid, "Exhausted by Resilience: Response to the Commentaries," *Resilience* 3, no. 2 (2015): 154-59, https://doi.org/10.1080/21693293.2015.1022991; Orgad and Gill, *Confidence Culture*.
72 Kimmery Newsom and Karen Myers-Bowman, "'I Am Not a Victim. I Am a Survivor': Resilience as a Journey for Female Survivors of Child Sexual Abuse," *Journal of Child Sexual Abuse* 26, no. 8 (2017): 927-47; Sarah Banet-Weiser, *Empowered: Popular Feminism and Popular Misogyny*, illus. ed.(Durham, NC: Duke University Press, 2018).
73 Orgad and Gill, *Confidence Culture*, 15.
74 Jo Littler, *Against Meritocracy: Culture, Power, and Myths of Mobility*(London: Routledge, 2017).
75 Kathryn Claire Higgins, "Realness, Wrongness, Justice: Exploring Criminalization as a Mediated Politics of Vulnerability," PhD diss., London School of Economics and Political Science, 2022, 19.
76 Cole, *The Cult of True Victimhood*.
77 Stanley, *How Fascism Works*, 192. 비/개연성im/probability의 유사한 일시성이 서구의 "위기"로서의 이민 서사에 어째서 중요한지, 그래서 어떻게 가장 취약한 사람들에게 피해를 입히는 치명적인 국경 보호 정책을 정상처럼 보이게 만드는지에 대해서는 다음을 보라. Chouliaraki and Georgiou, *The Digital Border*.
78 Sally Hines, "Sex Wars and (Trans) Gender Panics: Identity and Body Politics in Contemporary UK Feminism," *Sociological Review* 6, no. 4 (2020): 713, https://doi.org/10.1177/0038026120934684; Ahmed, *The Cultural Politics of Emotion*.
79 Nikita Carney, "All Lives Matter, but so Does Race: Black Lives Matter and the

Evolving Role of Social Media," *Humanity&Society* 40, no. 2 (2016): 185, https://doi.org/10.1177/0160597616643868.

80 Manne, *Down Girl*, 225-26.
81 Susan Faludi, *Backlash: The Undeclared War Against American Women* (New York: Crown, 1991).
82 Sarah Banet-Weiser, "Popular Feminism: Male Victimhood," *Los Angeles Review of Books*, February 22, 2019, https://lareviewofbooks.org/article/popular-feminism-male-victimhood/.
83 De Benedictis, Orgad, and Rottenberg, "#MeToo, Popular Feminism, and the News."
84 Gilmore, *Tainted Witness*, 1.
85 Srinivasan, *The Right to Sex*, 9.
86 Ashwini Tambe, "Reckoning with the Silences of #MeToo," *Feminist Studies* 44, no. 1 (2018): 199.
87 Kimberlé Crenshaw, "Demarginalizing the Intersection of Race and Sex: A Black Feminist Critique of Antidiscrimination Doctrine, Feminist Theory, and Antiracist Politics," *University of Chicago Legal Forum* 140 (1989): 149, 강조는 원문. https://philarchive.org/rec/CREDTI.
88 이와 유사한 맥락에서 마이클 로스버그Michael Rothberg는 피해자/가해자 이원론을 넘어서서 특권, 권력, 불의의 다양한 교차점들이 피해자 또는 가해자와 융합하지 못하는 불순한 지위를 어떻게 허용하는지를 포착할 수 있을 정도로 충분히 민감한 분석적 어휘를 개발할 필요가 있다고 주장한다. 로젠버그는 가해자와 방관자 사이의 자아 범주로 "연루된 주체implicated subject"라는 지위를 제안하고, 나아가 이 자아는 불의에 공모할 수 있을 뿐만 아니라 불의의 수혜자, 후계자, 가해자가 될 수도 있다고 분석함으로써 이 지위에 미묘한 설명을 더한다. 다음을 보라. Michael Rothberg, *The Implicated Subject: Beyond Victims and Perpetrators* (Stanford, CA: Stanford University Press, 2019).
89 Boltanski, *Distant Suffering*, 5, 강조는 원문.
90 Ross qtd. in Daphne Chouliaraki Milner, "Calling In: Loretta J. Ross's Antidote to Cancel Culture," *Atmos*, August 2020, https://atmos.earth/calling-in-macarthur-fellow-loretta-j-ross-cancel-culture/.
91 Sonia Livingstone, "Children's Rights Apply in the Digital World!," *LSE Blog*, March 24, 2021, 강조는 원문. https://webcache.googleusercontent.com/search?q=cache:e0Mk9INZbsMJ:https://blogs.lse.ac.uk/parenting4digitalfuture/2021/03/24/general-comment-25/&cd=23&hl=el&ct=clnk&gl=uk.
92 Chouliaraki, *The Ironic Spectator*, 2.

93   Chouliaraki, *The Ironic Spectator*, 2.
94   Dannagal Goldthwaite Young, *Irony and Outrage: The Polarized Landscape of Rage, Fear, and Laughter in the United States* (Oxford: Oxford University Press, 2020), 207.
95   Young, *Irony and Outrage*, 190.
96   Young, *Irony and Outrage*, 210.
97   Ross quoted in Daphne Chouliaraki Milner, "Shades of Grey."
98   Deen Freelon, Charlton D. McIlwain, and Meredith Clark, "Beyond the Hashtags: #Ferguson, #Blacklivesmatter, and the Online Struggle for Offline Justice," Center for Media&Social Impact, School of Communication, American University, 2016, 45, 63, 62.
99   Matthew Smith, "Britons Tend to Oppose Planned RMT Rail Strikes This Winter," YouGov, November 29, 2022, https://yougov.co.uk/topics/politics/articles-reports/2022/11/29/britons-tend-oppose-planned-rmt-rail-strikes-winte. 2022년 12월부터 2023년 1월 파업 기간 동안 이 기사의 잘못된 제목과는 반대로 18~49세 연령 집단에 속하는 영국인들은 파업을 지지(18~24세는 51퍼센트 지지, 32퍼센트 반대, 25~49세는 45퍼센트 지지, 41퍼센트 반대)했고, 보다 높은 연령집단은 양쪽으로 갈리거나(50~65세는 43퍼센트 지지, 49퍼센트 반대) 아니면 반대로 기울었다(65세 이상은 27퍼센트 지지, 65퍼센트 반대).
100 James Greig, "Why RMT Leader Mick Lynch Is the Hero We Need Right Now," *DAZED*, June 23, 2022, https://www.dazeddigital.com/politics/article/56394/1/rmt-leader-mick-lynch-internets-favourite-person-hero-union-go-off-king. 다음도 보라. Zoë Grünewald, "Mick Lynch Is Winning the Media War Over Rail Strikes," *New Statesman*, July 28, 2022, https://www.newstatesman.com/politics/uk-politics/2022/07/mick-lynch-rail-strikes-media-war.
101 Jayson Harsin, "Regimes of Posttruth, Postpolitics, and Attention Economies," *Communication, Culture, &Critique* 8, no. 2 (2015): 332.
102 Sheera Frenkel and Kate Conger, "Hate Speech's Rise on Twitter Is Unprecedented, Researchers Find," *New York Times*, December 2, 2022, https://www.nytimes.com/2022/12/02/technology/twitter-hate-speech.html.
103 Ergin Bulut, "Interview with Safiya Noble: Algorithms of Oppression, Gender, and Race," *Moment Dergi* 5, no. 2 (2018): 300, https://dergipark.org.tr/en/download/article-file/653368.
104 Anna Lauren Hoffmann and Anne Jonas, "Recasting Justice for Internet and Online Industry Research Ethics," in *Internet Research Ethics for the Social Age: New Cases and Challenges*, ed. Michael Zimmer and Katharina Kinder-Kuranda (Bern,

Switzerland: Peter Lang, 2016), 3.

105 Ian Bogost, "The Age of Social Media Is Ending. It Never Should Have Begun," *Atlantic*, November 10, https://www.theatlantic.com/technology/archive/2022/11/twitter-facebook-social-media-decline/672074/.

106 Hannah Arendt, "Reflections on Violence," *Journal of International Affairs* 23, no. 1 (1969): 1-35, https://www.jstor.org/stable/95f4f82f-fc7d-3ce4-bebe-f5e0077edbfd.

색인

ㄱ

가부장제의 억압, 36~37
가스라이팅, 160~161
가정폭력, 87~90, 143, 193~194, 198
가짜 피해자, (또는) 가짜 피해자와 진짜 피해자의 대립 구도, 71~72
가해자-피해자로서의 군인, 109~111, 114~115
감상적인 소설, 174~177
감정의 수행, 123~124
감정자본주의, 44~46, 48~49, 68~69, 159, 162~163, 220; 감정자본주의에서의 피해자성의 소통, 123~124; 감정자본주의에서의 잔인함, 184~185, 186~189; 감정자본주의에서의 내적 자기표현, 107~108; 감정자본주의에서의 고통의 언어, 63; 감정자본주의의 유산, 221; 감정자본주의의 남성성과 인종화, 74~77, 92~93, 125~126; 감정자본주의와 포퓰리즘, 280~281(주 26); 감정자본주의의 권력 역학, 83~85; 감정자본주의에서의 인종주의, 92~93; 21세기의, 174
감정-진실, 154~155, 185~186, 218~219
강간 폭력, 168~169, 206~208
개인주의적 서사, 93~94, 212~213
개혁의 서사, 54~58, 177~178
경제개발협력기구, 280(주 25)
고난, 48~49; 흑인 여성의, 74~75, 150~152; 식민주의적, 42~43; 조건, 30, 71~72, 202~203, 212~213; 감정적인, 40~41; 여성의, 87~88; 위계질서, 202~204, 208~209; 불평등, 221; 남성의, 86~87, 90~91; 대규모, 81~82, 129~130, 132; 팬데믹 시기의 여타 고난, 184~185; 권력 역학, 172~173; 인종화된, 92~93; 영역, 64~65, 67~68, 70~71; 고난에 처한 자아, 102~103, 174; 군인의, 86, 93~94, 97~108, 104~105, 120~121; 스펙터클로서의, 58~59; 전략적 고난과 사회구조적 고난의 대비, 69~71, 72~73, 77~75
고난의 영역, 64~65, 67~68, 70~71
고난인: 공적 인물로서의, 50~52; 금욕적인, 96~97, 103~104
고통 소통에서의 혼란초래, 137~138, 139, 152~156
고통 소통의 군사작전화, 137~138, 144~146, 149~152
고통 소통의 정상상태화, 137~144
고통, 28~30; 흑인의, 99~100, 216~217; 주장, 30~32, 59~62, 66~68, 70~73, 74~75, 77~78, 142~143, 202~203; 소통, 58~60, 136~139; 탈감정화, 146~147; 잔인함의 이중적 정치, 162~163, 178~179; 정서, 46~47; 삭제, 138; 경험, 42~43; 인도주의적 전쟁의, 118~119; 교차성, 206~208; 자유주의적 담론에서의, 213~214; 가변성, 176~177; 플랫폼화, 64~71; 신식민주의적, 43~44; 군인의, 116~118; 무기화, 34, 136~137. '고통의 정치'도 참조
고통과 잔인함의 이중적 정치, 162~163, 178~179
고통의 가변성, 176~177
고통의 경험, 42~43, 172
고통의 언어: 디지털 폭력이 변화시킨, 69~71; 감정자본주의가 사용하는, 63, 84; 고통의 언어에 내재한 불평등, 172,

302

182~184; 개혁적 서사에 내재한, 217~218; 팬데믹 동안의, 135~137, 146~147, 160~161; 21세기적 용법, 60~61, 176~177; 전쟁과, 82~83, 93~94, 113~118
고통의 정치, 220~221; 임신중단의 권리와, 168~169, 172~174, 175~176; 반피해자주의의, 186~189; 권위주의적 포퓰리즘, 131~132, 133~134, 136~137, 159, 162~163; 비평, 189; 감정, 218~219; 내부의 특권, 72~74, 86~87, 120~121, 124~125, 206~208; 재조직, 64, 74~75; 고통의 정치로서의 피해자성, 58~61; 전쟁과, 91~93, 94~95
고통의 탈감정화, 146~147
고통의 플랫폼화, 64~71, 218~219
공감문화, 50, 57, 95, 204
공공회계위원회, 287(주 69)
공적 영역과 사적 영역, 50
공적 인물로서의 고난인, 50~52
과학기술위원회, 영국, 130
교육: 시민 50~51; 정서, 91~92, 176~177
교차성: 고통의, 206~208; 취약성의, 211~212
구조적 부정의: 글로벌 자본주의의, 54~55; 상해를 입은 자아와, 53~54, 55~56; 인종적, 216~217; 사회에서의, 34~35, 77~78, 188~189, 213~215, 299(주 88)
국경 안보에 관한 서사 199~200
국민건강보험, 137, 150, 152
군인 자아, 92~94, 116~118, 124~125
군인: 흑인, 97~99, 100, 106~107; 연민, 119~120, 인도인, 270~271(주 72); 비백인, 82, 92~93, 106~107; 가해자-피해자로서의, 110~112, 114~115; 정신, 108~109; 자기희생, 269(주 59); 여성, 263(주 7)
군인의 고통, 116~119
군인의 트라우마, 39~40

군인의 피해자성, 265~266(주 20)
권력, 132~133; 균형, 31~32; 재구성, 74~75; 중요성, 72~73; 불평등의 구조, 36~37; 상징적, 74~75; 피해자성과, 27~27, 30
권리: 임신중단의, 167, 175~176; 아동의, 211~212; 민권운동, 112~115, 180; 디지털, 69, 260~261(주 109); 트라우마와, 41, 48~49, 104~105, 107~108, 116~118, 133~134; 일하는 사람의, 217. '시민권; 인권'도 참조
권위주의적 포퓰리즘, 159, 163, 171, 174; 백신반대 활동, 180; 잔인함, 185~186; 팬데믹 동안의, 131~138, 155~156; 다양한 종류, 277(주 9)
극우, 34~35, 76~77, 180~181; 극우 내 역전된 피해자성 집단, 185~186, 극우의 혐오 서사, 35~36; 극우의 수사법, 187
금욕적인 고난인, 96, 101~102
금욕주의, 124
기득권 중심의 공감, 191~192
기억: 집단적, 29~30, 43~44, 76, 100; 남북전쟁 이후 기억 프로젝트, 97~99; 공적, 76, 86~87, 99~100, 171; 트라우마적, 111; 보편적, 56; 전쟁의, 83, 91

ㄴ

나이아가라운동, 272(주 93)
남성 자아, 86~87, 92~93, 94~97, 123~124
남성 자아의 전환, 123~124
남성성: 헤게모니적, 263~264(주 8); 근대적, 266(주 23); 인종주의적 감정자본주의와, 126; 유독한, 148, 158, 181; 21세기의, 266(주 23)
남성의 고난, 86~87, 90~91
남성의 목소리, 26, 45~46

남성의 여성화, 88
냉전, 112, 121
네크로포퓰리즘, 155~156, 181
노예제 폐지운동 54

ㄷ

대규모 고난, 81, 129, 132
대통령 권위의 무기화, 152~154
대화 치료, 47, 51~52, 54~55
데이터감시, 69
뎁, 조니, 193~194
도덕적 상해, 82, 89~90, 116~117, 118~119, 265(주 19)
듀 보이스, W. E. B., 54, 99, 272(주 93)
디지털 권리, 69, 260~261(주 109)
디지털 폭력, 67~69
"디지털 환경에서 아동의 권리에 관한 일반 논평 25호"(국제연합), 212

ㄹ

리텐하우스, 카일, 195
'로 대 웨이드' 판례, 77, 167, 169~170, 175, 204~205
'로 대 웨이드' 판례 번복, 77, 167, 169~170, 175, 204~205

ㅁ

마노스피어, 65~66
마초성 수행, 148~149, 181
#모든이라는 수사적 표현, 200~202
목소리: 자본으로서의, 73~74; 목소리라는 특권, 28~30, 208~209; 침묵당한, 66~67, 76, 92~93, 99~100, 119~120, 174, 207~208, 219, 162~163

무기화: 고통의, 34, 136~137; 대통령 권위의, 152~154; 트라우마의, 142~144; 피해자성의, 180~181
문화: 잔인함의, 186; 공감의, 50, 57, 95, 202; 치유, 48, 49, 114; 피해자성의, 30, 252~253(주 17); 서구, 26~27
미국, 99; 질병통제예방센터, 154; 팬데믹, 130~132; 군대 내 인종분리정책, 271(주 74); 상원 법사위원회, 23; 사회적 불평등, 181; 연방대법원, 23, 167. '미국과 영국의 팬데믹 대응'도 참조
미국과 영국의 팬데믹 대응, 129~131; 권위주의적 포퓰리즘, 132~134; 관련 연구, 130~132, 276(주 6); 고통의 무기화, 136~137
미국 군대 내 인종분리정책, 271(주 74)
미국 남북전쟁(1861~1865), 96~100, 106
미국 여성에 대한 성폭력, 26, 252(주 14)
미국 흑인, 97~100, 181~182, 200~201
미국 흑인에 대한 사회구조적 폭력, 200~201
미디어 산업, 45~46; 팬데믹 동안의, 155, 161~162; 소셜미디어, 24~25, 64~66, 185~186, 193~194, 215
미묘한 차별, 252~253(주 17)
#미투 운동, 25~26, 51~52, 178, 200~201, 252(주 15); 증언들, 206~208
민권운동, 112~115, 180

ㅂ

반피해자주의, 180~181, 182~183, 185~186, 196~197
발견적 방법, 204~205
배제의 역사, 125~126, 171, 162~163
백신, 182~183; 백신찬성자, 291(주 91). '백신반대 운동'도 참조
백신반대 운동, 138, 155, 158, 288(주 78),

291(주 91)
백신찬성자, 291(주 91)
백인 남성: 지도자들, 146~147; 고통, 92~94, 125~126; 역전된 피해자성, 62~63, 75~77; 전환, 92~93, 174; 피해자로서의, 91~94, 131~132
백인우월주의, 99~100, 161
"백인피해도착증" 199
범아프리카주의, 272(주 93)
베트남전쟁(1965-1973), 108~110, 112~115, 118~119, 271(주 77); 외상후 스트레스장애의 증언들, 111
베트남전쟁의 텔레비전 송출, 109, 271(주 77)
보건과학위원회, 영국, 141
보리스 존슨의 봉쇄조치 이후의 전략, 290(주 88)
보편화, 200~202, 205
보호: 시민에 대한, 90; 보호의 역설, 135~137, 162~163
보호의 역설, 135~137, 162~163
봉쇄반대 운동, 138, 155~156, 161~162, 174, 281(주 27), 289(주 85)
봉쇄조치로 인한 폭력, 143~144
북대서양조약기구, 116
분개의 서사, 55~56
불평등, 253~254(주 21); (임신중단에서) 환자 사이의, 172; 전장, 97~99; 코로나19 팬데믹 동안의, 150~151, 182~183, 290~291(주 90); 사회적, 33~34, 181; 권력 구조와, 36~37; 고난의, 162~163
블래시 포드, 크리스틴 23~28, 31~32, 36, 61~62, 191. '캐버노-블래시 포드'도 참조
비백인 군인, 83, 92~93, 106~107
비상사태 과학자문그룹, 영국, 141

ㅅ

사적 영역 대 공적 영역, 50
사회구조적 고난, 70~71, 74, 77~78, 138
사회구조적 취약성, 28~30, 31, 34~35, 182~184, 208~209
사회의 권력 관계, 261(주 112)
사회적 불평등, 33~34; 미국과 영국의, 181
산업화된 전쟁, 81, 96~97, 102
산업화된 전쟁과 그 후의 전쟁, 81
상원 법사위원회, 미국, 23
상징권력, 74~75
상징폭력, 189, 208
상해: 도덕적, 82, 89~90, 117~118, 265(주 19); 트라우마 혹은, 260(주 107)
상해를 입은 자아, 47, 53, 57~58
상흔: 정신적, 103~104 베트남전쟁에서의, 110; 전쟁의, 90~91
생명을 위한 페미니스트들, 168, 172~173
생존자: 폭력의 25~26, 89~90; 홀로코스트의, 39~40, 89~90, 272~273(주 94). '블래시 포드, 크리스틴'도 참조
서구 군대, 107~108, 265~266(주 20)
서구 군대의 식민주의적 역학, 265~266(주 20)
서구 근대성의 역사, 188~189
서구 문화에서의 피해자성, 26~27
서구 사회의 피해자성, 251~252(주 10)
서구적 자아, 85
서사: 백신반대의, 182~183; 국경 안보의, 199~200; 개인주의와 대비되는 집단주의적, 93~94; 극우의 혐오 서사, 35~36; 분개의, 55~56; 정의의, 77~78, 178~179, 211~215, 215~218; 사회적 불평등 서사와 정신의 서사 비교, 53~54; 인종주의 서사, 192; 모형, 150,

155~156, 181, 188~189; 개혁의, 54~58; 혁명의, 53~56; 불균등한, 43~44
성적 괴롭힘, 52, 191, 252(주 14~15); 거짓된, 191
성폭력, 23, 26, 61~62, 73, 89~90, 168~170, 199~201, 205, 252(주 14). '블래시 포드, 크리스틴'도 참조.
세계보건기구, 129, 153
세속적 개인주의, 38
셸 쇼크, 102~107, 123, 268~269(주 55)
소셜미디어, 24~25, 64~66, 185~186, 193~194, 215; 소셜미디어의 시대, 220; 팬데믹 동안의, 155, 161~162; 고통의 플랫폼화와, 218~219
소셜미디어의 시대, 220
소수인종, 57, 136~137, 143~145, 160, 252~253(주 17)
소통: 경험과, 172; 고통에 대한, 58~60; 정치에 대한, 174; 포퓰리스트들의 전략에서, 76~77; 전략들, 137~146, 149, 152~156; 피해자성에 대한, 66~67, 123~124, 126, 210~211, 162~163
수사적 표현: #모든, 200~202; 극우의, 187; 프로라이프의, 168~169
수치심, 23, 27~28, 41~42, 67~69, 109
수행: 감정의, 123~124; 마초성의, 148~149, 181; 근대적 자아의, 45~46; 피해자성의, 61~62, 131~132; 취약성의, 62~63
슬픔의 억압, 145~148
시민권 침해, 123, 136~137
시민권, 54, 177~178, 212; 지도자들, 113; 시민권 운동, 112~115, 시민권 침해, 123, 136~137
시초 트라우마로서의 홀로코스트, 48~49
식민주의적 고난과 폭력, 41~43
식민주의적 피해자성 경험, 41~43
신뢰성, 206~208, 252~253(주 17), 261(주 115)
신식민주의적 고통, 43~44
신식민주의적 위계질서, 126
신자유주의, 33~37, 45~46, 116, 185~186, 198, 254~255(주 30); 뒤집힌 역학, 205
신자유주의적 시장화, 56~58, 63
신체적 취약성, 96~97
실용주의, 279~280(주 22)
심리사회적 피해자성, 86
심리학의 역할, 49

ㅇ

아이히만 재판, 41, 111, 272~273(주 94)
아프가니스탄 전쟁, 116, 118, 126.
안보화된 국가주의, 116
어휘: 역량강화 관점의, 198; 영웅의, 197~198; 도덕적 상해의, 118~119; 포스트페미니즘의, 168~169; 외상후스트레스장애의, 112~115; 피해자성의, 58, 70~71, 95, 105~106, 121~122, 125, 142~143, 159, 189, 220~221
억압: 연민의, 159, 178~179; 슬픔의, 145~148; 인권의, 172~173
억울한 피해자성, 35~36, 254(주 26)
언어: 치유의 도구로서의, 49; 인권의, 53~57, 113, 160; 외상후스트레스장애의, 123; 트라우마와 권리의, 41, 48~49, 104~105, 107~108, 116~118, 133~134; 전쟁의 피해자성에 대한, 110~111
언어적 역전, 195~196
여성 피해자: 신뢰성 노동, 193~194; 그 동기들, 62~63, 205; 규범적 관점, 192~193; 여성 피해자를 향한 트럼프의 공감 역전, 36

여성의 고난으로서의 가정폭력, 88~89
여성의 목소리, (또는) 여성의 목소리와 남성의 목소리 비교, 26~28, 45~46
여성의 몸, 87~88
여성의 신뢰성, 206~208
여성의 히스테리, 87~88
여성혐오 운동, 65~66
#여자를믿어라 24, 207
역량강화 관점의 어휘, 198
역사: 배제의, 124~126, 171, 162~163; 인권의, 211~212; 피해자의, 75~76; 서구 근대성의, 188~189
역전된 피해자성, 62~63, 65~66, 136~137, 158, 160~161; 임신중단의 경우, 168~170; 극우 세력의, 185~186; 리텐하우스 사건의 경우, 195
역할: 플랫폼의, 220, 심리학의, 49
연민 어린 군인, 119~120
연민 어린 보수주의, 182~183
연민의 억압, 159, 176~177
연민피로, 91~92
연방대법원, 미국, 23, 167
영국: 비인간적 위계질서, 285(주 56); 최전방 노동자들, 197~198; 정부, 152~153; 과학기술위원회, 130; 팬데믹, 130~132, 142~144, 184, 289~290(주 86~87); 군대 내 인종주의, 275(주 117); 비상사태 과학자문그룹, 141; 사회적 불평등, 181. '미국과 영국의 팬데믹 대응'도 참조
영국의 비인간적 위계질서 285(주 56)
영국의 최전방 노동자, 197~198
영국의 팬데믹 대응에 관한 공적 연구, 130~132, 276(주 6)
영국제국 국제묘지위원회, 106~107
영웅 만들기, 149~150
영웅들, 149~150, 197~198

와인스타인 추문, 252(주 15)
완곡어법, 197~198
#왜나는신고하지않았나, 24
외상후스트레스장애, 82, 89~90, 110~112, 116~118, 273(주 95); 언어, 123; 도덕적 상해와의 대비, 118~119; 정치화, 111; 어휘, 112~115
외상후스트레스장애의 정치화, 111
우리 대 그들, 34~35, 132~133, 146, 183~184
운동: 봉쇄반대, 138, 155~156, 161~162, 174, 281(주 27), 283~284(주 41), 289(주 85); 노예제 폐지, 54; 백신반대, 138, 155, 158, 288(주 78), 291(주 91); 흑인목숨도소중하다, 200~201, 216~218; 인권, 54~55; 미투, 25~26, 51~52, 179~201, 206~208, 252(주 15)
위계질서: 젠더화된, 193~194; 신식민주의적, 126; 고난의, 202~203, 208~209
위기로서의 이주, 199~200, 298(주 77)
"우리 돌봄노동자들에게 박수를" 캠페인 149~150, 286(주 60)
유대인 트라우마, 39~40
유독한 남성성, 148, 158, 181
유산: 감정자본주의의, 162~163; 유산으로서의 피해자성, 167, 170~172, 175
의미의 탈맥락화, 196~197
이라크전쟁, 82, 116, 120
이상화, 192
20세기: 남성성, 266(주 23); 대규모 폭력, 84~85; 사회적 투쟁, 196~197; 피해자, 81; 피해자성, 36~37
20세기의 사회적 투쟁들, 196~197
21세기: 감정자본주의, 174; 대규모 고난, 129, 132; 빈부격차, 182~183; 전쟁들, 108; 피해자성, 29~32
21세기의 대규모 폭력, 84~85

색인

307

이윤: 자유주의 정치에서, 214; 논리, 33~34; 이주와, 35~36; 팬데믹 동안의, 150, 155~156; 고통을 이용한 이윤 추구, 45~46, 51~52, 64~66, 161~162
이중성: 포퓰리즘의, 278(주 16); 피해자성의, 39~40
인권, 47, 58, 272(주 93); 브랜드화, 214; 역사, 211~212; 언어, 53~57, 113, 160; 운동, 54~55; 정치적·법적 틀, 111; 억압, 172~173
인권과 흑인 해방, 113, 272(주 93)
인권의 브랜드화 214
인도 군인, 270~271(주 72)
인도주의적 소통의 현대적 양식, 214
인도주의적 전쟁, 95, 118~119, 120, 273(주 100)
인류의 도덕적 위계질서, 107~108
인종주의: 코로나19와, 287(주 67); 감정자본주의 내에서, 92~93; 제도적, 216; 영국 군대 내에서, 275(주 117)
인종주의적 고난, 92~93
인종주의적 서사로서의 흑인의 범죄자화, 191
인종주의적 위계질서, 91~92, 107~108, 121~122
인포데믹, 153~156
일시적 투사, 198~200
임신중단: 환자 간 불평등, 168~169; (임신중단)의 친여성 수사, 172~174; 법률 문제에서 나타난 역전된 피해자성 168~170; 임신중단의 권리, 167, 175~176; 폭력, 168~169. '로 대 웨이드'도 참조
임신중단 취약성, 170~172
임신한 신체에 대한 감시, 169~170, 172~174, 175~176

ㅈ

자기테크놀로지, 113, 123
자기희생적 군인, 269(주 59)
자본 축적, 73
자본으로서의 발언력, 73
자본주의, '감정자본주의' 참조.
자아: 상해를 입은, 47, 53, 57~58; 남성, 86~87, 92~93, 94~97; 군인, 92~94, 116~118, 123~124; 고난에 처한, 102, 174; 테크놀로지, 113, 123; 트라우마를 입은, 47, 49, 52; 취약한, 60~61, 83~84; 서구적, 85; 비백인 남성 자아와 백인 남성 자아의 대비, 92~93
자유주의적 담론에서의 비아냥, 214~218
자유지상주의적 담론의 자유, 158
잔인함: 권위주의적 포퓰리즘에서, 185~186; 잔인함의 문화, 186; 고통의 잔인함과 이중적 정치, 162~163, 178~179; 감정자본주의에서, 184; 186~189, 잔인함의 정치, 185~186, 회복탄력성에서, 198; 잔인함의 화법, 190, 202~203
재남성화, 87, 264(주 9)
적십자, 266~267(주 29)
전략적 피해자성, 200~201, 205, 208~209
전략: 의사소통의, 137~146, 149, 152~156; 포퓰리즘적, 76~77; 포퓰리즘적 피해자성의, 139, 157~161; 봉쇄조치 이후의, 290(주 88)
전략적 고난, 70~71, 74, 77~78, 138
전쟁 속 피해자성의 문화적 서사, 122
전쟁 신경증, 102, 103~104, 269(주 57)
전쟁: 인도주의적, 95, 120, 273(주 100); 산업화된, 96~97, 102; 신경증, 269(주 57), 전쟁으로서의 팬데믹, 144~146; 산업화 이후와 산업화된, 81; 전쟁 속 피해자성의 인종주의적 위계질서,

121~122; 트라우마, 102; 21세기, 108; 피해자, 75~76, 93~94; 전쟁의 언어로서의 피해자성, 110~111; 폭력성, 82~83; 상흔, 90~91
전쟁터의 민간인들, 89~90, 92~93
전투의 폭력, 96
정서교육, 91~92, 176~177
정신: 인간의, 123; 정신의 서사와 사회적 불평등 서사 비교, 53~54; 군인, 108~109
정신적 고난, 122
정신적 고난과 육체적 고난, 122
정신적 상흔, 110
정신적 트라우마, 50~51, 88
정의: 서사, 77~78, 178~179, 210~217, 218~219, 162~163
정치: 신뢰성의, 261(주 115), 의사소통의, 174; 잔인함의, 185~186; 정의의, 28~30
정치적 스펙트럼 속 억울함, 34~35
제1차 세계대전(1914~1918), 81~83, 88, 101~102, 103~105, 106~108; 군인의 고난, 97~108, 118~119
제2차 세계대전(1939~1945), 108~109
제도적 권위, 28, 33~34
제도적 인종차별, 216
젠더화된 신뢰성의 정치, 29~30, 252~253(주 17)
젠더화된 트라우마, 66~67
조건: 고난의, 30, 71~72, 202~203, 212~213; 취약성의, 176~177
조니 뎁-앰버 허드 재판, 193~194
존슨, 보리스, 76, 290(주 88). '미국과 영국의 팬데믹 대응'도 참조
종교적 집단주의, 38
주장: 고난의 주장과 고난의 조건 비교, 30, 71~72; 복합적인, 61~62; 고통에 대한, 29~32, 59~63, 65~67, 70~73, 74~75, 77~78, 142~143, 202~203; 피해자성에 대한, 176~177
증언들: 미투 운동의, 206~208; 베트남전쟁으로 겪은 외상후스트레스장애의, 111; 트라우마의, 39~40
진실, 29~30, 46, 129; 진실과 거짓의 대비, 131~132
진짜 피해자, (또는) 진짜 피해자와 가짜 피해자의 대립 구도, 72~73
집단 가스라이팅, 160~161
집단면역, 141, 282(주 32)
집단주의적 서사, 93~94, 212~213, 213~216, 162~163
집단학살, 41

ㅊ

참전 군인, 111, 119~120, 275(주 121). 개별 전쟁의 '외상후스트레스장애' 항목 참조
참전 군인을 위한 정신건강 캠페인, 275(주 121)
참호전, 81~82, 101, 102, 104
철도노동조합의 파업, 217, 300(주 99)
취약성: 조건들, 176~177; 개인적, 44; 교차성, 210~212; 접합부, 208; 수행, 61~64; 탈환, 162~163; 사회구조적, 28~30, 31, 34~35, 182~184, 208~209; 백인 남성의 취약성 특권, 125~126
취약한 자아, 60~61, 83~84
취약한 집단, 220~221
취약함의 접합부, 208
치유문화, 48, 52, 114
"친밀한 대중" 176~177
침묵, 43~44, 48, 72~73, 202~203; 목소리와 고난의, 66~67, 76, 92~94, 99~100, 119~120, 174, 207~208, 219

ㅋ

'캐런' 비유, 191
캐버노, 브랫, 23~28, 31~32, 61~62, 191, 204~205
캐버노-블래시 포드, 72~74, 251(주 7)
코로나19 1차 유행기, 129, 135~136, 159, 277(주 10)
코로나19, 76, 129~131, 142~143; (팬데믹 기간 중) 불평등, 182~183, 290~291(주 90); 인종주의와, 287(주 67)
크림전쟁(1853~1856), 266~267(주 29)
킹, 마틴 루터, 주니어, 113

ㅌ

태어나지 않은 피해자에 대한 폭력에 관한 법(2004), 179
투쟁으로서의 피해자성, 167, 174~175
트라우마, 48~49; 폭력의, 25~27; 젠더화된, 66~67; 상해 혹은, 260(주 107); 권리의 언어와, 41, 48~49, 104~105, 107~108, 116~118, 133~134; 정신적, 50~51, 88~89; 권리와, 41, 48~49, 104~105, 107~108, 116~118, 133~134; 군인과 유대인의, 39~40; 증상, 89~90; 증언들, 39~40; 베트남전쟁, 110~111; 전쟁의, 102; 무기화, 143~144
트라우마를 입은 자아, 47, 49, 52
트라우마의 증상, 89~90
트랜스젠더를 배제하는 급진페미니스트들, 200, 293(주 11)
트럼프, 도널드, 25, 36, 76, 204~205. '미국과 영국의 팬데믹 대응'도 참조
특권(층): 젠더화된, 193~194, 200~201; 특권(층)의 고충 토로, 28~30, 280~281(주 26); 고통의, 46~47, 82~83, 182~184, 191, 204~205, 206~209; 권력과, 28~30, 72~74; 인종화된, 35~36, 99~100, 136~137, 191; 사회구조적, 180; 목소리의, 28~30, 34~35, 208~209

ㅍ

파국, '파국의 시대' 참조.
파국의 시대, 76, 122, 132
판정, 210, 218
판정의 시간성, 210
팬데믹 기간 초과사망자, 141
팬데믹: 영향, 33~34; 초과사망자, 141; 1차 유행기, 129, 135, 159, 277(주 10); 사망률의 불평등, 151; 재감정화, 149; 소셜미디어, 155, 161~162; 고통받는 타자, 184; 자살자, 283(주 39); 영국과 미국의 경우, 130~132, 142~144, 184, 289~290(주 86~87); 전쟁으로서의, 144~146. '코로나 19'도 참조
팬데믹의 재감정화, 149
페미니즘, 53~54, 65~66, 89~90
포스트파시즘, 186, 190
포스트페미니스트의 언어, 168~169
포퓰리즘적 소통 전략, 76~77
포퓰리즘적 피해자성 전략, 139, 157~161
포퓰리즘, 278(주 15); 이중성, 278(주 16); 감정자본주의와, 280~281(주 26); 수행성, 280(주 23). '권위주의적 포퓰리즘'도 참조
포퓰리즘의 수행성, 280(주 23)
폭력, 188~189; 식민주의적, 42; 전투, 96; 디지털, 67~69; 가정, 88~89, 193~194; 집단학살의, 41; 봉쇄조치로 인한, 143~144; 물리적·상징적, 207; 강간, 168~169, 207; 사회적 의미, 111; (폭력의) 구조, 208~209, 212~213,

252~253(주 17); 상징적, 189, 207; 전쟁, 82~83
폭력의 구조들, 208~209, 212~213, 252~253(주 17)
폭력의 사회적 의미, 111
프로라이프 수사, 168~169
플랫폼: 디지털, 64~66, 211~212; 소셜미디어, 37, 64~66, 66~67, 155, 161~162, 185~186, 218~221; 대화 치료, 51~52
피해자 정체성, 61, 70~71, 73~74, 104~105
피해자, 60~61; 여성, 36, 62~63, 192~194, 205; 피해자로서의 태아, 167~168, 169~170, 172~173, 179~180, 204~205; 역사, 75~76; 정체성, 61, 70~71, 73~74, 104~105; 법적 주체성, 41; 언어, 38; 가해자와, 195, 299(주 88); 진짜 피해자와 가짜 피해자의 대비, 72~73; 20세기, 81; 전쟁, 75~76, 93~94; 백인 남성, 91~94, 131~132
피해자로서의 태아, 167~168, 169~170, 172~173, 179~180, 204~205
피해자성 탐문법, 202~203, 206~207, 208~212
피해자성, 개별 항목 참조.
피해자성과 고통의 정치에 대한 비평, 188~190, 218~219
피해자성에 대한 법적 담론, 41
피해자성에 대한 비판적 탐문, 178~179, 202~203
피해자성에서의 원한, 134, 150
피해자성에서의젠더화된위계질서,193~194
피해자성의 불균등한 서사, 43~44
피해자성의 용법, 28~30
피해자와 가해자, 195, 299(주 88)
피해자와 피해자성의 언어들, 38, 169~170

피해자의 법적 주체성, 41
필수노동자에 관한 인구학적 사실, 171, 287(주 67)

ㅎ

행동주의, 58, 65~66. 개별 운동에 관한 항목들도 참조.
헤게모니적 남성성, 263~264(주 8)
헤게모니적 피해자성, 45~46
혁명의 서사, 53~58, 177~178
홀로코스트: 식민주의와, 41~43; 아이히만 재판, 41, 111, 272~273(주 94); 시초 트라우마로서의, 48~49; 서사 모형, 42~43; 생존자, 39~40, 89~90, 272(주 93); 시각 모형, 256(주 51); 백인 간 폭력으로서의, 256(주 50)
홀로코스트와 식민주의, 41~43
화법: 잔인함의, 190, 202~203; '캐런'이라는, 191
회복탄력성의 잔인함, 198
흑인 군인 97~99, 100, 106~107
흑인 여성의 고난 74~75, 152~153
흑인 참전 군인 111~112
흑인목숨도소중하다 운동, 200~201, 216~218
흑인의 고통 99~100, 216
흑인을 범죄자 취급하는 인종주의적 서사, 191
희생양(제물과 희생자), 39
희생적 피해자성, 38~39
희생제물, 38
힘퍼시, 192~194

가해자는 모두 피해자라 말한다

1판 1쇄 발행 2025년 7월 16일

지은이 · 릴리 출리아라키
옮긴이 · 성원
펴낸이 · 주연선

(주)은행나무
04035 서울특별시 마포구 양화로11길 54
전화 · 02)3143-0651~3 │ 팩스 · 02)3143-0654
신고번호 · 제 1997—000168호(1997. 12. 12)
www.ehbook.co.kr
ehbook@ehbook.co.kr

ISBN 979-11-6737-567-4 (03300)

• 이 책의 판권은 지은이와 은행나무에 있습니다. 이 책 내용의 일부 또는 전부를
재사용하려면 반드시 양측의 서면 동의를 받아야 합니다.

• 잘못된 책은 구입처에서 바꿔드립니다.